从黄河到长江

——中南财经政法大学校史故事选编

覃　虹◎编著

 中国出版集团有限公司

 世界图书出版公司
上海　西安　北京　广州

图书在版编目（CIP）数据

从黄河到长江：中南财经政法大学校史故事选编 /
覃虹编著. -- 上海：上海世界图书出版公司，2023.5
ISBN 978-7-5232-0320-0

Ⅰ. ①从… Ⅱ. ①覃… Ⅲ. ①中南财经政法大学—校史 Ⅳ. ① G649.286.31

中国国家版本馆 CIP 数据核字（2023）第 056211 号

书　　名	从黄河到长江 —— 中南财经政法大学校史故事选编
	Cong Huanghe dao Changjiang —— Zhongnan Caijing Zhengfa Daxue Xiaoshi Gushi Xuanbian
编　　著	覃　虹
责任编辑	胡　青
装帧设计	三仓学术
出版发行	上海世界图书出版公司
社　　址	上海市广中路 88 号 9-10 楼
邮　　编	200083
网　　址	http://www.wpcsh.com
经　　销	新华书店
印　　刷	武汉鑫佳捷印务有限公司
开　　本	787mm×1092mm　　1/16
印　　张	26.25
字　　数	365 千字
版　　次	2023 年 5 月第 1 版　　2023 年 5 月第 1 次印刷
书　　号	ISBN 978-7-5232-0320-0/G·793
定　　价	98.00 元

目　录

创校初心　历久弥坚

学府探幽　书香墨溢

群英汇集　薪火相传

菁菁校园　春风化雨

创校初心　历久弥坚

难忘"六二四"，改变命运的那一天

1948 年 8 月 2 日，中原大学正式成立。300 多名开封知识青年成为这所"抗大"式学校的首批学员，而一个多月以前他们还是普通学生。这一切改变，要追溯到 1948 年 6 月 24 日，这一天令他们终生难忘，因为这是改变他们命运的一天。

1948 年 6 月 22 日，开封第一次解放，战火中断了城内学生的求学生涯。此时，华东野战军在开封鼓楼街金台旅馆设立"解放区学校联合招生办事处"，一时间报名者甚众。河南大学学生刘一是在日记中写道："经过两天的联系，终于在城里大金台旅社报名参加去解放区。金台旅社门前人来人往，热闹非凡，人群中又遇到几位河大同班同学，革命还是有吸引力的。对未来事业的向往、激动、兴奋，一扫心情的孤单。"

金台旅馆门前，报名者络绎不绝

报名青年正在领取和填写报名登记表

短短两天时间，已有300多名大中学生和社会青年报名，其中还不乏学界名流，如河南大学的嵇文甫教授、王毅斋教授等。

河南大学嵇文甫教授（右）

这些学生中有的是昔日同窗，河南大学医学院三年级14位同学一起报名，他们占到全班总人数的1/3。他们中的张北翔同志在回忆离家时的情景说："父亲卧病在床，虽未阻拦我，却唉声叹气；大弟坐在方桌下的地上哭泣，小弟年方10岁，双手紧紧拉着我的手哭喊'大姐不要走'。但我还是一狠心，向父亲跪下磕了个头，毅然拿起简单行囊和王冬搏一起走了。"

也有姐妹一起报名的。开封女中的关君蘅、关涛回忆道："24日晚上，姐姐和班上的几个同学一起来到金台旅馆，发现妹妹串联了她们班上几个同学已经先来报到了……这是一次重大的抉择，我们要从学生变成战士，我们要告别书桌、课本……我们还要和我们那慈爱的、孤独的妈妈不告而别。这是一次盼望已久的抉择，毫无疑义也是一次正确的抉择！我们没有犹疑，我们特别兴奋，有时竟喜不自禁地悄声笑起来……就是在这所学校里，我们这些学生娃娃接受了最初的革命教育，迈出了革命的第一步。"

为了表示自己投身革命的热情与决心，青年学生们纷纷改名。关涛就是在金台报名的时候改的名字，她说："参加革命了，就要像浪涛一样汹涌澎湃，勇往直前！"林瑶珠说："火焰代表光明，让这熊熊火焰烧掉我的过去，照亮我的未来吧。"遂改名为林焰。

6月24日下午，这些来自河南大学、北仓女高等学校的300余名青年在禹王台前整队集合。他们当中，有穿西装的，有穿裙子的，有穿长袍大褂的，有背胡琴或拿提琴的，也有斜跨一个大包袱的，但是他们都怀着对新社会的无限憧憬，踏上了告别黑暗走向光明的征程。

这批师生和有志青年分成两支队伍向宝丰进发。一支有嵇文甫、王毅斋、李俊甫、罗绳武、赵俪生、苏金伞等著名学者及家属近80人，6月26日，他们到达樊县。另一支队伍人数较多，因而选择步行前往。他们一路艰苦跋涉，于7月9日到达宝丰。

青年学生迈着坚定步伐前往宝丰

　　中共中央中原局决定以这批师生为基础，就地创建中原大学，以培养发展亟需的干部。这批 6 月 24 日参加革命的青年学生，成为中原大学的首批学员。

中原大学首批学员毕业合影

　　从此，"六二四"成为他们生命中一个永远闪光的日子。从这一天起，他们迈出人生关键的一步，在中原大学，他们这把星星之火，经过革命熔炉的淬炼，快速成长为燎原之势，投身新中国的建设，走向人民需要的地方！

（明媛）

中原大学宝丰成立大会纪实

中原大学是解放战争时期，为解决中原解放区急需干部的问题，并为新中国培养各项建设人才，由我国老一辈无产阶级革命家刘伯承、邓小平、陈毅等在中共中央中原局、中原军区驻地河南省宝丰县创办的一所新型的革命大学。学校成立时举行了隆重的大会，这是一个载入史册的重要日子，其里程碑式的意义值得我们永远铭记。然而，由于时间久远，有关中原大学成立当天会议的记载尚不系统、不全面。关于会议召开的时间和地点，学员的回忆和学术界的记载也不一致。为弄清当天的情形，赓续红色血脉，笔者通过查阅相关档案文献资料和调访部分学员当事人，力求最大限度地还原历史。

中原大学学员对学校成立当天的回忆

中原大学一大队学员赵中在纪念文章《永不褪色的记忆》中写道："这一天，分散居住在宝丰肖旗营的一大队和大白庄的二大队，早早地来到了小张庄的宽阔打谷场。场上搭起了临时主席台，悬挂着庆祝'八一'的大字横幅标语。参加大会的还有中原军区干部和军人，也有不少老乡围在场外。开会前，互相拉歌……在这次大会上，正式宣布成立中原大学。"

2017年9月，笔者在武汉采访了中原大学一大队学员黄洪，据她回忆，"到8月1日建军节那天，就召开了大会，实际上是8月2日开的大会，我们当时已发了军服，穿着军装高高兴兴地参加了'八一建军节'纪念大会。"

据中原大学二大队学员郭实方回忆，"我第一次庆祝'八一'建军节是在1948年。那时，我们正在豫西宝丰县中原大学学习，恰遇'八一'节到来，准备举行纪念庆祝大会。不巧当天遇上下大雨，临时改在第二天开。会场就设在小张庄。这一天，一大早起来就排队出发，走了几里路，来到会场一看：在一个临时搭好的戏台上，红旗招展，横幅上写着'纪念中国人民解放军八一建军节'。台下坐满了穿着灰军服的解放军战士，士气十分高昂，齐声高唱着歌曲，此起彼伏，相当热闹。我们中原大学的师生似乎也不甘落后，跟着也唱了起来。这时，只见刘伯承将军精神抖擞地从台后走到台前，声似洪钟般地讲起话来，正式宣布中原大学成立了。"

据中原大学二大队学员林焰（后编到四大队）回忆，"为了隆重庆祝'八一'，中原军区和中原大学联合举行两天盛大活动。两天的军民联欢，演出了不少精彩的文艺节目。战士们化装扭秧歌，深受欢迎。最后是中原大学演出的活报剧《走向光明之路》，这是我们的亲身经历，演得十分动人。"

2012年12月，笔者在成都采访了中原大学二大队学员郑焕云、徐靖、姚宣征（后调到四大队），据他们回忆，"1948年8月2日，在军民欢庆'八一'建军节的大会上，我们亲自听到刘伯承司令员宣布：'中原大学成立了！''第一批学员是从开封来的287名学员，今后还要扩大招生。'每月发200元中州币（合一银元），笔、墨、纸，学习用品都发。'"

中原大学成立当天历史总述

从查询文献和采访部分中原大学学员，可以明确以下几个事实。

1. 中原大学是1948年8月2日，在中原军区召开的"八一"纪念大会上宣布正式成立。这次纪念会原定于8月1日召开，由于晚会设在露天，是日天下大雨无法开会，故改在8月2日、3日举行。此后，中原大学便以 8 月 1 日作为校庆纪念日。学术界和部分学员也习惯说是 8 月 1 日。

2. 开会的会场设在宝丰县东南张庄村的打麦场上。张庄村老百姓俗称"大张庄"。据《河南省宝丰县地名志》20 记载："因与赵庄乡张庄同名，1986 年更名为张家庄。"该村东边距中原大学学员驻地肖旗村和韩店村不远。会场布置得很隆重很热闹，周围竖了很多彩旗。场上搭有一个临时主席台，台上横幅上写着"纪念中国人民解放军'八一'建军节"。为了表示对中原大学学生的重视，会场布置时安排学员坐在最前面，会场外也有不少附近的老乡群众围观。

3. 参加庆祝大会的人员有中原局、中原军区领导和解放军战士，及中原大学全体师生和支前的民兵、附近村里的老乡群众。刘伯承司令员宣布中原大学正式成立，并举行隆重的军民联欢晚会。晚会设在露天场所，灯光通明，载歌载舞。

4. 大会结束后，同学们上台表演了自己编排的节目。中原大学一、二、三大队学员参加宣传演出了《走上光明之路》《阎王殿》和《立功花鼓》等文艺节目。条件虽然艰苦，大家的情绪却十分高涨，演出了不少精彩的文艺节目。学生们接到要在庆祝大会上表演的通知后，每个大队都积极准备，紧锣密鼓地编排演练了好几天，有的学员还从驻地老乡那里借来了一些简单的道具。

这次大会意义重大，宣告了中原大学的成立，集聚、培养了众多有用之才。一批年龄大小不等、文化水平参差不齐的青年学生，接受了马列主义教育，思想上发生了翻天覆地的变化，走出校门，成为为人民服务的革命知识分子，在各个领域贡献力量。这次大会的胜利召开，拉开了中原大学发展壮大的帷幕。

"江河万里总有源，树高千尺也有根。"曾参与过中原大学成立大会的学校领导人或学员虽已垂垂老矣，但每每提及此情此景，仿佛仍是当年满腔热血的爱国少年。历史长河滚滚向前，但那个时代的精神却一直生生不息，且必将世代相传、熠熠生辉。

（郜现松）

中原大学南迁记

在中南财经政法大学的历史上，曾两次迁校办学。第一次是 1948 年 11 月，中原大学根据形势的变化，从河南宝丰迁往河南开封。第二次是新中国成立前夕，学校跟随胜利的步伐，从黄河走到长江，从此深深扎根于武汉这片沃土。

中原大学服从党和国家发展大局的需要，从黄河之滨走向长江之畔，这不仅仅是一次空间位置的转移，更满载着中原大学的使命担当和家国情怀。从中原到中南，学校始终与党和国家发展同向同行，哪里需要就到哪里去。这种爱国主义精神，指引着学校走过一穷二白、筚路蓝缕的建设岁月，走向更加美好的明天。

南迁先遣团——中原大学文工团

1949 年 6 月 25 日，中原人民政府迁往武汉。当时的武汉，百废待兴，为了支援武汉，振兴中南地区文教事业，中共中央中原局决定，中原大学随中原人民政府南迁武汉。

武汉解放前夕，中原大学便奉命派出工作团随军南下，该团共有干部和文工团员 215 人。中原大学文工团成立于 1949 年 5 月 10 日，由著名艺术家崔嵬担任团长。

著名艺术家、中原大学文工团团长、文艺学院院长崔嵬

中原大学文工团合影

这支先遣团由副教务长朱凡带队从开封出发，于 1949 年 5 月 14 日乘火车到湖北黄陂待命。5 月 17 日先遣人员进入武汉，参加武汉市的文教接管工作，同时为中原大学迁校做准备。他们接受的第一个任务就是上街向市民宣传安民政策。

这段青春华章，给文工团的成员留下了毕生的回忆。中原大学文工团成员索峰光回忆说，"一穿上陕西民间演出服，一系上羊肚子毛巾，一腰束红丝绸带，一举起中原大学文工团火红的旗帜，我们文工团员个个神采奕奕，大家打起大鼓敲起铜锣，第一次在汉口最繁华的中山大道打起腰鼓，扭起大秧歌舞，扭出一个又一个鲜活的图案，气势如虹，人们从四面八方拥来，人山人海，观众如潮，场面火爆[①]。"

---

① 刘可风. 岁月如歌：中南财经政法大学校友回忆录［M］. 武汉：湖北人民出版社，2008.

把中原大学的精神带到江南去！

1949 年 6 月中旬，潘梓年校长率第二批人员南下抵达武汉。在赴武汉之前，他给全校师生作了南迁的动员报告。他说："这是一个艰巨的任务，我们一定要把中原大学艰苦朴素的作风带到江南去。"到达武汉后，潘梓年参与内部协调、校址选定、迁校计划的制定等工作。

中原大学 800 余名师生准备南迁

1949 年 6 月 19 日，河南大学与中原大学师生举行联欢，互致迎送的情谊。随后，中原大学第二批师生 300 余人，在大队长甘莲笙、副大队长张民魂、教导员米光华率领下坐火车南下，但当时只能坐到河南长台关，然后步行或者坐卡车继续前进，他们最终于 6 月 24 日抵达武昌。

中原大学师生初到武汉，就领略了武汉独特的生活风貌。学员张晓航回忆说，"我们是站在大卡车上开进武汉的，住在两湖书院（现武汉音乐学院），我记忆最深的是夜晚睡觉时，下面臭虫咬，上面蚊子叮，有同学风趣地说：上有'飞机'，下有'坦克'。为了对付蚊子，学校给每人发了几尺蚊帐布，天气热，没有汗衫穿，女同学就在蚊帐布上动脑筋，把它做成圆领衫，穿在灰色列宁服的里边，男同学们把几尺蚊帐布蒙在身上，抵抗蚊子。"

条件虽然艰苦，但中原大学的师生以革命乐观主义精神坦然面对，并积极参与到武汉的建设中去。他们积极排练话剧、画漫画，向群众宣传党的方针、政策。

自力更生建校舍

学校刚迁到武汉的时候，可以说是一穷二白，连校舍都没有。先遣团先后借得善导女中、博文中学、华中大学等作为临时校舍，但校部及其他各部分仍然只能靠借用其他学校的校舍"度日"。第一、二批来武汉的同志，在代表军管会接管武汉大、中学校工作任务的同时，不顾社会秩序尚未稳定的危险，四处为学校谋求校舍。

中原大学武昌校园俯瞰

中原大学校门

教工许明哲在回忆为学校寻觅校舍时讲道："我们发现在武昌蛇山南

侧，随着熊廷弼路南边有一个四周用围墙围着的长约 300 米、深约 100 多米的大院子，院内有不少空荡荡的平房和废弃物，院子的大铁门半掩着。该地是一个汽车修理厂，所有的设备都搬走了，只剩下二三十栋平房，其中有一栋修理大型运输汽车的大厂房和少数砖瓦平房，其余大部分是木结构、鱼鳞板墙、平瓦屋面的简易平房。这些房子虽破旧，但还没有遭到大的破坏……经学校领导研究后，就选定这个地方作为校址了 ①。"这里就是现在的首义校区。

潘梓年校长召开校务会议，研究建校问题

后来，学校组织师生修建校舍，仅半年的工夫，以最经济的时间和最节约的开支，初步完成了急用校舍的修建任务，新建木板房 443 间，校部用房两栋，基本上满足了教学和师生住宿的急需。

火车上的课堂

1949 年 7 月 20 日，中原大学第三批南下师生约 200 人启程赴汉。8 月 12 日，最后一批师生 1200 余人在校办公室主任郭步云同志带领下启程赴汉，其中包括已毕业分配至湘、赣工作的学员 700 余人。学员们在车厢里以小组为单位，学习城市政策，展开热烈讨论。

---

① 刘可风. 岁月如歌：中南财经政法大学校友回忆录［M］. 武汉：湖北人民出版社，2008.

1949 年 8 月 17 日，最后一批师生到达武汉，这也意味着中原大学南迁工作全部完成。

中原大学的新生

广大知识青年迫切要求学习，为了满足广大青年学习的热情愿望，中原大学在既缺校舍又少教员，400 余人为干部的情况下，从当时来参加接管武汉与准备迁校的干部中抽出力量招新上课。1949 年 7 月 1 日，潘梓年在"七一"纪念大会上布置了招生工作。随即，在武汉市招收首批学生450 名先行上课。7 月上旬，又招收新生 2609 人；8 月初第二批新生全部入校。8 月 16 日举行开学典礼，正式进行教学工作，此时共有学员 2892 人，分编为第 42—60 大队。

中原大学学员欢迎新同学

随着新生的招收、新校舍的修建，中原大学也开启了在武汉的新征程。在随后的 70 余年里，学校始终牢记为党育人、为国育才的初心使命，与党和国家、与民族和人民同呼吸、共命运，为国家培养了一批又一批人才。

（明媛）

中南大校门小史

　　校门是一所大学历史文化和精神理念的见证和诠释，也是塑造学校形象的重要窗口。在我国，不同时期、不同学校的校门有着不一样的建筑风格和布局，如北京大学西门和上海交通大学徐汇校区的庙宇式校门、中南大学的牌坊式校门、西南师范大学的阙式校门、深圳大学的过街楼式校门、湖南大学的界碑式校门等，分别彰显着各自深厚的文化底蕴和办学特色。中南财经政法大学创校于河南宝丰，肇始中原，巍然江汉，栉风沐雨，薪火相传。本文从"校门"视角，"倚门回望"学校70年办学历程。

　　中南财经政法大学的历史可追溯到1948年，分为以下几个阶段：

　　中原大学（1948—1953年）

　　中南财经学院、中南政法学院（1953—1958年）

　　湖北大学、湖北财经专科学院（1958—1978年）

　　湖北财经学院（1978—1985年）

　　中南财经大学、中南政法学院（1984—2000年）

　　中南财经政法大学（2000年至今）

河南省宝丰县大白庄中原大学旧址

中原大学第一二大队毕业同学合影

河南省宝丰县中原大学校舍

中南大的前身中原大学诞生于解放战争后期，中原大学最初将临时校部设在宝丰县城北大白庄（现属肖旗乡），办公用房是村北一个关帝庙内的三间土瓦房。作为革命大学，学校因陋就简，扎根根据地办学，晒谷场就是露天教室，草棚马厩就是宿舍，没有专门的校门和教室。为容纳更多的学生，其后不久，中原大学校部由大白庄村迁至宝丰县城。迁校后，校部设在县城东街文庙内，把大成殿作为教务处，兴宝中学校址作为教室。

中原大学暂住河南大学时期校门

现河南大学校门

"四面雷鸣逐鹿原，八方风雨会汴梁。"1948 年 10 月开封第二次解放后，因投考中原大学的青年学生逐渐增多，校舍不足，导致宝丰县城内外 10 公里都住有中大学员，且交通工具缺乏，学员的高度分散给办学带来了极大的困难。因此，中原局决定将中原大学迁至开封发展。当时，河南大学迁往苏州，其校舍空出，中原大学因此暂住河南大学。古典的重檐歇山顶式校门，在这期间出现了两个校名，门楣为国立河南大学校牌，校门中间的方形石柱上是苍劲有力的中原大学校牌。

这个特殊时期的校门校牌也集中折射了我校与河南大学深厚的历史渊源：一是河南大学教授嵇文甫、王毅斋、罗绳武担任中原大学筹备委员会委员，他们加上刘国明教授成为中原大学最初的 4 名专任授课教师。二是 1948 年 12 月至 1949 年 8 月，中原大学在河南大学校园办学半年之久，著名学者章开沅、艺术家郑小瑛就是在这个时期加入中原大学的。1949 年 5 月中原大学南迁时，将其医学院、实训班共 500 余人留在开封，参与复建回迁的河南大学。其中的医学院几经演变，成长为今天的中国人民解放军陆军军医大学（第三军医大学）。这也是 2008 年我校 60 周年校庆时，几名陆军军医大学离休干部主动回校参加校庆的缘由。三是 1952 年全国院系调整时，河南大学经济系调整进入中原大学，1953 年中原大学撤销后并入中南财经学院。我校统计学教授杜润生、会计学教授毛恩培就是由河大院系调整来校的。

中原大学武昌校门

（2011年辛亥革命百年时校北区招待所还建为"抗战纪念堂"，该处门恢复为"烈士祠"）

1949年4月，中原临时人民政府教育部在开封召开了中原解放区教育会议。随后，中原局决定，中原大学随中原人民政府南迁武汉。在学校迁往武汉后，很长一段时间没有固定校舍，直到1949年8月，中原临时政府将武昌高中及附近的403汽车修理厂拨给中原大学后，学校才第一次有了自己的固定校舍。同年12月，学校首次院长会议召开，会议决定：本着节约、实用、快速的原则，计划新建平房450间，新校舍选在403修理厂对面的蛇山上，即国民政府抗战纪念堂，纪念堂的牌坊门楼借用为临时校门。仅半年的工夫，中原大学以最少的时间最节约的成本，初步完成了急用校舍的任务，基本满足了教学和师生住宿急需。1949年年底到1953年院系调整，校区内进行了大规模的基建，平整了被称为"西伯利亚"的校西区荒草滩和陈氏义庄的坟场，把破烂不堪的修理厂改造成了一个初具规模的大学校园。

中南财经学院校门

1953 年，全国院系大调整，中原大学校名被取消，分别成立了中南财经学院和中南政法学院等院校。中南财经学院由中南地区六省 7 所高等院校财经学校合并而成。中南财经学院时期的校门为双"阙"式建筑，四个柱墩拔地而起，中间设有横梁，两侧呈漏空处理，中间的柱墩略高于两侧的柱墩，且用铁门相接，横梁顶端五星耀眼夺目，五面旗帜随风飘扬，横梁上悬挂"庆祝十月社会主义革命四十周年"字条，这正是当时全国"学习苏联"热潮的印证。为适应形势对各类高级人才的需求，积极响应教育部"结合学校实际、学习苏联先进经验，以中国人民大学为例，边学边干"的指示，中南财经学院自成立起，就以苏联高等教育模式为范本，结合学校的实际，进行了系统性、全方位、有声势的学习。学院在短短 4 年里，形成了多层次、多形式的办学体系，实现了向新型正规化、专业化教育的过渡，走进了一个新的稳定和蓬勃的发展期。

中南政法学院校门

20 世纪 50 年代，新中国开始有计划地进行经济建设，实施发展国民经济的第一个五年计划。为保障国家经济的发展，国家需要大批政法干部。在 1952 到 1953 年的院系调整中，以中原大学政法学院为基础，将中山大学、湖南大学、广西大学的政法系并入，成立了中南政法学院。中南政法学院从中原大学分到的校舍是南院。南院的建筑面积约 15717 平方米，学院建院初期，校舍面积小，设备简陋，条件艰苦，校园建设任务繁重。1954 年，考虑到学院的办学规模在逐步扩大，学院派出相关人员在东湖南岸卓刀泉附近选址新建校园，其后由于经济因素被搁置，仍在原校址进行校园建设，学校的办学条件逐步得到改善。中南政法学院校门亦为双"阙"式校门的变体，由四个门墩构成，中间设有横梁，校门整体设计严谨、朴拙，结构简单，却又不失优美和庄重，隐喻着中南政法学院师生艰苦奋斗、励精图治之精神，使学校从一个培训类学校发展为一所四年制的新型高等政法学府。

湖北大学校门

　　1958年，中央对高等教育管理体制进行了改革，高等教育开始实行以地方管理为主的管理体制。为响应中央的规定，教育部与司法部将中南财经学院、中南政法学院、中南政法干部学校移交给湖北省管理，湖北省将这三所学校以及武汉大学法律系合并，组建成湖北大学，改办为省属综合大学。原中南财经学院的校门一直被湖北大学沿用，但校名牌被更换为湖北大学。在其12年的办学历程中，经历了连续不断的政治运动、国家经济极度困难的三年困难时期等，但全校师生员工怀着一股政治热情和良好愿望，坚持正常办学，在曲折中依然取得了较大成绩和发展。直至"文化大革命"中期，全国局势混乱，教育事业受到严重冲击，湖北大学退出历史舞台。

湖北财经专科学校时期毕业生合影

1971 年，"文化大革命"期间，湖北大学撤销政法专业，保留财经专业，改名湖北财经专科学校。湖北财专时期是学校历史上最困难的时期，在这段艰难岁月里，湖北财专干部师生克服困难，千方百计为办学创造条件，为国家培养了一大批财经管理类的专门人才，最难能可贵的是保存了政法教师力量，坚守了全国为数不多的财经政法教育阵地，是当时全国原有 18 所财经院校仅存"一所半"（辽宁财经学院、湖北财经专科学校）中的"半所"。

湖北财经学院校门

　　随着国家政治、经济形势好转，学校也进入了全面开创工作新局面的时期，学校由湖北财经专科学校更名为湖北财经学院。湖北财经学院时期校南门与中南财经学院时期建设风格相似，由四根方形柱墩组成，中间略高，不设任何连接，这种造型可以最大限度地展现校门后的校园景观，柱墩两侧略低，校门在整体设计上立体对称、均衡稳重，是中国对称式建筑风格的缩影。在十年"文化大革命"中，学校曾被湖北日报社、湖北省歌舞团、武汉市邮政局发行部占据大部分，直至"文化大革命"结束，湖北日报社、湖北省歌舞团仍占据着学校校舍，还曾在校园内封锁校门。直到1978年12月，湖北日报社搬迁，矛盾才得以解决。

中南财经大学校门

　　学校经过多年努力，办学实力日益增长，社会影响力日益变强，1985年国庆前夕，学校更名为中南财经大学，并举行了"庆祝国庆暨更名中南财经大学大会"，中共湖北省委、省人民政府、省政协，武汉市委、市政府、市政协及知名校友等应邀参会，并在校门更名牌前合影留念。这是学校发展史上一个新的里程碑，标志着学校进入了适应现代化建设要求，向着现代化财经大学而努力迈进的新时期。

中南政法学院校门

　　党的十一届三中全会以后，党中央大力发展社会主义法制建设，指示恢复过去撤销的政法院系。1984年，中南政法学院在武汉南湖之滨恢复成立。中南政法学院院址东北与中南民族学院隔湖相望，南靠南环铁路，西与华中农业大学隔山相望，地处武昌县境内，与武汉市东南郊边缘接壤，用地呈矩形，南北长约750米，东西约400米，占地总面积约29公顷。院地距鲁巷3.5公里，距武昌市中心15公里。学院场地属小丘陵地带，地形起伏较大，东南地势较高，西北地势较低。绝大部分用地均在控制水位以上，不受洪水淹没。根据这种地貌，设计院、省建委、市规划局等部门同志一起设计出了适合学院各方面要求的方案，其中校门的设计方案为依据城市人流方向和城市规划干道关农（关山—华农）线紧临学院北面经过，学院大门方向设计朝北，进院大门自北而南针对教学行政楼的主干道，路宽14米，大门入口处，选种枝叶茂盛的常青乔木，组成林带，减少噪声和尘埃。校门建筑风格是牌坊式，牌坊又称牌楼，古名绰楔，是一种中国特有的门洞式建筑。牌坊不仅具有与众不同的外观形态、独具一格的审美价值、多种多样的社会功能，而且具有古老深厚的历史底蕴和极为丰富的文化内涵。

中南财经政法大学南湖校区东校门

　　2000年，中南财经大学和中南政法学院共同组建成为中南财经政法大学。半个多世纪的风雨洗礼与薪火相传，学校秉持"博文明理·厚德济世"

之校训，传承"希贤希圣·不舍昼夜"之精神，励精图治，严谨治学。中南大南湖校区东校门属于界碑式。这种界碑式的校门入口，不再有梁、柱，而是只有横卧于地面的匾额，既可以凸显镌刻在卧石上的"中南财经政法大学"几个大字，又不遮挡其后的校园景观。与其后面高耸的办公楼既有强烈的对比衬托关系，又形成统一的形象构图，校园景致、校内活动尽收眼底。这种开放式的校门，给人更多的是一种亲切，一种能够包容一切的度量，透过校门眺望校园美景，让人感受到浓郁的校园文化氛围以及心灵的慰藉。

中南财经政法大学南湖校区北校门

合并后的中南大南湖校区北校门沿用中南政法学院牌坊式校门，稍有改变的是拆掉了原有的门卫室和门洞间连接的铁门，整个校门端庄大气，巍峨耸立，象征着法律的神圣庄重。中南大校名耸立于校门上方，中南大金光闪闪充满现代气息的校门题字彰显了学校开放创新、与时俱进的特点，现代元素与中国古典元素中牌坊式建筑风格交相辉映，让人在不经意间就能感受到学校厚重的历史底蕴，传统但不守旧，现代但不轻浮，既突显了中南大继承过去的责任感，又展现了其开拓未来的勇气。

（徐警武、胡晓晓、冷晓丽）

校歌诞生记

　　"从战争走向胜利，从黄河走到长江，人民的大学，你在胜利中成长。"《中南财经政法大学校歌》是全体中南大人最熟悉的旋律之一，铿锵有力的曲调和充满爱国精神的歌词背后，是跨越 69 年的时代回响。2019 年新中国成立 70 周年，恰逢我校迁至武汉办学 70 周年，这一年学校正式将《中原大学两周年纪念歌》确定为校歌，有着特殊的纪念意义。

校歌征集

　　由于种种原因，学校校歌一直没有最终确定。校歌作为校园文化建设的重要组成部分，是学校形象和学校特色的直接展示，传递着一所学校的精气神，所以学校以审慎的态度，一直寻找能够代表学校文化底蕴和精神气质的代表作品。

　　2018 年，70 周年校庆前夕，学校再次启动校歌征集活动，得到了广大师生校友的积极响应。在众多投稿中发现了《中原大学两周年纪念歌》这颗沧海遗珠。《中原大学两周年纪念歌》诞生于新中国万象更新的气氛中，充分反映了学校的历史积淀、文化传承、红色基因。

　　学校广泛征求师生校友的意见，组织专家充分论证并进行试唱，几经斟酌，在校庆前夕发布了由校教职工合唱团、大学生声乐团演唱的版本，献礼 70 周年校庆。2018 年校庆期间，《中原大学两周年纪念歌》作为代校歌在学校发布传唱，在师生校友中收到良好的反响。

诞生背景

1949 年，中原大学南迁武汉后，迎来了新中国的成立。中原大学也与时俱进，开始转轨办学，积极培养适应国家经济、文化恢复和建设的专业人才。

校庆两周年纪念大会升旗仪式

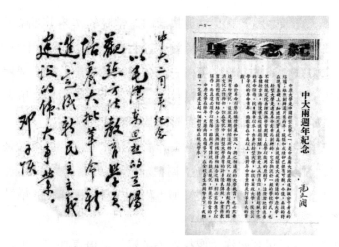

左图为邓子恢为中原大学两周年纪念题词

右图为潘梓年为中原大学两周年纪念题词

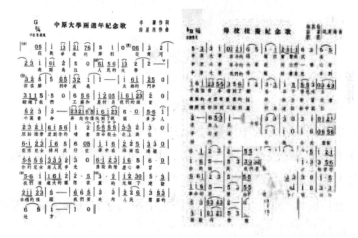

《中原大学两周年纪念歌》成为文艺学院献给校庆的礼物

左图为中原大学两周年纪念歌，右图为母校校庆纪念歌

　　1950年，中原大学迎来了两周岁的生日，建校两周年庆典活动也积极展开。各单位踊跃参与，通过校庆展览、出版校庆特刊等献礼校庆。《中原大学两周年纪念歌》成为文艺学院献给校庆的礼物。

　　文艺学院是中原大学迁到武汉后，最早建立的学院，集聚了一大批中南地区的文艺人才。如学院第一任院长崔嵬，他是著名的导演、编剧、戏剧家，电影《青春之歌》就是由他执导的。学院的文艺干部除了负责学校文训班的教学工作外，还积极开展文艺宣传工作。为庆祝"十月革命节"，崔嵬等同志曾登台演出世界名著——高尔基的《母亲》的话剧片段；为纪念人民音乐家冼星海同志，在武汉地区的万人大合唱中，音乐系副主任、音乐家张星原等同志参加组织、指挥演唱《黄河颂》。

《中原大学两周年纪念歌》的曲作者正是张星原，词作者是文艺学院创作组教员、作家羊翚。该歌曲旋律抑扬顿挫、铿锵有力，歌词感情真挚、热情洋溢，整首歌展现出中原大学师生积极投身祖国建设的精神风貌和远大理想。

比如"千万青年奔向你，像找到了亲娘"，语言朴实，生动地描述出当时青年学子学习文化知识和专业技能的高昂热情和学校孜孜育人的不懈追求。

正式发布

2019年3月，经过系列程序，《中原大学两周年纪念歌》被正式确定为我校校歌，并命名为《中南财经政法大学校歌》。

校党委书记栾永玉表示："校歌本身就是一首爱国主义歌曲，体现了学校'办人民需要的大学、办人民满意的教育'的初心和使命。"校党委副书记、校长杨灿明表示："校歌反映了中原大学时期师生们的精神风貌，体现了学校红色基因的传承。"

2019年9月，在学校"庆祝中华人民共和国成立70周年——'中国心·中南情'歌咏比赛"中，校歌作为必唱曲目再次在校园唱响。这首带着时代记忆的歌曲，历经岁月洗礼，传递不息火焰，如今又被赋予新的生命力，鼓舞着新时代的中南大人不忘初心，继续坚定地"走向人民需要的地方"。

（马迪思）

中原大学与新中国高等教育

1948 年 8 月 2 日，一所"抗大"式学校——中原大学在河南宝丰成立。现在的河南大学、中南财经政法大学、华中师范大学、广州美术学院、湖北美术学院、武汉音乐学院等与中原大学都有着深厚的历史渊源、血脉相连。

中原大学与河南大学

1948 年 6 月 24 日，河南大学进步教授、文学院院长、历史系主任嵇文甫，经济系主任王毅斋，化学系主任李俊甫，教育系教授罗绳武，历史系教授赵俪生，体育系教授兼作家苏金伞，音乐家嵇振民等一行 79 人，从开封出发，于 1949 年 6 月 29 日抵达中共中央中原局驻地宝丰。

1949 年 7 月 9 日，河南大学、中原工学院等高校的 287 名青年学生也来到宝丰，要求学习和工作。中共中央中原局决定以这批知识分子和青年学生为基础，就地创建中原大学。

1949 年 7 月 15 日，中原局办公厅发出《关于开办中原大学的通知》。30 日，《豫西日报》发布了这一重大决定。8 月 2 日，在中原军区召开的庆"八一"纪念大会上，宣布中原大学正式成立。8 月 7 日开始上课。

1949 年 9 月 5 日，校部由大白庄村迁至宝丰县城东街文庙，原兴宝中学院内。大部分学员仍居住在县城居民家里和附近村庄。

1949 年 10 月，中央派当时华北大学副校长、原北方大学校长、河南大学著名教授范文澜兼任中原大学校长，重庆新华日报社前社长潘梓年任副校长，原北方大学教务长孟夫唐任教务长。又从华北大学抽调刘介愚、梁维直、李光灿、林山、俞林、方衡等 13 人到校任教。

1949 年 11 月 18 日、11 月 27 日，中原大学首届研究生班学员 20 人与第一、二大队学员 169 人先后毕业。其中 71 人留校工作，73 人转入中原大学新闻系继续学习，45 人被分配到中原、华北解放区机关工作。

1949 年 10 月 24 日，开封二次解放。郑、汴两市有大批青年学生来到宝丰投考中原大学，学生总数达到 1966 人。为了寻求更大的发展空间和更好的办学条件，11 月 12 日，中原局派刘介愚、嵇文甫、林山等 30 余人，到开封筹建中原大学分校。11 月 23 日，中共中央中原局决定中原大学迁往开封河南大学原址。11 月 29 日，中原大学开始整体往开封搬迁，12 月 10 日，所有师生全部到达开封，暂借住河南大学。

1949 年 5 至 7 月，中原大学又陆续迁至武汉。中原大学医学院未随校南迁，一部分师生留在了河南大学。

1949 年 6 月，河南省人民政府以中原大学医学院、教育系师训班 500 余人和河南省行政干部学院（1948 年 8 月，中共中央中原局责成豫西区行署在宝丰县杨老庄村创办的豫西行政干部学校，1949 年 5 月迁至开封改名河南行政干部学院）的 400 多人为基础，接回已迁至苏州的河南大学 1200 余名师生，重组河南大学。当时称"河南人民革命大学"，1950 年 3 月恢复"河南大学"校名。

中原大学与中南财经政法大学

1952 年，为适应形势对各类高级专门人才的需求，高等教育在全国范围内进行了院系调整。9 月 24 日、12 月 17 日，河南大学经济系、武昌中华大学经济系的师生先后合并到中原大学财经学院。1953 年 1 月 6 日，中原大学校名取消，原校拆分为中南财经学院和中南政法学院。5 月 29 日，原中原大学财经学院与中山大学、湖南大学的财经学院，中山大学、湖南大学及南昌大学经济系，广西大学经济系及会计银行系，中山大学社会系劳动组合并，在武昌成立中南财经学院。另以中原大学政法学院为基础，将中山大学、广西大学、湖南大学的政法系并入，成立中南政法学院。

1958 年 4 月，中共中央发出《关于高等学校和中等技术学校下放问题的意见》。9 月底，中南财经学院和中南政法学院及中南政法干部学校、武汉大学法律系合并成为湖北大学。1971 年 12 月 7 日，在"文革"的冲击下，湖北省革命委员会决定湖北大学撤销政法专业，保留财经专业，改名为湖北财经专科学校。1978 年 1 月 26 日，湖北财经专科学校更名为湖北财经学院。1984 年 12 月，以湖北财经学院法律系为基础，恢复重建中南政法学院。1985 年 9 月，湖北财经学院更名为中南财经大学，邓小平亲笔题写了校名。2000 年 5 月 26 日，经国务院批准，教育部把中南财经大学、中南政法学院合并为新的中南财经政法大学，其是中华人民共和国教育部直属的一所以经济学、法学、管理学为主干，兼有哲学、文学、史学、理学、工学、艺术学等九大学科门类的普通高等学校，是国家"211 工程"和"985工程"优势学科创新平台项目重点建设高校之一。

中原大学与华中师范大学

1951 年 8 月 16 日，中南军政委员会教育部将中原大学教育学院与私立华中大学合并，改组为公立华中大学，校长由潘梓年兼任。1952 年，公立华中大学改名为华中师范学校。1953 年 10 月，华中师范学校更名为华中师范学院，1985 年改为华中师范大学。华中师范大学是中华人民共和国教育部直属重点综合性师范大学，是国家"211 工程"重点建设的大学，国家教师教育"985"优势学科创新平台建设高校，是国家培养中、高等学校师资和其他高级专门人才的重要基地。

中原大学与广州美术学院、湖北美术学院、武汉音乐学院

现在的广州美术学院、湖北美术学院和武汉音乐学院的前身也是从中原大学独立出去的文艺学院在全国高校整合中发展成的。1951 年 8 月，为了适应中南地区文化事业的发展，中南军政委员会决定将中原大学文艺学院从中原大学分离出去，在中南地区建立一所独立的文艺专门院校——中南文艺学院。1953 年，在全国高等院校调整中，中南文艺学院、华南文艺学院、广西艺专的美术专业等组合成立中南美术专科学校，校址设在武昌；中南文艺学院音乐系与华南人民义艺学院音乐部及广西艺专音乐系合并，成立中南音乐专科学校。

1958 年，中南美术专科学校迁至广州，更名为广州美术学院。1969 年与广州音乐专科学校、广东舞蹈学校合并为广东人民艺术学院。1978 年 2 月恢复广州美术学院原有建制。1958 年，湖北艺术学院音乐部和美术部分别单独建制，成立湖北美术学院和湖北音乐学院。1985 年，湖北音乐学院定名为现在的武汉音乐学院。

中原大学与河南大学、中南财经政法大学、华中师范大学、广州美术学院、湖北美术学院、武汉音乐学院等，各自虽然成为独立的院校，但同根共源都有着血脉关系，都在为祖国的经济腾飞和和谐社会的建设作出贡献，为祖国的发展培养大批德才兼备的优秀人才，在新中国的教育史上写下了光辉的一页。

（郜现松）

抗美援朝战争中的中南大人

　　1950 年，怀揣着保家卫国伟大理想的中国人民志愿军跨过鸭绿江，与强敌进行了艰苦卓绝的浴血奋战。为这场战争胜利作出贡献的人们，谱写出气壮山河英雄赞歌的中国人民志愿军将士们，他们被称作"最可爱的人"。他们抛头颅洒热血，他们英勇无畏，铸就了一场波澜壮阔的胜利！在中南大，也有这样一群"最可爱的人"。

郑昌济：随时准备拉响手榴弹与敌人同归于尽

郑昌济在观看"纪念中国人民志愿军抗美援朝出国作战 70 周年大会"电视直播

2020 年 10 月 23 日上午 10 时，88 岁的抗美援朝老兵郑昌济准时守在电视机前观看纪念中国人民志愿军抗美援朝出国作战 70 周年大会，当听到习近平总书记"现在中国人民已经组织起来了，是惹不得的。如果惹翻了，是不好办的"这一句话时，郑老开心地笑了起来，他说道："那个时候我才 18 岁。"时光回溯，这一句话将我们拉回到 71 年前。直到现在，郑老都清楚地记得每一个重要的时间点："1949 年 9 月，武汉刚刚解放，我觉得跟着共产党才有救，所以就想要参军。"抗美援朝战争开始后，1950 年 10 月 25 日，郑昌济跟随 38 军坐火车从东线的集安县出发，到达朝鲜满铺。38 军由 112 师、113 师、114 师组成，郑昌济所在的 114 师用他的话来讲是 38 军中的"小老弟"，擅长守阵地。而当时他们的连队，一人只有一把 38 步枪、80 颗子弹，这就是当时每位志愿军的所有配备，甚至一个连也只有 4 门炮。与武器先进的美军相比，这注定是一场极不对称、极为艰难的战役。

在这样的背景之下，郑昌济自踏上这片战争的土地时就已将生死置之度外。他向军械员申请了一颗手榴弹，想着如果到了紧急关头要自己拉响手榴弹与敌人同归于尽。"这也就是刚才习总书记讲的，以'钢少气多'力克'钢多气少'，我们就是凭着正确的战略、有效的战术以及高涨的士气，为了保家卫国，才打赢这场战争的。"

郑昌济

回想起战争场景，郑昌济如此形容：战场上就只充斥着两种味道，一种是火药味，另外一种就是血腥味。他坦言，对于一个只有十几岁的青年学生来说，刚开始时确实害怕，但后来就什么都不怕了。"因为我的战友们和我一起同生共死，我没有什么牵挂，全身上下只有从家里带出来的一块手表，我把我的所有都奉献出去，这就是我的价值，"郑老笑着说道。

为了与装备精良的美军相抗衡，他们往往采取夜间进攻的战术。在攻打394.8高地的一次战役中，郑昌济的右腿被美军炮弹炸伤，弹片至今还在右腿中未能取出。负伤后，郑昌济回到武汉疗伤。1953年，郑昌济进入荣军学校继续学习、复习功课，1954年，他考入中南政法学院，成为中南政法学院第一届本科生，后留校教书，1988年就任中南政法学院副院长，直至退休。光阴荏苒，一晃70年过去，郑老将他的人生奉献给了国家与学校。

郑昌济在中南政法学院就读的毕业证

温暖的秋日阳光透过窗，郑老小心翼翼地取出一个铁盒子，从里面取出了两枚荣誉勋章与一个人民志愿军慰问袋，岁月的流逝为这些珍贵的回忆打上了时光的烙印，它们永远熠熠生辉。

武汉市各界慰劳志愿军的慰问袋

郑昌济的荣誉勋章

"进军号洪亮地叫，战斗在朝鲜多荣耀，就算我们今天流点血，能使我们的祖国牢又牢，不被炸弹炸，不被烈火烧，我们的父母常欢笑。"郑老吟诵着这一首歌，这也是他一生的信念。

张维扬：永不消逝的电波

"1951 年 10 月底的某天晚上，我们进入朝鲜，到达对岸一看，满目疮痍，断垣残壁，没有一栋完整的房子，在昏暗的月光下显得格外凄凉，我心中荡起一股无名怒火，一种'国家兴亡，匹夫有责'的责任感油然而生。还记得横渡鸭绿江的时候，赴朝的军列（看到）从安东（现名丹东）方向驶来一辆伤兵车，停在锦州，我看到车上除了医务人员外，全部都是缺胳膊断腿的，我的心一下紧缩起来。"87岁高龄的张维扬激动地说。

张维扬

1949年9月至1950年5月，张维扬在中南军政大学就读，毕业后被分配到中南军区通信学校。1951年秋，100名通信学校的毕业生前往天津东局子的华北通信团紧急培训，准备开赴朝鲜战场参战。

奔赴朝鲜前，张维扬被分配到23兵团某团担任小型无线电台长，3名报务员、12名摇机员、一匹骡子，这便是他全部的"家当"。一过鸭绿江就连续5天5夜急速行军，为了减轻负担，保证行军速度，他们将挎包里的牙膏、肥皂全部扔掉。某天夜晚，队伍走在陡峭的高山上，右边就是万丈悬崖，摇机班班长把一个铁桶斜套在头上，既可以挡雨，又起到了给战士们引路的作用，大家便循着若隐若现的白光蹒跚前进。每到宿营地，战士们就立马忙碌起来，有的架天线，有的挖防空洞，有的摇发电机。有时遇到很长的电文，他们往往需要在零度以下的低温下脱掉棉袄，一摇就是几个小时。

到达朝鲜后，张维扬所属部队的第一个目的地是南市，他们的任务是在该市附近修建一个军用机场。经过一个多月的日夜奋战,机场初具规模。正当他们庆祝完工时,敌机已对准跑道俯冲下来并投下炸弹。"扔下的炸弹有的当即爆炸,有的延迟爆炸,这下可把战士们的肺都气炸了,谁也不甘心一个月的劳动成果毁于一旦,大家都踊跃报名去挖定时炸弹,我也报名了,可领导不准电台技术人员参加。"

在清除电台驻地附近的一颗定时炸弹时,战士们在以弹洞为圆心、半径为25米的圈趴下,指挥员一声哨响,第一名战士提着铁锹飞奔到弹孔旁使尽全身力气挖掘5分钟,再一声哨响,第二名战士跑去接班……挖出那枚炸弹后便套上绳子向远处河沟里拖去,然后引爆。战士们就是以这种大无畏的精神奋勇排弹的。

1954年,张维扬转业后到红安县文教科工作,因性格开朗深得大家的喜爱。他喜欢打篮球,在部队时就是主力军,还成了新洲、红安、麻城三县联队的主力队员。1956年参加高考,被武汉大学录取,毕业后在原湖北大学(中南财经政法大学前身)等高校教学30余年,桃李满天下。张维扬说:"我们应该以平常人的心态,处事达观,待人友好,教育下一代,做一点力所能及且有利于我们这一伟大时代的事,不辜负长眠于地下的战友。"

陈克文:抗美援朝志愿兵的"教导员"

这场保家卫国的战争,每个人都在贡献自己的力量。1933年10月,陈克文出生于湖南省邵阳市,在湖南邵阳导群中学读书时,是学校第一批团员,思想觉悟高、政治素养强。1950年年底,为响应中国人民志愿军抗美援朝出国作战的号召,他积极投身于号召知识分子参加军队运动中。1951年1月,陈克文来到武汉,在第四军械学校接受军队教育,真正成为一名志愿军。第四军械学校是培养抗美援朝志愿军的摇篮,主要对志愿军进行思想政治教育和军事技能教育。

陈克文珍藏的中国人民解放军布制胸章

"学校的核心工作是培养上抗美援朝前线的军事技术人才，同时为前线回国后的人员提供再教育。"学校对学员要求很高，学习任务重，训练强度大，生活管理严格。因为在校表现突出，陈克文还未毕业时就被安排留校任教。"我印象最深刻的是，在学员刚入伍时，很多人哭得很厉害。一来是因为想家，毕竟大部分都是十几岁的学员；二来是因为训练很苦，学员是在铺满煤渣的路上训练实务。但经过培养之后，我们的学员都非常骁勇善战。在某场战役最后，有一位战士用拼刺刀的方式，以一敌三灵活地突出重围，将敌人消灭。"

陈克文

1953年，陈克文因身体不适住院接受治疗，在此期间他自学数理化，于1956年干部转业后参加高考，被华中工学院（现华中科技大学）录取，后来到我校工作。"我们要为党和国家培养更多的人才，希望新时代的青年能够将老一辈的革命精神和光荣传统继续传承下去。"

前有千千万万中国人民志愿军在枪林弹雨中浴血奋战，谱写壮美华章；后亦有一波又一波支援力量，在后方拼尽全力，保障战士们没有后顾之忧。在抗美援朝这场战役中作出重大贡献的不仅有中南大英勇无畏的战士，还有响应抗美援朝群众运动的中原大学（现中南财经政法大学）师生，他们或踊跃报名奔赴前线，或捐钱捐物，为这场伟大战争的胜利，贡献了中原大学力量。

中原大学校友：血肉之躯扛起家国重任

在奔赴朝鲜战场的志愿军队伍中，同样有一批中原大学的校友，他们舍生忘死、奋勇杀敌，在枪林弹雨中经历生死考验，用血肉之躯扛起保家卫国的重任。

1949 年，游骥离开中原大学加入中国人民解放军第四野战军

原武汉市纺织局离休老干部、年逾九旬的老战士游骥，是参加过解放海南岛战役、抗美援朝战争、对越自卫反击战的共和国功臣，也曾是中原大学的一名学员。1949 年，他离开就读的中原大学加入解放军第四野战军。

1950 年随部队从武汉出发参加解放海南岛战役，1952 年参加抗美援朝战争，直至 1979 年参加对越自卫反击战后才结束 30 年的军旅生活。2019 年，这位久经沙场的老战士收到了由中共中央、国务院、中央军委颁发的"庆祝中华人民共和国成立 70 周年"纪念章。

游骥收到"庆祝中华人民共和国成立 70 周年"纪念章

河南省卫辉市离休老干部、92 岁高龄的苏炳南同志是一名曾战斗在抗美援朝后勤供应线上的老英雄。他于 1948 年进入中原大学学习，毕业分配到第二野战军，进入中原军区后勤部第五兵站。1951 年，苏老所在的中原军区后勤部第五兵站赶赴前线。当时家人都不知道他去了朝鲜战场，他根本顾不上和家里人交代，在朝鲜稳定住以后才给家里写了信。

苏炳南

兵马未动，粮草先行。部队打仗，后勤供应非常重要。苏老所在的兵站主要负责运输物资。在备战工作中，苏炳南荣获三等功。

回忆当年的烽火岁月，苏老说道："1952 年，在朝鲜战场上，那次我们去执行任务，牵着骡子，骡子身上驮着炮弹往前线运送。当时觉得天快黑了，应该没事，趁着夜色就在路上走吧。没想到还是引起了敌军的注意。四架飞机在我们头顶上空围住了我们，情况非常紧急。可是，当时我们周围都是平坦的地面，没有地方可以躲避。他们扔了炸弹，大概以为全炸中了，然后就趾高气扬地飞走了。三头骡子炸死了两头。有一个小同志，广东的，姓陈，他被弹片划伤，鲜血直流。我们立刻给他做了包扎，把他抬到了后方。还有一次，我们俘虏了一个美国兵。我们的飞机击中了美军的飞机，飞机落在了山上。飞行员也掉在了山上，我们去山上把他押了回来。可是我们都不会说英语，后来找了个会讲英语的，和他对话，把他押送到了后勤部。"

93 岁高龄的老兵黄传心，1951 年从中原大学毕业后参军入伍，成为抗美援朝战场上炮兵第一师的一名年轻战士。

生前曾任湖北省宜昌市委党校副校长的王永团同志于 1948 年 10 月至 1949 年 2 月在河南开封中原大学读书。1949 年 2 月，新中国成立前昔，他积极响应党和毛主席的号召，踊跃参加中国人民解放军，任第十军 29 师 86 团宣传员。为响应"抗美援朝，保家卫国"的伟大号召，王永团同志穿上中国人民志愿军服装，雄赳赳、气昂昂，跨过鸭绿江，在炮火硝烟中英勇战斗、光荣负伤，右眼完全失明，穿过眼底蚕豆大的弹片，留在颅脑深部无法取出，被鉴定为二等甲级伤残。

抗美援朝运动一开始，全校师生就迅速开展时事学习，举行时事报告会，揭露美帝国主义的侵略罪行。广大师生还纷纷走上街头，用标语、漫画、传单、演讲等方式，宣传抗美援朝的政治意义。1950 年 11 月中旬，学校有 574 人报名参军赴朝。

1950年5月20日，中原大学师生踊跃参加和平签名运动

同时，学校成立了抗美援朝行动委员会，组织时事学习，发起"一封信运动""一千元运动""做慰问袋、写慰问信运动"等活动。慰问袋上面多绣有"多打胜仗""胜利之花和平战士"等字样，内装有毛巾、围巾、鞋袜、手表、手帕、手套、牙刷、牙膏、肥皂、钢笔、日记本、地图、口琴、腰带、念章、贺年片、党章、团章袖珍本等生活及学习用品。

1950年12月，学校工会、团委、学生会联合发出关于慰问中国人民志愿军部队和朝鲜人民军的号召，全校师生积极响应，纷纷写信，缝制慰问袋。短短几天，全校师生共同捐献慰问袋433个，慰问信1511封，慰问金473750元（旧币）。12月6日，朝鲜前线大捷，平壤收复的电讯传来，校园一片欢腾，群情振奋，立刻发出电报，祝贺平壤收复这一中朝人民的伟大胜利。1951年1月，教育学院发起救济朝鲜难民捐献运动，捐款300多万元（旧币），并有大衣、绒衣、毛衣、棉被、毛毯、金链、金戒指等大批实物。同时，还发起向志愿军捐送文化食粮活动，捐献书刊2000余册。

1951年6月学校开展了全校性捐献飞机大炮运动，校部及文、财、教、政各院热烈响应，很快掀起捐献热潮。财经学院发起"武汉教工号"飞机捐献运动，文艺学院掀起捐献"鲁迅号"飞机热潮。一个星期时间，全校捐款总数约3.1亿元（旧币），同时政研班也向志愿军捐款2.4亿元（旧币）。文艺学院还以灵活多样的创作演出，配合和推动着学校运动的开展。戏工队演出大型话剧《考验》；美术系创作宣传画 154 幅，招贴画 10 幅；音乐系创作歌曲 62 支，创作室和戏剧系共创作剧本 12 个，说唱 7 篇，歌词 34 首，诗 25 首，小说散文 6 篇。

历史不会忘记英雄，国家不会忘记先锋，中南大更不会忘记为国奉献的每个中南大人。崇尚英雄，学习楷模，让英雄丰碑矗立在每个人心中。我们要铭记抗美援朝战争的艰辛历程和伟大胜利，永续传承、世代发扬伟大抗美援朝精神，像英雄那样坚守，像模范那样奋斗！向着全面建设社会主义现代化国家新征程，向着实现中华民族伟大复兴的中国梦继续奋勇前进！

（卓张鹏、崔桢桢、明媛）

部分资料来源：

［1］《中原大学校史》.

［2］http://news.hbtv.com.cn/p/1736718.html.

［3］https://kuaibao.qq.com/s/20190927A0LR6M00.

［4］http://www.hnedutv.com/gonews?id=17803.

［5］http://jinian.zupulu.com/jiwen/show?jwid=31928.

从中原大学启程，
奋斗一生投入教育一线

黄洪

热血启程

中原大学是中共中央中原局于 1948 年 7 月在河南宝丰开办的，当时我作为第一批学员报名加入了中原大学。6 月 24 日，我们从开封启程，7 月 8 日到达宝丰。

当时，陈毅同志来到中原大学当筹备委员会主任，实际上他担起了中原大学校长工作。7月15日他一到宝丰，就到我们学生中间来和我们交流。陈毅同志真诚的发言深深地打动了我们，在听他报告后，我们集中讨论两三天，大家都表示要留下来在中原大学学习。从此，第一届中原大学的学生班子就这样搭建起来。

学习岁月

满含着报国的热血，中原大学成立了。8月1日建军节很快到了，当年的"八一建军节"纪念大会实际是8月2号召开的。在建军纪念大会上，刘伯承司令员正式宣布中原大学成立。从此，就算正式开学学习了。

当时，从河南大学去了几位教授，就给我们讲课了。最后，还有从华北来的如梁维直等教授也给我们讲课。

我们主要学习了"社会发展史""五种社会形态""新民主主义论""中共介绍""辩证唯物主义论"。当时学习时间最长的、最主要就是社会发展史和社会形态，这些课程都由河南大学来的教授讲授。我们感受最深的就是社会发展的规律和五种社会形态进化的原因，即生产力的发展。生产力的发展与生产关系必须相适应，当生产力发展到一定程度时，阶级社会里生产关系就会对生产力发生制约，必须打破它的阻力，才能使生产力得到发展。这就是要进行革命的道理：深入理解上层建筑与经济基础的关系、中国革命的意义和目的，不断改造我们的思想，树立为中国革命奋斗的目标。

我们在马克思主义的基本原理——理论联系实际中学习。从自己的思想实际出发，你联系当时的现实情况找出个人的错误思想和不对之处，以马克思主义为理论基础，作为认识的标准，纠正自己的错误认识。

学校的教学方式很严格，教师先讲，讲完就进行讨论。在讨论中如还有不清的问题，队主任就进行辅导，辅导完后，小组再进行讨论，在讨论中你帮我、我帮你，不断地进行思想认识和思想改造，批判错误的思想观念。

老师在讲课以前，就深入队里跟辅导干事联系，深入了解学员情况，针对学员中不同的问题、又有哪些不正确的思想，进行备课。我们学一个问题就讨论一个问题，通过深入的讨论来提高自己认识和觉悟。

攻坚克难

从开封到宝丰，学校就这样从零开始起步了。我们住在老百姓家里。老百姓生活也都很贫穷，他们在住房内养猪、养牛。我们就在养猪、养牛的房间旁边拉一个席子、辅个板子住在里面。后来我们一大队就集中搬到宝丰县城里去了。

到县城后也是住老百姓家，但房子比宝丰时宽敞一些，可以腾出学习和小组讨论的地方。县城里有我们的大队部，每个小组都有一个集中学习的地方。由于学习没有完整的教材，上课主要是记笔记，又因为没有墨水，我们就买染料自己冲成墨水用。笔记本就是大队发的白油光纸，自己裁后用针线缝起来，做成笔记本。生活实行军事化管理，早晨天不亮就起床，围着县城出操跑步。城外有一条小河，是条小江河，我们每天就在小河边洗脸刷牙。就是洗澡很困难，特别是对我们女同志更难。天热时还可以在河里洗个澡，天冷就没办法了。男同志身上不长革命虫的很少，我们女同志头上也都长虱子。后来女同志都把头发剪了，剪得很短很短。

到县城后，我们就办起了食堂，都集中在食堂吃饭。我们实行的是供给制。开始去的时候，每人给发一个脸盆，这在当时就是特殊待遇，并且每个人还发一个光洋（即一块银元）。后来，我们正式上学后，每月就发中州币二角钱。我们女同志还好，但有抽烟的男同志就不够了，他们就像有些老革命一样，到农田里，把绿豆叶卷成烟来抽。我们那时基本上都是吃的小米粥、玉米糊和窝窝头，在那没有吃过大米饭，但我们从不计较。

桃李无言

毕业后，我被组织安排留校工作。我这辈子最主要的工作就是从事学校的函授教育。最先开始是中国人民大学办函授教育，后来教育部让学校在中南地区办函授。教育部派人民大学副校长胡林昀同志到学校来，专门介绍办函授的经验。学校从 1955 年开始准备，1956 年就正式开始举办函授，成立了函授科。

函授科就附设于教务处下面。我是教务处的秘书，兼管一下函授的工作。当时，我们学校办有河南省、湖南省、广东省、广西省和武汉市函授站，全国各地许多学生报名了我们的函授大学。1957 年，函授处成立了。函授处先是由二位老干部接手，一位是刘亚东，干了一段后，又有刘竹林接了一段。1965 年，四清运动以后，他们就调离了，我从教务处被调到函授处。1966 年因"文化大革命"的原因，函授处停办了，当时，学校都停了。1972 年，因为知青函授的原因，短暂恢复了办学。

1978 年，函授教育真正恢复，附属于学校教务处下干训科。我当时任教务处副处长，也分管干训及函授这一块。1978 年，我首先到长沙，了解当时干部的状况。经过"文化大革命"，干部队伍青黄不接，需求量大。为了办好函授教育，为国家发展培养干部，我们总结了过去淘汰率高的原因，如坚持学习与工作的矛盾、学员学习时间得不到保证等。而我们的办学除了学制比在校生长一年以外，还存在讲授时间少、书面辅导多等情况，这种完全按照全日制普通高校办函授教育的模式，造成了函授学员难以坚持。

我提出，要打破过去的办学模式，否则，在职人员就很难学习。于是我们决定创立联合办学模式，从湖南省先开始进行试点，将招生、管理学员的权力交给地方，例如湖南省经委，学员由他们组织，教师的后勤保障也交给他们，我们只负责讲课、教学。在课程方面，还创新了方法，调整了课程，要求上也有改变，也修改了学制，即"以长代短、以短促长"。

具体而言，就是将学制变灵活，学员可以选择专科、本科，或者进修半年、一年。专科修满 3 年可以毕业，之后愿意继续学习的，再修 2 年就可以获得本科学位。从湖南省起步，很快广东省、广西省、河南省、武汉市到处铺开了。应该说我们学校的这种办学模式在全国是首创。我离休的前一段好几年，全国的干部工作培训会议、中央组织部召开的全国干部教育工作会议甚至国际的成人教育会议也邀请我们去参加。一时间，教育部、财政部都对我们函授教育非常重视。

从函授科到函干处，我一直都负责函授教育工作。我本应该于 1983 年（55 岁）退休离休的，但是，在 1982 年时，时任湖北省委副书记沈因洛、副省长梁淑芬到学校来，专门让我汇报学校的干部教育工作。他们听完以后，对我的发言很重视，当即对我说，你延迟几年退休吧，你的精力还很好，起码再干两三年！最终，在省委和校党委的统一安排下，我延迟一年离休，继续为学校函授教育贡献力量。

自中原大学办学起至 1984 年离休，我一直致力于函授教育工作，离休后仍主持了学校自修学院的工作。我的一生可以说是与中南大共同奋斗的一生。

（口述：黄洪；整理：刘进、汪浩刚）

难忘建设中原大学的日子

马定中

我先后参与了中原大学南迁武汉、选校址、建设校园和学院分化整合的全过程，每当回忆起为学校的发展建设挥洒青春与汗水的那段岁月，依然心潮澎湃，往事历历在目。

动荡岁月的相遇

1948年6月，当时我在开封北仓女中工作，从事财务管理事宜，主要是收学费、管理学费和津贴等。由于当时收的是旧币，经济很不稳定，我就坚持不存现金，把每天收的旧币及时购买粮食和实物，用粮食和其他实物向教职工发放津贴，很受大家欢迎。

1948 年 6 月 24 日，我来到了刚成立的中原大学。中原大学总共有 4 个大队，一、二队学员文化程度较高，基本上是高中文化以上水平，三、四队年龄较小。我有高中文化水平，在原单位北仓女中的推荐下，来到中原大学，分在一大队第一组。一大队有 120 多人，其中还有后来在我校工作的黄洪、刘正富、张家骧、张平、刘其发等人。二大队有刘磊、赵启钧、向趋、方生等。每个队都配有一个队长和辅导员，还有辅导干事，专门负责管理和照顾大家。我们队的辅导员叫张铁夫，后来成了长江日报社的副总编。当时我们成为中原大学的学员，每人发一套军装，每月发一块大洋。

1948 年 7 月，学校刚在宝丰建校时，一穷二白，我们 4 个大队的学员，全部住在老百姓家里。我们上课的内容就是在庙里和打麦场听首长做报告。

1948 年 10 月，我们来到开封的河南大学，在那住了 6 个月。

肩负重任南下选校址

1949 年 4 月，我受中原大学领导的委派，和另一位同志一起到武汉为学校办校打前站。沿途我们乘坐一辆破旧的雪佛兰牌小卡车，向武汉进发。车到黄陂岱家山时就停下来了，期间，时任校后勤处处长的曹建章也来到了黄陂。5 月 16 日，我们就一起进城了。

在中南军政委员会，我们找到了潘梓年校长，那时他已经担任中南军政委员会教育部部长一职。潘梓年校长听了我们的汇报后，就指示我们到武昌寻找中原大学的办学地点。我们在武昌什么都没找到，当时很多单位还没来得及挂牌，咨询老百姓也都不清楚。走投无路之下，我们就转变思维，决定先找学校，因为学校之间方便沟通办事。我们找到武昌中学（现华师一附中），向学校讲明情况后，就暂时借住下了。随即开始寻找中原大学的办学和住宿地点。我们首先找到的是现在首义校区的地块，当时是一片荒草地，只有几间破旧的房子。经打听才知道这里以前叫左旗，是清朝时的一个兵营，后边是右旗，是后来解放军的炮兵学校，抗战时还住过日本的一个兵营，后来又成了国民党军的一个汽车修理营地。我们初步定下这里为办校之地，继续住在武昌中学，等待远在河南的中原大学的大队人马到来。

1个月后，中原大学大队人马都来到了武昌，住在现在的39中、14中、15中和商业职业学校（在实验中学后面），以及蛇山后面昙华林原中华大学里面。后来经报上级有关部门批准，中原大学迁到武汉后的校址就最终定在这里。

热火朝天共建学校

1949年8月，校址正式批下后，曹建章处长就带领我们开始建造校院了。根据需要，学校总务处成立了3个科：修建科、设计科和工程科，为修建校园作准备。当时，中南军政委员会只批准两个单位可以搞基建，一个是中南军政大学，另一个是我们学校——中原大学。

当时我们提出了一个口号，就是用半年的时间解决住房问题。自己设计施工图，带领施工队，材料都是我们自己准备：木材、砖瓦、灰石、五金；锤木板条也是我们自己加工，而原材料是从长江码头上拉来的。我们建造的是木板通用大房，地板、墙面是木板的，上边是瓦，一排可住一个大队120多人，每周能建造一个。先从现在首义幼儿园的位置开始向西、向南盖，不到半年时间就盖了二十几个简易的木板房。队长、辅导员和学员都住在里面，上课、办公也都在里面，解决了办公和住房问题，全体人员都集中到了首义校区这块土地上。

1951年开始建造现在首义校区的4号楼，用的是原苏联的图纸。1952年年底建造完成4号楼和5号楼两个完全一样的三层大楼。

为"中南人民大学"选校址

中原大学在武汉办学后，分为政治、教育、财经、文艺、民族五大学院。1950年，学校准备更名成立"中南人民大学"，刚开始时，准备建在东湖喻家山那里。我们派出了一个测绘队，我记得有杨靖华和汪东生。他们在喻家山测绘，住在老百姓家里，测绘中南人民大学的校址，地点就是现在的华中科技大学，但比现在华中科技大学所在的地区还要大三四倍。有5个山头，一个山头一个学院，分别是财经学院、政法学院、文艺学院、教育学院和民族学院。我们的测绘队在那里住了一年半才回来。后来因为大区撤销，加上潘梓年工作调整等多种因素，最终不再办"中南人民大学"，学校开始了新的变更。

1953年，学校派我到中国人民大学进修，两年半后于1955年回校工作。1953年后，院系调整，湖南、广西一些大学的人员调入我校，学校后来分为中南财经学院和中南政法学院。后来，文艺学院分出，成立了湖北音乐专科学校，就是现在的武汉音乐学院；教育学院分出后，与中华大学合并，成立了华中师范学院；民族学院分出后，又成立了中南民族学院，我们这里就只是中南财经学院和中南政法学院了。

中原精神的内涵实质是什么？我认为中原精神与延安精神一脉相承，具体表现为"艰苦奋斗""实事求是"和"发扬革命的优良传统"。在中原大学短短几个月的学习，奠定了我革命人生观和世界观的基础。这段学习岁月和后来的工作，我懂得了没有革命的理论就没有革命的行动这一真理。中国革命的历史证明，要革命就只有跟着共产党走。

（口述：马定中；整理：刘进、汪浩钢）

在农经系实验室的日子，
是我这辈子最难忘的时光

乔九如

自 1954 年随老伴毛恩培教授来到中原大学起，我便一直投身于农业经济系的实验工作，同农经系的郑在信老师一起花费数年的心血制作了上千张大田农作物标本，牧草、杂草、水稻、小麦、棉花等病虫害标本。制作的鸽子、兔子骨架剥制标本和来杭鸡、澳洲黑鸡等的实物标本已达到专业教具生产厂的水平。我将一生投入到我校的教学工作中。

我早年就读于上海复旦大学化学专业。读书期间，我结识了一生的伴侣毛恩培（我校原农经系教授）。他是个很聪明的人，过去非常喜欢打算盘。他受过专门的训练，手指又灵活又快。现在我的家中还保存着不少他留下的算盘。我在他的影响下，也很会打算盘、背口诀。我与他相伴一生，携手走过了漫长的岁月。1942 年，我从学校毕业，毕业后我与毛恩培一起，被派驻到上海同济大学工作。在全国院系调整中，我随老伴毛恩培来到中原大学，他在农经系当老师，我被安排到农经系实验室工作，我与学校的缘分便从此开启。毛恩培是我校经济学方面的专家教授，他在全国都有一定的名气。罗飞、李定安等教授，此前都是他的学生。

我在实验室的日常工作，就是管理实验室。我会跟学生讲解一些做实验的知识，再让学生看实验室里的标本和图片。有时，我也会带学生做一些简单的实验。令我感到有成就感的是五几年长江发大水，人们捕捉了很多鱼，其中就有一条一两米长的中华鲟，我们系当时就买下来了。几经辗转，这条中华鲟到了我们实验室中。我和几位老师一起，把鱼的肚子破开，挖出内脏、清洗干净，做了一系列的化学处理。晾干后，又在鱼表皮涂上了一层又一层的桐油，终于把它做成了一件中华鲟标本。这条中华鲟标本一经诞生就造成了轰动，很多学生专门来实验室观摩这个标本。历经岁月变迁，这条中华鲟如今仍保存在学校校史馆中，成了校史陈列的独特风景。

另一件令我印象深刻的往事是深夜中一次与李光斗校长的偶遇。在三年自然灾害中，学校一直在培育小球藻。当时，小球藻被视为营养物质，全校师生都在喝。我负责小球藻培植加料这方面的工作。小球藻生长条件较为特殊，只有到每天夜里的 12 点后，才能开始加料培植。记得那一天的深夜，我正在加料，李校长来了我们这个位于小山坡上的小球藻培养生产基地。他看到我非常惊讶，他说："这么晚都半夜了，怎么还在干，还不回家睡觉。"我连忙说，小球藻培养，必须在半夜 12 点后才能开始，这是培养小球藻成活成效的规律。李校长当时非常感动，他跟我说："太辛苦了，干什么都不容易啊。"与李校长深夜的这次偶遇让我印象深刻，无论多少年过去，我都没有忘记。

（口述：乔九如；整理：刘进、汪浩钢）

与学校医务工作相伴的岁月

袁一雄

中原大学时期，我就开始负责学校医院的工作。后来，国家进行院系调整，中原大学分了几个学院和几个卫生所，我就被分到中南政法学院负责医务工作。而后，几个学院又进行了合并，校名变成了湖北大学，我便到湖北大学负责校医务工作。从 1949 年到 1983 年，我在学校工作了 34 年，中央提出离退休时我是第一批下来的，从离休到现在也正好 34 年（采访日期为 2017 年 4 月 23 日）。

我与中原大学的相遇

中原大学是在河南省西部一个村庄成立的，1948 年 11 月整体搬到了开封。我是 1948 年年底到的河南开封，原来河南大学所在的地方，住在中原大学的一个招待所里。我在招待所里等待了一个多月，由于我是一个医生，后来便到三野卫生学校去教了 3 个多月时间的书。一直到 1949 年初，当时中原大学成立了 22 队，由于我坚持要进行学习，三野卫生学校就把我调到中原大学 22 队去了。我清楚地记得，那是 1949 年的 2 月 1 号，我真正进入中原大学成了其中的一分子。那时，中原大学的主要工作是进行思想改造，时间只有 3 个月。因为形势发展得很快，武汉就要解放了，所以我在 22 队并没有满 3 个月便接到了新的任务。

在武汉文教接收大队的日子

当中原大学还在开封办学的时候，我接到一个光荣而又艰巨的任务，就是到武汉去进行文、教、卫的接收工作。接到这个任务以后，学校组织林山带队，担任武汉文教接收大队的大队长。接收大队有一百人左右，包含各方面的人员。由于没有医生，就把尚未毕业的我从 22 队抽出来，加入了接收大队。

我们学校在开封时，只有一个卫生室，最开始我还没有给学员看过病。从 22 队调入文教接收大队以后，我便买了一些药和器材，做成一个小挑挑，随着接收大队向武汉出发，如果有学员生病，就给他们看病发药。

我们文教接收大队从开封乘汽车到郑州，再从郑州转乘火车到漯河。当时，火车只能通到漯河，所以到了漯河后便乘坐汽车，一路到了湖北黄陂。到黄陂的时间是 1949 年的 5 月份，在黄陂住了一个多星期，一直到 5 月 16 号武汉解放。进入武汉以后，文教接收大队没有住处，就在汉口一个最大的宾馆住下来了。

当时，我们的主要任务是接收文教系统，而武汉的文教系统和各个学校大多都在武昌，所以我们就从汉口坐船到武昌。那时，武汉只有武汉大学一所大学，还有一个私立大学和几个专科类学校。我们接收后就分 4 个部分，分步划片接收，不到 1 个月就完成了接收任务。

接收任务完成以后，那时中原大学还没有校址，我们都住在接收的学校和部门里，于是我和林山等同志为学校找校址，找到了蛇山下的首义路。首义路原是一个汽车修配厂，当时还堆有很多破汽车，地方很宽阔，我们就向上级部门汇报，后来就把校址定在这里，中原大学也就在这里安家了。

中原大学医护培训班的故事

中原大学原是中原局的直属大学，所以当时中原大学的医药费都是由中原局直接发放。当时，中原局有卫生部直接负责各机关学校的卫生医疗保健。

我们学校当时医生不多，进来时都是穿解放军的军装，跟部队一样实行供给制。我们向中原局卫生部反映，请求调派医生来我们学校。当时我校的一个副书记（原在中原大学负责培训工作）让我写了一个报告，而后学校开办了一个医护训练班，专门培养医护人员。

我们当时就接收了一个临时学校，有 5 个护士学员，接收部门为她们开具了一个证明，表示她们接收有功，可以先参加我们这里的学习。所以中原大学在办这个医护培训班时，我亲手接收了她们 5 个学员。同时，办起了一个有 50 个学员的医护培训班，他们当中有学药理的，有学护士的，也有学医的。

这里讲一个小插曲。因为后来国家建立了离退休制度，在实施过程中，当年参加医护培训班的这 50 个人在学校 1985 年校庆时，集体向学校写报告，希望学校能够证明他们这一批人是新中国成立前参加工作的。由于当年这个医护培训班办得比较急，没有完整的教学计划，只是根据现实需要什么就培训什么，他们当中很多人培训完后就分配到各地各部门去了，没有留下完整的档案。所以，这个班的学员档案在学校和省档案馆都查不到。

学校在接到他们的集体申请后，校党委组织部非常重视，专门开会研究，并向我了解当时医护培训班的情况，我便向学校证明了这一时期的实际情况。后来学校把证明材料上报上级有关部门后，最终把他们定为新中国成立前参加工作，享受离休待遇。

（口述：袁一雄；整理：刘进、汪浩钢）

学府探幽　书香墨溢

中共党史的教学与研究铸就
中南大校史光辉一页

我校是全国高校中最早开设中共党史课的大学之一

1948年10月中原大学在河南宝丰建立后，当即开设"新民主主义革命理论"课程，由时任中共中央中原局第三书记的邓子恢同志主讲。邓子恢同志认真备课，根据毛泽东的《新民主主义论》《中国革命与中国共产党》《目前形势和我们的任务》《论联合政府》等论著，深入浅出地讲授中国新民主主义革命的理论，给学员留下深刻的印象。

至今健在的中原大学第一期学员们对此仍历历在目。尽管邓老不是系统讲授中共党史，但那却是中共党史的雏形，把党史的主要理论问题讲深讲透了，为新中国成立后建立中共党史课作了重要的探讨。从这里我们可看出以下几点。

邓老是中共"七大"选出的44名中央委员中的一员。这44名中央委员可以说是在长期革命斗争中涌现出来的中华民族的精华。由"七大"选出中共中央委员在中原大学讲中共党史，可以说在全中国大学中是第一次。为在新中国大学设立中共党史课开了先河。

据现有史料看，在全国大学中讲授中共党史专题课，中原大学可以说是首创。尽管在延安时期的中共中央党校及抗大、陕北公学等校也有中央领导人讲中共党史问题，但是在全日制高等学校中讲中共党史专题，中原大学是开创者，至少可以说是最早开设此课的大学之一。

开设中共党史课为我校中共党史的教学和研究工作奠定了很好的基础。自从邓老开设新民主主义革命问题专题后，我校在这方面培养了许多人才。如张家骧、马扬等有影响的党史教师，在武汉地区有较大的影响。从20世纪50年代到"文化大革命"的17年间，我校党史教学在武汉有着重要的地位，与武大、华工、华师并称为"四大金刚"。我校与中南民族学院等合作编写的《中国共产党历史讲义》也为一些学校所使用。因此在粉碎"四人帮"后，湖北省教育厅为全省高校编写《中共党史讲义》时，就由我校马定中和我等主持这项工作。该讲义由湖北人民出版社于1978年出版后，获得好评，湖北全省高校大多使用此教材。这是我校党史教师为全省高校作出的一项贡献，也是我校在这方面有良好基础的结果。

由于中共党史专业的政治性很强，因而对党史教师素质的要求也较高。校领导对党史教师队伍建设很重视，加上有良好的基础，因而我校党史教师中涌现出一批人才。如李连荣被提拔为我校的副校长，任希健被提拔为湖北教育学院的院长，张葆华被提拔为中共湖北省委讲师团的负责人，郑艾山被提拔为广东体育学院的副院长，高燕廉被提拔为湖北师范学院院领导。在一个只有十多人的教研室里，有5位老师被提拔为大学领导和厅局级领导干部，说明我校在这方面的贡献是很突出的。

改革三十年来的骄人成绩在全国党史学界产生较大的影响

党的十一届三中全会给科学界带来了春天，也给中共党史的教学与研究带来了春天。这在我校尤为突出，表现在以下几方面。

中共党史（含党建）硕士授予点于1985年就被国务院学位委员会批准。由于我校这方面的优势明显，加上从1978年到1984年几年的努力，到 1985 年，我校申请中共党史硕士授予权时，很顺利地被批准。据我校有关人士透露，当时审批硕士点是很严格的，必须经过国务院学位委员会的讨论通过。我校中共党史硕士点在 1985 年就被批准，说明这个点的力量是雄厚的。当时许多名牌大学还没有中共党史硕士点，而我校却能在 20 世纪 80 年代中期就获此荣誉，为国家培养硕士生 200 多人，其中很多人已成才。

为中共党史专门史的研究作出了突出贡献。我校在这方面的研究具有自己的特点，最突出的就是在党的专门史方面作出了贡献。据不完全统计，30 年来，出版了以下专门史：

《中国共产党领导工作史》由刘继增、毛磊主编，河南人民出版社于 1988 年出版。获《新华文摘》等单位颁发优秀奖。

《中国共产党国情认识史》，由刘继增等主编。由湖北人民出版社于 1990 年出版。

《中国共产党对台工作史》由李永铭等著，由武汉出版社于 2002 年出版。

由赵凌云主编，主要由中共党史教师撰写的《中国共产党经济工作史》，2005 年由湖北人民出版社出版。

这样，对中共在政治、经济、领导等各方面的专史就达四部之多，也是研究中共党史的 4 个方面。在一个大学里，对党在各方面工作进行总结，撰写出 4 个方面的专史，这在全国高校中也是很突出的。

我校中共党史研究有自己明确的方向

除了上述党的专门史以外，最鲜明的特点是我校对中共党史的研究有自己明确的研究方向，即主攻中国共产党与国民党的关系史，即"国共两党关系史"。后来，随着形势的发展，研究的中心内容是：国共两党关系与海峡两岸关系史。这方面的主要成就有以下几方面。

刘继增、毛磊、袁继成 3 位教师于 1985 年和 1986 年在湖北人民出版社出版了《武汉抗战史要》和《武汉国民政府史》，为这项研究开了先河。因为武汉政府与武汉抗战是第一次和第二次国共合作的高峰，这就是两本专著研究国共两党关系的重要内容。《武汉国民政府史》出版后，在国内外学术界引起了广泛的关注。陈文桂研究员在《历史研究》上发表长篇评论，对该书作了高度的评价。日本的《近邻》杂志也发表长编书评，认为该书是响应邓小平解放思想、实事求是的代表作，是中国史学界继承中国史学"秉笔直书"优良传统的代表作。该书获湖北省政府社科优秀二等奖。

由毛磊、杨存厚、张春英、范小方、马德茂、王海琳、宋洲等人与中共武汉市委统战部部长王功安合作撰写的《国共两党关系史》由武汉出版社于 1988 年出版。《国共两党关系通史》于 1991 年由武汉大学出版社出版。这两部专著共 200 多万字，是我国研究国共两党关系最早出版的专著，在国内外产生较大的影响。《国共两党关系史》的出版座谈会在人民大会堂举行。王任重、屈武等时任国家领导人出席会议并作了重要讲话。章开沅教授在《人民日报》上发表了书评，给予高度评价。许多大学的研究生把该书作为参考书学习。《国共两党关系通史》在中国香港发行时引起了广泛关注，一时间该书脱销。中国台湾的一些大学和研究机构也藏有此书。著名美国华裔陈香梅女士在中国台湾报刊上发表一万字的评论，高度肯定该书的学术价值和现实价值。该书获武汉市人民政府优秀社科一等奖。

由毛磊与武汉市委统战部部长王功安担任主编，由武汉出版社出版的《国共关系海峡两岸关系丛书》共 20 本约 600 万字。其中我校担任写作的有张春英、王海琳、范小方、李明强、李永铭、张亮东、崔明霞、彭俊良、胡江滨等十多人，共撰写《国共两党关系概论》《国共谈判史纲》《美国与国共关系》《国共人物血缘情》《国家商法经济法与台湾地方相关规定比较研究》《周恩来与国共关系》等 7 本著作，占整套丛书的三分之一以上。这套丛书也获得学术界的好评，中共中央原统战部副部长平杰三在《光明日报》上发表书评，著名中共党史专家张静如在《人民日报》上发表书评。著名台湾问题专家李家泉在香港《大公报》上发表书评，都给予充分的肯定。时任台湾现役中将的付应川也对此书很感兴趣。台湾有关机构存有此书，说明该书对加强两岸关系产生了作用。

张春英主编的《海峡两岸关系史》填补了这项研究的空白。该书共分四卷，100多万字，马德茂、毛磊、王军、钟祥胜等参与写作。福建人民出版社把该书列入"十五"规划于2004年出版后，获得学术界的好评。认为这是全面系统论述海峡两岸关系的历史专著，在学术界也是第一次，因而台湾学者很关注该书。台湾大学知名学者王晓波对该书评价较高，决定在台湾出版。

总之，从党的十一届三中全会以来，我校中共党史专业的教师集中力量，执着地研究国共两党关系与海峡两岸关系史。围绕这个中心进行教学与科研，取得了丰硕的成果，在全国（包括港、澳、台地区）甚至在国际上都有一定的影响。学术界一提到国共两党关系史的研究，都会知道中南财经政法大学是这方面的主要阵地。

"创新"是我校中共党史研究的鲜明特点

创新是一个民族赖以生存和发展的根基。创新也是科学研究的灵魂，没有创新就根本谈不上科学研究。我校党史教师在这方面可以说是成绩突出。他们本着解放思想、实事求是的原则，在各项研究中从不抄袭别人现成的观点，而在艰苦研究史料的基础上提出自己的新观点，以推动本学科的发展。如为科学评价中共"五大"作出贡献，提出解放战争时期存在有反蒋"第三条战线"的新观点，对汉阳"两周案"提出崭新的观点，提出"中西500年比较"的新课题等。

我校在研究党史中能够在扎实研究史料的基础上，大胆提出前人没有提出的新问题、新观点。我们也深知中共党史研究政治性很强，在党史界流传着一句话"党史研究无小事"，就是说党史问题是很敏感的，弄不好就与政治问题纠缠在一起，而要想在党史研究中作出成绩，除了挖掘史料外，就应提出新观点，这是很困难的事情。但是，我们知难而进，执着地追求，为党史研究作出了自己的贡献。

我校党史教师从不同角度提出许多新观点。如传统观点认为第一次世界大战时期列强无暇东顾是中国民族资本主义发展的主要原因，而范小方认为辛亥革命推翻帝制，民主共和深入人心才是中国民族资本主义发展的内因。内因是根据，外因是条件，应把主次弄清楚。该文发表后，获得近代史学界的好评。

再如张春英于 2001 年在《江汉论坛》第 9 期上发表的《张学良在武汉时期的思想与西安事变的关系》一文提出：张学良于 1934 至 1935 年在武汉时期，尽管主要是对鄂豫皖三省的红军作战，但思想上仍起了变化，即"反共好是好，就是反不了"，因而张学良提出以国共合作为基础，联合各党各派共同抗日的主张。这个变化为"西安事变"作了必要的思想准备。此文发表后，引起中共党史学界的关注。《中共党史研究》2002 年第 3 期刊登的刘晶芳、陈述撰写的《2001 年中共党史研究综述》中，认为张春英此文是对"西安事变"研究的一种突破，为深入研究张学良提供了新的观点和思路。其他教师有许多创新，因篇幅限制恕不一一列举。

以上只是一个回忆，挂一漏万，许多党史教师的成果可能未能提到，请原谅。

（原载于《岁月如歌——中南财经政法大学校友回忆录》，限于篇幅，有删节）

（毛磊）

中原大学与其新闻系

2021年2月8日，新华社发表文章《55年前，新华社这篇新闻经典问世，至今仍激荡人心》，文章回忆了55年前的2月7日清晨，新华社播发穆青和冯健、周原采写的长篇通讯《县委书记的榜样——焦裕禄》。这篇长篇通讯的诞生，源自1965年12月新华社记者穆青和冯健的一次中原之行。

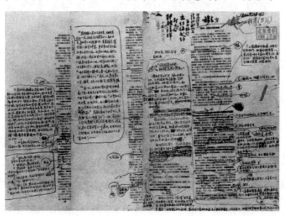

新华社记者穆青、冯健、周原写的《县委书记的榜样——焦裕禄》原稿

（资料来源：新华社官网）

新华社记者穆青（中）、冯健（右二）和周原（右四）在兰考县接受记者采访

（摄于 1994 年 5 月）

（资料来源：新华社记者王颂摄）

当年采访的记者之一，后任新华社副社长的冯健同志，1948 年曾在中原大学（中南财经政法大学前身）新闻系学习。党的宣传新闻战线有许多杰出记者编辑，均来自我校前身中原大学。那么中原大学新闻系的建设发展历程是怎样的呢？

中原大学新闻系的设立与发展情况

1948 年，随着解放战争的节节胜利，新解放区迅速扩大，需要一定数量并具备一定素质的记者等新闻人才，鉴于此，中原局及新华社主办了一期新闻人员的培训，培训班附设在中原大学。这期培训班在经费、师资、教学等方面基本不由中原大学负责，而是由新华社派人员去讲课。1948 年 8 月 26 日，中原大学新闻系在宝丰县解庄成立。由中原局宣传部副部长陈克寒兼任系主任，江涛为教务主任（实际主持系的工作）。第一期共招收学员 60 人，其来源主要有两部分：一部分是 1948 年夏天在山东组成的南下干部中原支队新闻大队第一、二中队的成员，其中有些原来就是新闻业务干部，有的还在华北联大学习过；另一部分是河北省平山县中共中央组织部干部训练班的学员，他们听过中央首长的报告，受过中国革命基本知识的训练，但缺乏新闻业务知识。这期学员的政治素质较好，共产党员约占一半，成立了系党支部，学员共分为6个学习班。

由于处于战争环境中，中原大学新闻系的生活条件非常艰苦，教学条件也十分简陋。全系干部、学员克服重重困难，在没有教材、没有教室的情况下，在农民的院子里上课。因当时缺乏专职教师（只有刘国明教授一人），主要教学任务分别由中原局宣传部和新华社中原总分社的负责干部来担任。主要课程有时事政治和新闻业务知识两门。时事政治课由刘子久、陈克寒、刘祖春等讲授，主要是传达、学习中原局领导同志的报告精神，还经常组织学习《豫西日报》刊登的重要社论、文章等。新闻业务知识课主要讲授新闻记者的修养（陈克寒）、新闻的评论和编辑工作（熊复）、农村采访工作（张铁夫）、军事采访经验（李普、陈笑雨）、新闻摄影（李普）、新闻工作的编辑、编排、校对等工作（刘国明）等。

在教学过程中，教学人员始终坚持理论联系实际的原则，并根据自己工作中的切身体会来讲解，深受学员欢迎。经过5个月的紧张学习，第一期学员完成了预定的学习任务，按期于1948年年底结业。除少数毕业学员留系工作外，大部分都分配到新华社中原分社和《中原日报》社以及郑州、开封、洛阳等城市的新闻单位工作。

新闻系第一期学员毕业后，随即在中原大学第一、二大队挑选了第二期学员70余人，编为8个学习班，于1949年1月正式开学。武汉解放后，新闻系即随中原局机关和新华社中原总分社南下武汉后进行结业，分配了工作。

新闻系南下武汉后，也曾筹备过招收第三期学员的事宜，但因种种原因未能继续办下去。这两期培训班，共培训新闻干部130余人。这在战火纷飞的年代，在办学条件极差的情况下，为革命事业及时地输送了一批急需的新闻人才，是难能可贵的。这一批同志以后经过长期的工作锻炼，很多人成了著名的编辑、记者，或在新闻战线担任一定职务的领导干部、业务骨干，为祖国的新闻事业作出了应有贡献。

中原大学新闻系人才辈出

中原大学为国而生、因需而建，曾在中原大学新闻系学习过的一大批人，而后成了杰出的编辑、记者，或是党的宣传新闻战线杰出人才。他们用手中的笔为党的新闻宣传事业默默奉献。

冯健，1948年来到中原大学新闻系学习，1949年后调新华社工作。新中国成立后，历任新华通讯社开封分社、江西分社记者，新华社中南总分社、湖北分社记者、编委，新华社国内新闻编辑部副主任、副社长兼总编辑。1965年冬与穆青、周原一道赴河南兰考采访焦裕禄的事迹，写出了那篇曾经感动了亿万读者的名篇《县委书记的榜样——焦裕禄》。

崔葆章，1949年毕业于中原大学新闻系，曾任新华社高级记者，福建分社社长、党组书记。

王宝珩，1948年毕业于中原大学新闻系，后在《桐柏日报》《南阳日报》任助理记者、助理编辑，后历任《河南日报》编辑、副组长、副处长、处长。

曲一凡，曾就读于中原大学新闻系干部培训班，曾在湖北日报社总编室、新闻研究室任记者、编委兼组长、副主任等。

吕建中，1948年毕业于中原大学新闻系，历任《郑州新闻》记者，新华社中原总分社、《中原日报》记者，新华社中南总分社、《长江日报》记者，后调《人民日报》社工作，曾任《人民日报》驻河南省首席记者。

陈志民，1949年毕业于中原大学新闻系，历任新华社中南分社记者，《长江日报》编辑、记者组组长、文艺组组长，中国作家协会委员。

王五魁，1949年毕业于中原大学新闻系，曾任河南日报社文艺处处长，兼任中国作家协会会员、武汉作协及河南省作协会员。

范汉生，1949年毕业于中原大学新闻系，后任《花城》杂志主编，花城出版社社长兼总编辑、广东省出版工作者协会副主席。

李白超，中原大学新闻系的学员，后任《人民日报》《长江日报》《新闻战线》《内蒙古日报》编辑、记者，《包头日报》总编室和副刊编辑室副主任。

　　以上为部分在中原大学新闻系学习过的人员摘录。中原大学新闻系第一期学员大部分都分配到新华社中原分社和《中原日报》以及郑州、开封、洛阳等城市的新闻单位工作。新闻系第二期学员结业后被分配到中共中央华中局的机关报《长江日报》和新华社华中总分社工作，少部分在武汉参加军管会的接管工作，后到中南和武汉人民广播电台以及湖南、江西和部队的新闻单位工作，他们在党的宣传新闻战线闪闪发光！

（马迪思）

中原大学医学院的"前世今生"

　　1948 年，中原大学迁校开封前后，曾缔造过一个医学殿堂，为新中国培育了一批医务工作者；2020 年，抗击新冠病毒的"湖北保卫战""武汉保卫战"中，首批驰援武汉解放军医疗队之一的陆军军医大学，也是继承了中原大学医学院的"血脉"。

中原大学校门

医学院的成立

1948 年 11 月，随着办学条件的改善和形势发展需求，在中原大学校部即将全部迁往开封之时，中原大学医学院在开封组建，院址在原河南大学医学院。

河南大学医学院解剖馆

医学院概况

医学院院长为谭壮，系延安医科大学教授、第二野战军四纵队卫生部部长兼太岳军区卫校校长；教务长尹醒，系第二野战军四纵队卫校教务主任。

医学院设置 5 个部：第一、二部为医学专业，第三部为护士和卫生员专业，第四部为药学专业，第五部为妇产科专业。

医学院的教职人员和教学设施基本来自河南大学医学院和第二野战军四纵队卫校。教师队伍中还有少量外国专家和留学归来人员，如德国慕尼黑大学医学博士、病理学教授鲁斐然，刚留美回国的药理学教授夏一图等等。

医学院学员共数百人，主要来自志愿报考医学专业的青年学生、豫皖苏军区医专和第二野战军四纵卫校的部分学员，宝丰和鲁山等地转来的学员，以及各部队推荐来的老医务工作者。

谭壮，中原大学医学院首任院长

南下南京

1949 年春，为适应迅速发展的革命形势，中原大学医学院从第一、二部各选出 50 名学员组成支前队，由二部主任张恒吉带队南下。

1949 年 4 月 14 日，院长谭壮在开封车站前向大家发表了讲话。南下火车到合肥后，支前队整装步行到南京，驻在原国民党中央大学医学院所在地——丁家桥。

中原大学医学院原第一部的 50 人组成医学第一期，原第二部的 50 人组成医学第二期，后来又从第一、二期中抽出 12 人组成了爱克斯光期。从 1949 年 4 月到 8 月，医学院第一、二部不断有学员分配到南京。

1949 年 7 月，中原大学举校搬迁至武汉。医学院未随校南迁，与一部分师生一起留在了河南大学。

南京解放后，中原大学医学院隶属第二野战军后勤卫生部领导，参与接管南京市。南京的医学一期和二期在当地扩大招生，更名为"第二野战军医科大学"，校本部设在三牌楼。

第二野战军医大学校门（1949 年）

（资料来源：《重庆晨报》）

进军西南

人民解放军势如破竹，国民党军节节败退，步步向西南缩守。1950 年
3 月 1 日，第二野战军医科大学接到电令：进军西南。

1950 年 4 月，第二野战军医科大学 1259 名师生从南京出发，乘车至
武汉，换坐轮船，沿江而上，抵达重庆，将全体教学人员和设备都搬运到
沙坪坝区覃家岗（原国民党中正中学校址），更名为西南军区卫生部医科
大学，并借用西南医院作为教学医院，建立医学教育基地。1949—1951 年
期间，谭壮先后任第二野战军医科大学、西南军区卫生部医科大学副校长
并主持相关工作。

1950年4月的《新华日报》，二野医大告别南京、誓师出发，
"为西南医药卫生事业而进军"

西南医科大学《骨折与脱位》谭壮译

　　1951年5月，学校更名为西南军区总医院；10月，更名为中国人民
解放军第二军医学院；1952年7月，第二军医学院更名为中国人民解放军
第七军医大学；1954年4月，原第六军医大学、第七军医大学合并组建新

的第七军医大学。

1975 年 7 月，根据中央军委命令，学校改称为中国人民解放军第三军医大学，是新中国成立后第一批全国重点大学。

第三军医大学

（资料来源：百度）

2017 年，根据军委改革方案和陆军整编命令，以第三军医大学、白求恩医务士官学校（河北石家庄）为基础，组建陆军军医大学。

陆军军医大学

（资料来源：陆军医大官网）

2020 年春天，新冠疫情暴发，陆军军医大学 400 余名军医支援湖北，医疗队队员闻令即动，勇挑重担，在疫情防控战场上发起一次次冲锋，在战"疫"一线勇当先锋，成为武汉抗疫大军中不可或缺的重要力量。

陆军军医大学驰援湖北

（资料来源：陆军军医大学官网）

陆军军医大学医疗队连夜驰援武汉

（资料来源：新华社）

在战争年代，中原大学医学院学员们一边学习，一边行军。在中原大学学习、生活、战斗的经历，让大家树立了全心全意为人民服务的坚定革命理想。毕业后，学员有的充实到各部队，有的分配到地方，有的参加抗美援朝，有的进军西藏，在全国各地的医务战线上，都作出了相应的贡献。

时光流逝，为共和国事业"召之即来"的精神薪火相传。数十年前，医学院学员们响应党和人民的需要，从开封南下南京，再从南京进军重庆，从简陋的课堂奔赴战场，浴血荣光；2020 年除夕夜，陆军军医大学援鄂医疗队从重庆逆行武汉，走向抗疫一线的金银潭、火神山和方舱医院，为百姓筑起守护生命和健康的堡垒。带着中原大学血脉的白衣战士们秉持着始终如一的使命担当和家国情怀，"走向人民需要的地方"。

陆军军医大学援鄂医疗队除夕夜驰援武汉

陆军军医大学医疗队在金银潭医院

（马迪思）

参考资料：《中南财经政法大学校史》（2008 版）、《中国人民解放军第三军医大学志》、中国网、华龙网．

中南法学的民法典贡献

2020 年 5 月 28 日，十三届全国人大第三次会议表决通过了《中华人民共和国民法典》，宣告中国"民法典时代"正式到来。

民法典寄托着几代法律人的梦想。新中国成立以来，民法典的编纂一直受到党和国家的高度重视，从 20 世纪 50 年代至今先后启动过 5 次民法典编纂的工作。几代中南大民法学人更是亲历、见证、参与了民法典制定，为之作出了不懈的努力。

20 世纪 60 年代，我校民商法学科主要带头人之一、资深法学家李静堂教授曾参与第二次新中国民法典起草工作。在人民大会堂三楼，全国人民代表大会常委会从当时的华东政法学院、中国人民大学、北京大学、西南政法学院、吉林大学法律系和本校前身的湖北大学法律系等高校抽调教师过来参与民法典起草工作。这次起草工作历时两年多，李静堂教授也从此与民法立法、民法学科的研究结下了深厚的情缘。

2001 年全国人大法工委举行的民法典草案讨论提出了关于知识产权的 30 个条款，吴汉东教授作为评审专家参加了关门会议。近年来，温世扬教授等作为中国法学会民法典编纂项目领导小组成员，其领导的团队直接承担了中国法学会民法典编纂项目领导小组《民法总则专家建议稿征求意见稿》民事主体部分的起草与修改工作，并在此基础上，积极推进民法典编纂的学术交流活动。陈小君教授、温世扬教授、徐涤宇教授还分别担任中国法学会民法分则物权法编、侵权责任法编、婚姻家庭法编的立法研究项目组负责人之一，积极参与相关立法研究并提出立法建议。

2014 年 10 月，党的十八届四中全会提出编纂民法典。中国人民大学常务副校长、中国法学会民法学研究会会长、我校 77 级校友王利明教授任中国法学会民法典编纂项目领导小组副组长，深度参与了民法典的起草编纂。

从 1948 年中原大学时期创建，到见证民法典的诞生，学校民商法学科在七十多年发展中始终紧密围绕、融入新中国法治建设的发展，一代代中南大民法学人是中国民事立法的亲历者，更是积极推动者。

民商法学科发展历程

筚路蓝缕：1948—1976 年

同国内其他院校相比，我校民商法学科的建设具有起步早、历史悠久的特点。早在 1948 年中原大学成立之际，其所开的课程中就涉及民法学的内容。

1953 年，在全国高等院校调整中，以中原大学政法学院为基础，荟萃中南地区六省多所高等学校的政法学科，成立了中南政法学院，设立法律教研室，由我国著名法学家戴淳隆先生任教研室主任。1956 年，罗玉珍教授从武汉大学法律系毕业后进入该教研室任教。当时，从事民法学教学的教师仅数人，所开设的课程主要有"婚姻法""土地法"等，教学讲义以自编为主。

1958 年，中南政法学院、中南财经学院、中南政法干校与武汉大学法律系合并成为湖北大学，一大批在中国民法学界享有盛誉的教授加盟湖北大学。湖北大学设有法律系，内设民法学教研室，戴淳隆先生任教研室主任，从事民法学教学的有留学法国的谭藻芬教授、债法专家薛祀光教授等著名学者。教研室还有李静堂、罗玉珍、蒋业志、陈文广、段先理和石止源等后起之秀。当时湖北大学法律系是中南六省最具影响力的民法学教学和科研基地。民法学作为一门单独学科在法律系学生中讲授。

从 1958 年到 1966 年，教学活动在各种运动的冲击下时断时续地进行，尽管如此，各位教授仍在坚守自己的岗位，断断续续地开设了"民法学""婚姻法学"等课程。但不久开始的"文化大革命"，使初成规模的湖北大学被撤销解散，薛祀光、罗玉珍、邓宗民等人相继离开学校，学校民商法学科的建设与发展遭受严重影响。

百废待兴：1977—1980 年

"文化大革命"结束以后，中国的高等学校陆续恢复重建，学校民商法学科的建设也迎来了春天。

1977 年，国家恢复高考的第一年，全国仅北京大学、吉林大学和我校前身——湖北财经学院宣布招收法律系学生。罗玉珍教授于 1978 年回到学校法律系任教并任民法教研室主任，李静堂、郭锐、吴超民、邵伯定等一大批知名学者陆续在民法教研室工作，他们自编讲义，开设了"民法学""婚姻法学""土地法学"等一批基础民法学课程，民法学科教学和科研初成体系。

刚刚起步恢复招生的法律系，为新中国培养了一大批杰出的法学人才，如中国法学会副会长、原中国政法大学校长黄进教授，中国人民大学常务副校长王利明教授，中国人民大学余劲松教授、邵沙平教授，清华大学张明楷教授，武汉大学李仁真教授，中南财经政法大学吴汉东教授、覃有土教授、陈小君教授、方世荣教授，等等。

湖北财经学院法律系全体教师、1977 级毕业生合影

只争朝夕：1980—1989 年

进入 20 世纪 80 年代后，中国经济发展出现了重大的转型，市场经济需要以民事手段来调整商品经济，加强民事立法的呼声越来越高，这一历史背景为我校民商法学科的发展提供了新的历史机遇。

我校民商法学科建设着重解决了 5 个方面的问题：

一是加强队伍建设，培养了一批有造诣、有潜力的中青年学者。

二是提升基础设施建设，专设了民法教研室的办公场地、办公设备。

三是深化教学建设，老中青年教师为本科生讲授民法主干课。除民法学课程之外，吴汉东教授于 1984 年在校内首次开设了"罗马法"课程，吴汉东与闵锋教授联手于 1986 年在国内高校中率先开设了"知识产权法"课程。

四是开展教材建设。民法学教研室组织编写了《民法教程》《民法通论》《民法通则概论》等教材，在国内民法学界自成一派。吴汉东、闵锋教授于 1986 年编写了中国第一部有关知识产权的高校教材——《知识产权法概论》。李静堂教授等编著的《民法通则概论》获湖北省社科联优秀科研成果三等奖。

五是潜心科研建设。民法学教研室组织教师积极开展科研活动，发表了一系列在国内颇有影响的学术论文和著作。

在各位老师的努力下，民法学科获得了长足的发展，1987 年开始以民商法学专业名义招收硕士研究生，在中南地区具有突出影响。1988 年，还成立了专门研究知识产权的学术机构——知识产权中心，由吴汉东教授领衔，王毅、曹新明等教师参与。

步入辉煌：1990 年至今

1993 年，中南政法学院取得了民法学硕士学位的授予权，设立了知识产权法这一研究方向，并成立了专门的知识产权教研室。1995 年，民法学科被评为司法部重点学科，民法教研室被评为湖北省优秀教研室。

1997 年民商法典研究所建立，并以此为依托长期致力于民法典编纂理论研究。之后陆续创建了商法研究中心、中国农村土地法律制度研究中心、罗马法系研究中心、资本市场法治研究中心等一系列研究机构。

2000 年，原中南财经大学和原中南政法学院合并成立中南财经政法大学，当年，民商法学科点被批准为博士学位授权点，也是学校第一个法学博士学位授权点，并自 2001 年开始招收第一届博士研究生。

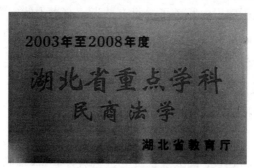

民商法学获评"湖北省重点学科"

2005 年，"民法学"被评为国家级精品课程，2007 年获准建立博士后流动站。现已形成了学士—硕士—博士—博士后完整的人才培养机制。2007 年 8 月，民商法学科以雄厚的实力、丰硕的成果和丰富的平台被教育部评为"国家重点学科"。2008年获湖北省优势学科称号。

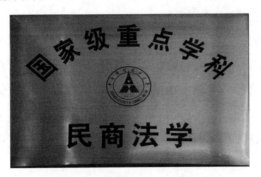

民商法学获评"国家级重点学科"

民商法学科历经几代学者孜孜求索，至今已渐入佳境、初具厚势。它几落几起，最终成为在中南乃至全国具有一定影响的优势学科。目前，在吴汉东教授、覃有土教授、温世扬教授、徐涤宇教授、张家勇教授、曹新民教授和麻昌华教授的带领下，学科呈高速度、高层次、高水平的发展态势，形成了具有中南特色的研究方向。

中南大学者民法典感怀

一、李静堂教授：喜迎期盼已久的民法典问世

我是20世纪60年代参加全国人民代表大会常委会组织的民法起草工作（地点是人民大会堂三楼），从此与民法立法、民法学科的研究结下了深厚的情缘。现年九十五岁，能有部符合中国国情、具有社会主义特色的中国民法典，是我这一生最大的心愿。当我看到第十三届全国人民代表大会第三次会议审议通过《中华人民共和国民法典草案》这部巨型宝典时，内心有说不出的高兴。

民法典的起草制定可谓路径坎坷，争议颇多，在民法理论研究中，曾有"大经济法、大民法""实行单行法和完整统一的民法典"之争。大

民法即实行完整、科学、统一的民法典，我始终坚持大民法的观点，可以说我是坚持大民法的"顽固派"。

正因为热爱民法典的情怀，是以耄耋之年还探讨有关民法理论。诸如 2004 年在南宁召开的物权法理论研讨会上，我提交了《中国物权立法刍议》并收入武汉大学出版的《物权法理探析》论文集的首篇，时年八十四岁。物权法通过后，又写了《树立民法平等意识是实施物权法的关键》。党的十八届四中全会决定编纂民法典时，又写了《民法典起草的实践与建议》等。

刚刚通过的民法典是新中国社会生活实践的总结，特别是改革开放以来的社会生活实践与发展，是民事审判实践经验和司法解释的综合，是民法理论研究成果的荟萃。中国法学会民法学研究会对起草民法典发挥了重要作用。

民法典的内容极其丰富，深入、细致地规定体现了对社会生活全覆盖，是人民社会生活的百科全书，起到调剂社会生活"小宪法"的作用。

民法典公布实施后，老百姓对学习、领会民法典的意义，用它保护自身的民事权利或用它防止侵犯他人民事权利和利益，使用起来很方便。法官案头放一部民法典，既方便又能推动公正、正确审理民事案件。

民法典规定了很多新的事物所享有的权力和利益，要理解其本意，还要做很多宣传、阐释工作，提高全民的民法意识，理解每一项规定的真意，还要做很多解释和准备的时日。

二、罗玉珍教授：民法典创我国法典编纂先河，实现几代人夙愿

编纂一部科学化、体系化的民法典是几代民法学者的夙愿。我国多次尝试启动民法典的编撰工作，但因种种原因均未能实现。本次民法典的颁布凝聚了几代法律人的心血，是新中国成立以来最重要的立法工程之一。民法典的诞生标志着中国特色社会主义法治建设达到了一个新的高度，是国家治理体系和治理能力现代化的重要保证。

民法典有着"社会生活百科全书"的美誉，从其称谓上可知，民法典

与公民的日常生活是息息相关的，小到衣食住行，大到婚丧嫁娶，我们每个人一生都要和民法典打交道。民法典之"典"，不仅在于它是一部成文的统一法典，更在于其提供典型民事行为框架的同时尊重私权，不否认非典型法源的民事效力，保持了民法的开放性和包容性。时代呼吁着民法典的诞生，也只有这个时代才能诞生一部伟大的民法典。我国民法典的制定并非一蹴而就，而是有着七十多年法律积淀，是现行民事单行法的有机结合。这些单行法经历了中国经济社会的高速发展，根据新的形势不断修订、完善，在各个领域已经形成了较为完备的中国特色社会主义法律体系。民法典的颁布实现了整个民事法律体系的自洽，为市场经济行为和社会行为提供统一的规范，对社会经济的发展具有重要的引领作用。

民法典回应了人民关切的问题，具有时代创新和现实意义。民法典的颁布是我国法治发展的里程碑，是对几代民法学者努力和汗水最好的回馈。编纂民法典是新中国最重要的立法工程之一，也是几代民法学者的夙愿。

三、吴汉东教授：21世纪的中国"范式"民法典

"范式"是民法典编纂运动的理想追求和崇高评价。中国民法典的颁布，标志着世界民法典运动经历三次高潮后进入"中国时代"，也意味着中国民事权利保障走向"民法典时代"。第一，"中国范式"的民法典是制度理性的立法体现。理想主义是法典编纂的重要思想基础，民法法典化的灵魂在于体系性，法典对各民事制度进行系统整合，实现了形式的一致性、内容的完备性以及逻辑的自足性。第二，"中国范式"的民法典是对社会生活关系的经典表现。经典主义是法典编纂的社会价值目标，民法典对社会主义市场经济关系和民事交往关系作了经典性的法律规定，体现了"社会生活百科全书"的应用价值。第三，"中国范式"的民法典是实现法律现代化的历史坐标。时代精神是法典编纂的现代化要求，民法典着力保护信息时代的个人权利，完善知识经济的产权制度，标注了21世纪民法典的时代符号。

四、温世扬教授：写在民法典问世之际

四中全会大计定，

五番积力法典成。

六十余载梦未灭，

七编巨制惠国人。

民法乃万法之宗，民法典为私法之基。共和国民法典编纂屡经波折，终成正果，足慰先贤，堪励后学。民法典以典命名，彰显其厚重性、基础性与体系性，图法、德民法之伟业，开本国立法之先河。民法典取西法之精华，载本土之良制，实现了体例的继受与改造，体现了内容的守成与创新，展示了法治中国新气象，开启了民事法治新时代。法贵在行，民法典的解释与适用任重道远；瑕瑜互见，民法典的修订与完善未来可期。

五、徐涤宇教授：认真学习宣传贯彻民法典，奋力践行民法学者新担当

习近平总书记在 2020 年 5 月 29 日中央政治局第二十次集体学习上的讲话高屋建瓴，内涵丰富，立意深远，为民法学研究工作指明了方向。作为一名民法学教研人员，深受鼓舞，倍感振奋。我们应当深刻领会总书记的讲话精神，坚持以中国特色社会主义法治理论为指导，立足我国国情和实际，构建体现我国社会主义性质，具有鲜明中国特色、实践特色、时代特色的民法理论体系和话语体系，为民法典的实施和完善提供理论支持、贡献力量。

（马迪思）

参考资料：《中南财经政法大学学科学术发展史（1948–2018）》、中国民商法律网．

忆我校原经济研究所（1979—1999 年）

　　1979 年，学校为了加强科研工作，决定成立经济研究所。经济研究所与系平级，直属学校领导。它虽然以科研为主，但不脱离教学，除研究工作，还要担负培养硕士、博士研究生和指导博士后等教学任务。直到 1999 年，学校调整机构，才决定把经济研究所和经济学系合并，成立经济学院，这样经济研究所的工作才告结束。从 1979 年到 1999 年，对我校经济研究所来说，是一个不平凡的二十年，甚至可以说是浓墨重彩的二十年。

　　1979 年经济研究所成立，学校委任的第一任所长是刘其发教授，陈嘉陵教授任副所长，沈平同志任办公室主任。同时从各系调了一批科研能力较强的教师从事研究工作，如杨时展教授、刘叔鹤教授、侯厚吉教授、吴其敬教授、张寄涛教授、张家骧教授、胡逢吉教授、夏兴园教授、文浩然教授、杨堪教授等。后又陆续调来刘思华教授、白大丰教授等。为了补充新生力量，学校还从分配到我校的毕业生中选了学历较高的几位到研究所工作，其中就有上海华东师范大学毕业的杨云彦博士和上海财经大学毕业的孙志刚硕士等。他们学习勤奋，工作努力，加之专业基础比较厚实，对各项研究任务都完成得比较好，深受老教授们的器重。工作一段时间以后，孙志刚同志要求继续深造，当时我校还没有博士点，他考上了中国社会科学院的蒋一苇教授的博士生，才离开学校到北京攻读博士学位。

经济研究所下设4个机构: 政治经济学研究室、中国经济思想史研究室、《经济学译丛》编辑部、资料室。

二十年来，经济研究所的所领导共换了5任: 第一任所长是刘其发教授，副所长是陈嘉陵教授; 第二任所长是吴其敬教授，副所长是张家骧教授; 第三任所长是张家骧教授，副所长是夏兴园教授; 第四任所长是夏兴园教授，副所长是戴炳源教授（不久，戴炳源教授放调走，换成林汉川教授）; 第五任所长是林汉川教授，副所长是万安培教授。

在研究所的科研工作中，老师们都根据国家的需要和自己的情况来选择研究课题。课题都具有前瞻性和开拓性，为此，研究成果都得到社会的好评。如刘叔鹤教授研究的"中国统计史"，这是需要具有丰富的历史知识和扎实的统计学专业基础的。刘叔鹤教授经过多年的潜心研究，撰写出《中国统计史》一书，荣获中国统计学会颁发的优秀成果一等奖。张寄涛教授深入研究马克思的《资本论》，撰写的论文《马克思的剩余劳动理论和社会主义条件下的性质及其表现形式》荣获"孙治方经济学奖"。侯厚吉、吴其敬、张家骧、杨堪四位教授潜心研究多年，撰写出的长篇巨著《中国经济思想史稿》（三卷本），荣获湖北省哲学社会科学优秀成果一等奖。张寄涛、胡逢吉、夏兴园、周彦文合作撰写的《中国社会主义商品经济概论》荣获湖北省哲学社会科学优秀成果二等奖和财政部优秀教材二等奖。以夏兴园教授为首的课题组研究"中国地下经济"问题，经过数年研究，撰写出《中国地下经济问题研究》《地下经济学概论》《地下经济丛书》（六本）。其中《中国地下经济问题研究》荣获全国高等学校人文社会科学优秀成果二等奖。夏兴园教授所撰写的《"地下经济"三论》，也荣获湖北省哲学社会科学优秀成果二等奖，由于他研究"地下经济"问题较早，而且成果较多，为此，被学术界誉为"中国地下经济学研究的开拓者"。夏兴园教授还研究"宏观经济调控"问题，1986年受时任武汉市市长吴官正的委托，研究"加强宏观经济调控与微观经济搞活相结合"，课题成果得到武汉市领导的肯定，并作为武汉市政府的文件下发给各有关部门参考。由于宏观调控的政策手段是财政政策和货币政策，为此与博士生洪正华合作，撰写了《财政政策与货币政策效应研究》一书。该书荣获武汉市哲学社会科学优秀成果一等奖。刘思华教授也是长期研究"可持续发展经济学"，他所撰写著作也荣获全国高等学校人文社会科学优秀成果二等奖。此外，林汉川教授研究的"中国中小企业改革与发展"课题、卢现祥教授研究的"新制度经济学"课题、杨云彦教授研究的"人口经济"等课题，都颇有建树。大约在1998年，古远清教授也调来经济研究所，他不是搞经济学的，主要研究华文文学，特别是台湾文学，在这方面他的研究成果也很多。

经济研究所不仅在国内进行研究，还走出国门与国外大学进行合作研究。从1988年起，与日本福岛大学合作研究"中日两国地区经济发展结构的比较分析"课题，课题组长为夏兴园教授与藤春俊郎教授；1997年与乌克兰国立经贸大学合作研究"中乌两国转轨时期若干经济问题的比较分析"，课题组长为夏兴园教授与马扎拉基教授。两个课题成果均已正式出版，受到学术界的好评。

1984年起，经济研究所的政治经济学专业和中国经济思想史专业都开始招收硕士研究生。由于导师们都认真教学，对学生严格要求，教书育人，培养出的硕士研究生质量较高。如政治经济学专业85级硕士研究生钟朋荣，他在报刊上发表的论文，就受到中央领导的重视，1988年毕业时被点名调到中共中央政策研究室工作，后被学术界誉为"中国经济学界"的四小龙之一。由于教学成绩显著，经济研究所政治经济学专业研究生导师组（张寄涛、夏兴园、胡逢吉）的教学成果《培养经济理论研究生的途径与方法》，在1989年荣获国家教委颁发的国家级教学优秀奖和湖北省教学优秀成果一等奖。

1990年，经国务院学位委员会批准，我校经济研究所政治经济学专业开始招收博士生，第一任博士生导师是张寄涛教授（不久，张寄涛教授因病去世，由夏兴园教授继任）。1995年，我校被批准建立"经济学博士后流动站"，这是我国中南地区建立的第一个"经济学博士后流动站"，而第一个进站研究的是王连平博士后（中南地区的第一个经济学博士后）。他就是在我校经济研究所政治经济学博士点进行研究工作的。

二十年来，我校经济研究所不仅撰写出一批在学术界有相当影响的研究成果，还培养了一大批硕士、博士研究生和博士后，他们都成为国家的栋梁之材。据初步了解，在经济研究所工作和学习过的青年同志中，现在有的成长为党政部门的领导，如孙志刚（贵州省委书记、省人大常委会主任）、欧阳卫民（国家开发银行党委副书记、副董事长、行长）、李春明（曾任湖北省人大常委会党组书记、副主任）、杨云彦（湖北省人民政府副省长，民盟中央常委、湖北省委会主委）、郝书辰（审计署党组成员、中央经济责任审计工作部际联席会议办公室主任）、王红玲（湖北省政协副主席、民革湖北省委会主委、民革中央常委，全国政协委员）、江泓（湖北省原省长助理）、洪正华（云南省工信厅党组书记、厅长）、蔡玲（全国政协委员、民建中央调研部部长）等。

有的成长为学术界的知名学者，如钟朋荣（著名经济学家、经济咨询专家，与樊纲等合称"京城四少"）、胡家勇（中央马克思主义理论研究和建设工程"马克思主义政治经济学概论"课题组首席专家、孙冶方经济科学基金会评奖委员会委员）、赵凌云（华中师范大学党委书记）、邹进文（中南财经政法大学副校长）、林汉川（曾任中南财经政法大学经济学院院长）、卢现祥（曾任中南财经政法大学经济学院院长）。

有的成长为金融界和大公司的老总，如陈耿（国泰君安证券股份有限公司原总裁、党委副书记、副董事长）、李亚华（湖北省农村信用社联合社党委书记、理事长）、万安培（第十二届全国政协委员、民建中央理论委员会副主任、湖北省民营企业发展协会会长）、邹树林（澳大利亚知名企业家）、陈行（北京银网信联投资管理有限公司董事长、东湖科技金融研究院董事长）、杨尚想（中联集团教育科技有限公司董事长）、殷克胜（金信基金管理有限公司总经理、投资决策委员会主席）等。

有的成长为中国人民解放军的将军，如万东铖、王连平等。

2008年，学校六十周年校庆，部分校友返校参加庆典，他们为了感谢学校的培育之情，捐资了30万元，在经济学院成立"夏兴园奖学基金"，每年奖励几位品学兼优的博士生、硕士生和本科生，以鼓励同学们努力学习，奋发上进。

我是 1979 年经济研究所成立时调到该所工作的，直到 1999 年合并，见证了研究所的整个发展过程。刚到研究所时，我还是四十多岁的中年人，如今已是进入耄耋之年的老人了，但回忆起当年的经济研究所，还仍然感到十分欣慰和高兴。

（夏兴园）

我校的国民经济学专业

一、我校国民经济学专业的创建

21 世纪初，中国财政经济出版社出版的由赵凌云主编的《中南财经政法大学学科学术发展史》中，我承担了其中《国民经济管理学》学科史的撰稿。通过查阅资料和对老专家、学者的访问获知，我国早期的国民经济学专业名称为国民经济计划，它诞生于 1950 年 3 月的中国人民大学。我校国民经济计划专业于 1953 年 8 月建立。从 20 世纪 50 年代到 60 年代初，全国高校也只有中国人民大学和我校招收、培养国民经济计划专业学生。我校在办好国民经济计划专业的同时，也要承担学校经济管理类各专业的国民经济计划学课程的授课任务。与教学工作同步，本专业教师陈立国、叶景哲、关其学等，多次发表关于国民经济综合平衡、社会主义经济发展中的速度与比例等方面的论文，在学术界产生了一定的影响，受到有关方面的重视。他们被邀请参加国家计委和国家科委联合下达的国家重点课题"长江三峡投资经济效益研究"和"长江三峡水利枢纽工程"的经济论证工作。这些都为本专业的发展打下了良好基础。

二、1973—1992 年，我校国民经济计划专业发展历程

因"文化大革命"的影响，1966 年起全国高校普遍停止办学。我校从

1972 年开始招生，国民经济计划专业是学校在"文化大革命"期间恢复招生的少数几个专业之一。我荣幸地被"文化大革命"期间唯一的国民经济计划专业 1973 级录取，1976 年留校任教。国家恢复高考后的 1979 至 1981 年，我在学校统一安排的青年教师脱产进修班学习两年，接着又先后到上海交通大学、北京大学、中国人民大学进一步选修听课和跟班学习，为后来从事教学工作打下了必要的基础。

进入 20 世纪 80 年代，我校国民经济计划专业的办学规模明显扩大，办学层次、办学质量得到提高，主要表现在以下方面：

1981 年，国民经济计划教研室被省教委授予文教系统先进教研室。

1982 年，国家计委投资 80 万元，委托我校国民经济计划专业开办全国计划系统干部专修科。从 1982 年至 1988 年招收了 7 届学生，直到湖北计划学院成立时。

1983 年，我校国民经济计划专业被国务院批准为全国首批硕士研究生的招生点之一。

1984 年，我校国民经济计划专业被指定为中央广播电视大学国民经济计划学和国民经济综合平衡两门课程的主讲教学单位。

师资队伍扩大，到了 20 世纪 80 年代中期，从事国民经济计划专业的教师已达 30 人之多。1985 年，原国民经济计划教研室一分为二，成立了计划原理和计划方法两个教研室。

尽管当时师资人数已经增加不少，但由于年龄、职称等结构不尽合理，相对于校内和校外、计划专业和非计划专业、本科生和研究生等多层次、大量的教学任务而言，师资力量仍显不足。为此，国民经济计划专业采取了电化教学手段，利用电视直播和录像授课，涉及本校函授、中央电大和全国财政系统自学考试等教学领域，缓解了师资力量不足的压力，取得了良好的效果。我撰写的《开展电视教学的几点体会》，分别发表和收入于《高等财经教育》杂志和湖北高校《电化教学文集》，并于 1989 年获校优秀教学成果二等奖。在汪廷中、陈远敦等老教授带领下，国民经济计划专业教师公开出版了多本教材，先后获得学校优秀教学成果奖和财政部优秀教材二等奖。

三、20世纪90年代，我校国民经济计划专业的改造与变更

进入20世纪90年代，也是我国市场化改革逐步深入以及市场经济体制建立的开端，国家通过计划手段调控经济的力度趋弱，因此，国民经济计划专业在财经学科中的地位逐渐下降，面临着必须通过改革才能发展的新形势。1992年，国民经济计划专业正式更名为国民经济管理专业。1993年，我校国民经济计划原理教研室又一分为二，成立了国民经济管理和劳动经济两个教研室，我被任命为国民经济管理教研室主任。随后，我积极参与全国范围的学习、交流与合作，为新形势下学科建设与发展摸索途径和创造条件。

1990年，我首次参加全国高校计划学研究会；其后，在第三届代表大会上当选为常务理事兼副秘书长，所撰论文《论计划经济与市场调节相结合》（《贵州财经学院学报》1990年第1期）被评为10篇优秀论文之一。

1993年4月，我参加全国高校计划学研究会以"计划学革新与发展"为主题的常务理事会，所提交论文《计划学面临危机的原因分析》（会后发表于《中央财经大学学报》1993年第6期）受到与会者重视，学会名誉会长、前中国人民大学副校长李震中点名要我在大会上发言，随后学会副会长、著名计划学专家雷起荃教授（西南财经大学）提议我牵头组织高校中青年教师出版一本适合新时代宏观经济管理教学需要的教科书。1994年6月，我担任主编的《宏观经济管理》教材由东北财经大学出版社出版，并获中国宏观经济管理教育学会优秀科研成果一等奖。

1994年6月，我的论文《计划学革新的几点思考》，收入魏礼群主编的《社会主义市场经济与计划模式改革》文集，由中国计划出版社出版。此后，我撰写的计划学系列论文发表于多家学报和专业杂志上。

1995年1月，我应邀出席了在哈尔滨召开的中国改革与发展战略第二次理论研讨会，提交的论文《我国区域经济发展战略思考》荣获优秀论文一等奖。会后该论文发表于《中南财经大学学报》1995年第3期，其简缩

版《区域经济发展宜各有侧重》，发表于 1995 年 3 月 7 日《光明日报》理论版，并由《人大复印资料》1995 年第 2 期转载。

1995 年 5 月，由我牵头筹备，国民经济管理教研室为主筹办，联合武汉大学、湖北计划学院组织的首届中国宏观经济管理教育学会在我校召开，受到了时任校长汪行远教授、副校长王寿安教授的高度重视，他们亲临大会致辞。会议的成功召开，有效地扩大了我校本专业在国内同类学科中的影响，也为该专业在社会主义市场经济新形势下的发展创造了良好条件。会后，我撰写的综述《关于宏观调控的理论探讨》，发表于 1995 年 6 月 28 日的《光明日报》理论版。

1995 年 6 月，受教育部全国高等教育自学考试指导委员会聘请，我参加全国"宏观经济管理学"课程统一命题，任命题组长。7 月，我受聘为专家组成员，赴广东、广西两省检查成人教育工作。

我主编的《宏观经济管理学》由武汉大学出版社于 1976 年、2002 年、2011 年再版 3 次，多次重印，供全国高等教育自学考试和众多高校教学使用。

1996—1997 年，我受邀参加国家计委政策研究室主持的国家社科基金课题研究。课题完成，1999 年 11 月由中国计划出版社出版专著《发展计划学》。

1999 年 3 月，我应邀参加教育部"国民经济管理专业课程结构及主要教学内容改革"课题研讨，并被聘担任高等学校国民经济管理专业主干课程教材编委会成员。

1999 年 6 月，我应中国人民大学邀约参写的《国家发展计划概论》，由中国人民大学出版社出版。同年 10 月，应中国人民大学邀约参著的《解剖中国经济》，由中国经济出版社出版。

1999 年 12 月，"国民经济管理"被确定为全校 50 门重点课程之一，我被聘任为该课程的首席教师。

这段时间，我还在国家权威期刊《管理世界》《统计研究》《宏观经济研究》《光明日报》理论版及我校学报等杂志上发表了一些关于计划学、国民经济管理的学术论文，其中多篇由《人大复印资料》转载，并获得国家统计局、中国宏观经济管理教育学会、湖北省社科联等颁发的优秀科研成果奖。

上述学术活动和科学研究取得的成果，为我组织和参与新形势下我校国民经济管理专业的教学工作起到了很好的引领和促进作用。

四、2000 年，国民经济管理专业调整到经济学院，组建新的国民经济学系

在 20 世纪末的最后几年，我校的国民经济管理专业走过了艰难的历程。当时从全国总体来说，办学形势不妙，专业发展明显不景气，有的学校出现停招状况。我们学校本专业的大部分师资力量创新开办了人力资源和社会保障新专业，国民经济管理专业主要由少数几位教师和我一起隔年招生，维持办学。1997 年，教育部调整公布的本科招生目录中取消了国民经济管理专业，因此，出现了全国性的办学危机，面临的是专业停招，我校的国民经济管理专业也打算在 1998 级（目录外招生）之后停招。

1998 年，我向学校领导反映情况并获得支持，通过学校向上级报告了恢复我校国民经济管理专业继续招生的充分理由。1999 年初，我校被教育部批准为全国 7 所可以招收国民经济管理专业本科生的高校之一，并于 2000 年由目录外招生改为目录内招生。

2000 年，国民经济管理专业受到学校的重视，调整到经济学院，组建新的国民经济学系，由我任系主任，并兼任研究生导师组组长。2001 年，我参加教育部组织的全国统编系列教材也由高等教育出版社出版，适应了新办国民经济管理专业的教学需要。

2000 年学校进行的局部学科调整，使原工商学院的国民经济管理系教师一分为三，其原有的国民经济计划与管理硕士点可分别继续在经济学院和公共管理学院招收培养硕士研究生。进入 21 世纪以后，随着学科进一步调整优化，国民经济学口径扩大，在我校包括了金融学院的投资经济方向。办学资源整合后，我校国民经济学专业办学层次形成了本科、硕士、

博士完整的招生培养体系。2001年，由校学科建设办公室召集组织部分专业申报湖北省重点学科。国民经济学由金融学院和经济学院合作完成申报材料，聂名华教授和我分别撰稿，提供材料，合并上报，国民经济学被批准为省级重点学科。

2004年，在中国宏观经济管理教育学会第四次代表大会上，我介绍了我校国民经济学专业的办学情况，学会领导和高校同仁们对我校三院同办、本硕博齐全、有特色的办学方式表示赞许。在换届选举中，我被推选担任学会副会长，2008年连任。

五、近70年的健康发展，得益于我校的兴旺发达、教师的勤奋努力和校领导的大力支持

我校的国民经济学专业能够在近70年的发展历程中，总体状况良好，一直在全国处于领先地位，其主要原因在于以下三大方面：

其一，久负盛名的中南财经政法大学为专业发展提供了有利条件。

我们学校兴旺发达，实力雄厚，办学档次高，具有强大的社会影响力，居全国财经类大学排名前列。国民经济学专业因处在历史悠久、享誉全国的中南财经政法大学而受益，赢得了在专业建设和学术研究上十分有利的发展空间。

其二，教师勤奋敬业，多出优秀的教学科研成果，积极参加社会办学活动，为专业建设和发展增强了竞争力和影响力。

早期，我校本专业老前辈专家学者的学术活动和完成的重大科研课题，产生了良好的社会声望。后来的中青年学者在前辈们的影响带动下，成果颇丰，为专业建设发展创造了有利条件。尤其是在社会办学方面，我校国民经济学专业教师，受聘承担中央广播电视大学的教材编写和主讲授课，担任全国高等教育自学考试本课程的教材编著、考试命题等教学工作，产生了很大的社会影响，也为中南财经政法大学争得了荣誉。

其三，学校领导重视和支持，对促进专业的健康发展，至关重要。

早在20世纪80年代高校恢复招生之初，本专业师资力量明显不足，校领导决策，积极引进和培训师资，鼓励采用先进的教学手段，较快解决了办学困难，适应了教学需要。当 20 世纪 90 年代市场经济体制确立，国民经济管理专业的办学受到冲击时，校领导批准基层（教研室）报告，并在教育部召开的会议上据理力争，使专业重获招生权。在新旧体制转轨的关键时期，中国宏观经济管理教育学会首届代表大会在我校召开时，得到了校领导的大力支持，使会议顺利召开和圆满成功，有力提升了我校国民经济学专业在全国的影响力。当进入 21 世纪，专业面临困难时，学校领导决定，及时将国民经济管理专业从工商学院调整到经济学院，使专业得到了健康发展。总之，每当专业出现自身难以克服的困难时，都是学校领导给予了及时的关怀指导和帮助。非常感谢时任校领导，特别是汪行远校长、吴俊培校长、吴汉东校长、徐敦楷书记！

当今，人们越来越清楚地认识到，社会主义市场经济，是在国家宏观调控指导下的市场经济，需要更多综合型、战略型国民经济管理人才，因而国民经济学专业的办学呈现出多层次、分布广、兴旺发达的状态，可以欣慰的是，我校在这一专业建设中始终走在前列！

（江勇）

记湖北大学数学系唯一毕业的理科班

我们是 1962 年从湖北大学数学系毕业的学生，是湖北大学唯一的一届理科毕业生，也是中南财经政法大学第一届理科毕业生。

我们 1957 或 1958 年入学时，进的是中南财经学院、中南政法学院或武汉大学法律系。但在 1958 年 9 月这三个院系与中南政法干部学校合并成立湖北大学。当时的领导颇有远见，想把湖北大学办成综合性大学，为此决定在校内成立数学、物理、化学系。数学系是 1958 年 9 月成立的第一个理科系。但数学系成立时已经过了招生期，于是学校就从财经政法各专业的 57、58 级学生中抽调一些学生转到数学系。我们这批文科生就这样都变成了理科生，1962 年从湖北大学数学系毕业。我们的毕业证上有孟夫唐校长（当时湖北省副省长）的印章，当时的党委书记是朱劭天同志，他是"一二·九"学生运动的参与者，曾任陈云同志秘书。

李学汇在湖北大学就读的毕业证

那么这批毕业生都分到哪里去了呢？以下是当年的分配统计表（根据李学汇的笔记经同学们补充而成）：

*北京市	34人
中学	26人（北京市23人、北京铁路局3人）
高校	2人（北京工学院、北京外语学院各1人）
研究单位	5人（北京机床研究所1人、北京起重机研究所、铁道部电务设计事务所各2人）
公安部	1人
*天津市	1人（天津机床厂）
*重庆市	1人（重庆机床厂）
*东北地区	22人
中学	15人（齐齐哈尔铁路局2人、哈尔滨铁路局3人、吉林铁路局3人、沈阳铁路局4人、锦州铁路局3人）
企业	5人（长春第一汽车制造厂2人、哈尔滨电机厂2人、富拉尔基重型机床厂1人）
高校	1人（化工部沈阳化工学院）
研究单位	1人（化工部沈阳化工研究院）
*中南地区	7人
中学	5人（广西、柳州铁路局、郑州铁路局各1人、广东2人）
企业	2人（湘潭电机厂）
*湖北省	15人
中学	12人（武汉5人、宜昌2人、黄石2人、鄂州1人、不详2人）
政府机关	2人（湖北省商业厅、襄樊各1人）
高校	1人（武汉钢铁学院）
*失联	2人
合计	82人

我们 82 名同学从北到南分配在祖国的 25 个城市：齐齐哈尔、富拉尔基、佳木斯、哈尔滨、长春、吉林、沈阳、大连、锦州、天津、北京、郑州、武汉、宜昌、襄樊、黄石、鄂州、孝感、长沙、湘潭、重庆、南宁、桂林、广州、梅县。

我们这届学生是湖北大学数学系的"产品"。但数学系是新建的，学生又多是文科生，"产品"质量有保证吗？现在这些"产品"均已完成历史使命，质量如何？

同学们毕业后工作岗位很多都有变动，我们在毕业五十周年（2012 年）时，曾在北京聚会。那时统计，除 2 人失联外，后来在中学任教的 47 人、在高校任教的 11 人、在研究设计与企业单位 12 人、在政府机关 6 人、取得律师资格 1 人、进入新闻界 1 人、转入商界 2 人。

据当时了解的情况，在中学任教的 47 人中，除了失联与早逝的，基本都是中教高级教师，其中特级教师 3 人，曾任中学书记、校长、副校长 11 人，教务处长 1 人；在高校工作的 11 人中，教授 2 人，副教授 5 人，高级讲师 1 人，职称不明 2 人，任系正、副主任 2 人；出国 1 人；在研究、设计与企业单位 12 人，多数是单位骨干，具有高级职称，有较多科研、技改成果。其中厂长兼党委书记 1 人，研究员高级工程师 1 人；在政府机关工作 6 人，其中教育部基础教育司副局级调研员 1 人，蛇口工业区第一届党委组织部长 1 人，县政协主席 1 人，县人大副主任 1 人，早逝 2 人；另外有 1 人取得律师资格，获司法部授予"司法行政银星荣誉章"；1 人进入新闻界任主任记者；2 人转入商界任总经理、董事长。

毕业五十周年聚会时，在联系到的同学中，有 46 人交了简历。经初步核实，其中共产党员 27 人以上，占一半以上，且多数是毕业后入党的。

现在回头看我们这届同学在工作中的表现，可以说是良好的，不仅业务素质高，政治素质也很高，即使与那些出自名校的同事比也不逊色。我们在工作中的良好表现都是母校对我们精心培育的结果。

湖北大学数学系虽是一个新系，但实力不容小觑。当湖北大学成立数学系时，得到武汉大学的大力支持，抽调了一批优秀教师与毕业生到湖北大学数学系工作，其中有陆秀丽、丁佩衍、李维、黄显跃与赵乙春等一批中青年教师，也有刚从武汉大学毕业的优等生李邦畿老师。陆续从武汉大学分配来余尚智、杨继绪等优秀毕业生。另外武汉大学知名教授熊全淹与曾宪昌也为我们讲授重要课程。这里特别要介绍一下陆秀丽老师，她原是武大数学系的骨干中年教师，当年与路见可（后任武大数学系主任、武大校长）齐名，是很受学生欢迎的两位中年教师。她曾任我国著名数学家、南开大学校长吴大任先生助手多年，得名师亲传，业务精湛、师德高尚。

湖北大学的领导班子非常得力，系主任李耀西与书记王汝斌都是工人出身的老干部。他们实事求是的工作作风使数学系少受了一些折腾；他们关爱学生、平易近人，深受学生爱戴；他们爱护、尊重、信任知识分子，充分调动了老师们的积极性。数学系的老师大都责任心强、工作勤奋、对学生要求严格。当然，数学系的学生大多数也很勤奋努力。

我们的教学计划是在李主任领导、陆秀丽等老师参与下制定的。计划针对学生原是文科生的特点，特别加强了基础课的教学，并决定在四年级开设概率与数理统计、数学分析和计算数学3个专业（可能是觉得当时建专业的条件尚不成熟，正式名称使用的是"专门化"）。"概率统计"在1956年的全国第一次科学规划中被确定为数学科学发展的重点学科之一，1956年秋，北京大学数学系开始举办概率统计培训班，陆秀丽老师被派参加这个班，是我国最早进入这个领域的科研人员之一。所以开设概率与数理统计专业我们是有条件的，也是在国内开设此专业较早的学校。

计算机科学是当时的科技前沿，也是我国重点科技攻关方向。学校决定建计算数学专业，但没有师资。1959年初，学校派李邦畿老师到北京大学学习计算机科学（当时曾派不少青年教师与高年级学生到北大、复旦等名校进修），回校后他承担了计算数学专业的主要教学任务。在老师与同学的共同努力下，取得良好成绩，许多同学走上工作岗位后表现优异。

在母校数年，不仅在学习中丰富了知识、培养了能力，也在社会活动、党团活动、社团活动、体育活动、文艺娱乐等各种课外活动中陶冶了情操、增长了才干。母校对我们的培养使我们在德、智、体、美各方面得到了较为均衡的发展。母校对我们的培育之恩令我们难以忘怀！当我们走上社会时，每当有人问及毕业学校，我们都自豪地告诉他："湖北大学数学系！"

没想到多年后当我们这样回答时，别人以为我们是武汉师范专科学校毕业的。因为现在的湖北大学自 1962 年起就是武汉师范专科学校了。别说外人不了解那段历史，就是母校的教职员工，恐怕也少有人知道现在的中南财经政法大学的前身——湖北大学在五六十年代曾经办过理科系，而且还有一届学生从数学系毕业。

1962 年 9 月，当我们毕业时，不知何故湖北大学的理科系被撤销了，全部学生与许多老师（包括陆秀丽、李邦畿老师）都转到华中师范学院（现华中师范大学），我们成了当年湖北大学唯一的一届理科毕业生，也是中南财经政法大学首届理科毕业生。现在回顾那段历史，事实证明，那时的数学系办得很成功啊！

（李学汇）

我与学校的信息学科

刘腾红（摄于 2021 年）

我是 1978 年 2 月底入校的。上大学这年，已经 20 岁，精力旺盛，学习劲头十足。虽然进了文科专业，但对数学的兴趣依然未减。当时利用军训的空隙，就拿出《高等数学》学习，并做练习。记得有一次，有一个题目有点难度，就去找辅导员请教，那时我认为老师无所不知。辅导员对我说："我是从部队转业到大学的，不懂专业知识。"所以，后来的数学学习，只有靠自学。

3个月后，学校领导、系主任、师资科长找我谈话。"小刘，学校计划开设经济信息管理专业，但是缺少师资，经校领导商议，准备把你和几位数学基础好的同学送到武汉大学计算机专业去学习。你赶紧给你父母写一封信，征求一下他们的意见。"对于这突如其来的谈话，我毫无思想准备，但反应还是十分果断的。我说："我父亲是老党员，我一切服从党的安排。"由此决定了我一生的工作历程。

紧接着就到武汉大学办理了学习手续。当时，武汉大学的宿舍十分紧张，无法提供住宿，我们只能住在湖北财经学院，每天坐12路公共汽车往返阅马场和珞珈山。其轨迹非常简单：每天清晨5点多在大东门乘12路头班车到武汉大学上课，晚上9点多在珞珈山乘末班车回寝室，中午就到武大图书馆或者教室的桌上躺一会。不管刮风下雨，还是下雪，天天如此。

我常常在公共汽车上拿着单词本记单词，甚至把英汉字典拆成一页页来记。在那个年代，人们对学习的渴望无法用语言来表达。我的感觉是，恨不得把书吃进肚子里。周一到周六，我在武汉大学上课，到了周日，就在湖北财经学院图书馆看书。作为定向培养教师，图书馆给我提供了很多方便，享受教师待遇，一次可借阅15本书（学生一次只借5本书）。

在武汉大学学习期间，学校实行学分制，我每年选10门课程，不仅有计算机专业的计算机课，还有数学专业的数学课，物理专业的物理课，这几门课跨了3个年级（76级、77级和78级）。由于我的刻苦努力，最后每门课都取得优良成绩。

不知不觉，3年时间就过去了。我们基本掌握了计算机类的课程，但有关经济信息管理专业知识还要系统学习。通过财政部的安排，我们又到北京经济学院（现首都经贸大学）和中国人民大学学习。当时条件有限，学校在郊区给我们几位同学租了间20多平方米的房子。所用的生活用品，像床、桌子、凳子等，都是从武汉托运过去的。北京冬天很冷，为了取暖，我们买了一个炉子，但没有煤。算是初生牛犊不怕虎吧，我一个人闯到了三里河财政部副部长办公室，找领导批了几百斤煤。学校领导也非常关心我们的学习和生活，到北京开会，专门给我和另一位同学各送了一件军大衣。在北京的半年学习，虽有收获，但感到不能满足我们的要求。后来，跟学校建议，能否到计算机实力最强的学校去学习。

机会来了！1981年下半年，国防科技大学办了一个师资进修班。我又拿着财政部的介绍信到了长沙，在国防科技大学六系和八系学习。说真心话，这是我大学生活最幸福的半年。不需整天奔波，除了上课，就泡在图书馆里，阅读了十多本外文专业书籍，专业水平提高很快。

1981年12月，我以优异成绩结束了进修回到武汉。这时同学们都在办毕业手续，而我已确定留校，就利用这段时间，到华中工学院（现华中科技大学）听了一个月的数据库系统专题讲座。这为我后来从事数据库系统研究打下了良好的基础。

大学生活就这样结束了。尽管我学习的课程都是计算机，但还是拿到了湖北财经学院"基建信用财务"专业的毕业证，获学士学位。

1982年元月，我正式成为一名大学教师。24岁的年龄，信心百倍，血气方刚，精力充沛，很快投入了工作。

我参与的第一个科研项目是"COBOL语言的编译系统开发"，这是国内没有的，我经常夜以继日工作，编程、穿纸带、上机调试等。工作虽然辛苦，但很充实，没补助也毫无怨言。经过大家的共同努力，终于完成了任务。这是工作后的第一次锻炼，自己在付出汗水之余，也收获不小，理论水平和实际能力都得到了提升。

到了暑假，教研室主任安排我编写"计算机应用基础"这门课的教材。接到任务后，不讲条件，就投入资料收集、大纲构思、材料组织、编撰写作的紧张工作中。经过一个半月加班加点的工作，完成了编写任务。书稿交领导审阅后，得到了好评，我十分欣慰。接着用半个月时间，刻钢版交给学校印刷厂印刷。共两本，500多页。当我拿到样书时，心里有说不出的喜悦。这是全校79级学生计算机公共课教材。

接下来，就是繁重的教学任务。我的课广受好评，学生抢着坐前排，专心听讲，认真记笔记。校长、教务处长、系主任、教研室主任等都听过我的课，也非常认可我的教学。

众所周知，计算机技术飞速发展，信息技术日新月异。任教3年多，教学经验不断积累，但自己仍感觉水平需再提高，能力要再加强。1985年9月，经过考试，我来到中科院软件所研究生班学习。导师都是在我国计算机界的大家，现大多是院士了。

两年的学习时间，在导师们的精心教诲和指导下，我的计算机知识水平提高很快，特别是分析问题和解决问题的能力有了质的飞跃。学习期间，我参与了清华大学杨德元教授《办公自动化导论》一书的编写。

1987年7月，多位导师推荐我去国外深造。这时，接到学校的通知，让我毕业后立即回校。经过思想斗争，于8月返回学校。

回校后，我是教学、科研两边兼顾，任务接二连三，忙得不亦乐乎。讲课、编教材、写论文，承担纵向、横向项目等。1987年9月，我通过了讲师职称评审，1992年2月被评为副教授，2000年晋升为教授，并担任系、教研室的负责工作，参加各类学术活动，在全国及省相关的计算机及信息学会上担任理事、常务理事、副理事长等，在学界有了一点影响。

这时，南方和北方有几所大学向我抛出了橄榄枝，愿调我到该校任教，并担任一定领导职务，而且商调函都是同时发两份，可夫妻一起去。曾记得，有所大学的主要领导在中南财经大学招待所停留了一周等我的答复。校、系两级领导给我做工作，最终我还是决定留在学校。

学校对我的培养，始终记在心里。不忘初心，方得始终。30多年的大学从教经历，我先后担任系主任、副院长、院长、民办院校副校长等职，现为三大基金（国家自科、社科、教育部人文社科）评委、中国国际招标总公司、中国技术招标总公司、湖北省和武汉市政府采购评标专家，国家、湖北省和武汉市信息化评审专家（主要是规划、建设方案评审及项目验收等），为国家培养了一批优秀人才，为国家、地方的信息化建设及学校的学科建设、人才培养、队伍建设、科学研究尽了自己微薄之力。也主持了多项科研项目，发表论文30多篇，主编专著、教材20多部，其中有3部国家级规划教材。

付出虽多，但收获也不少。我先后被评为优秀共产党员、国家教学成果二等奖、湖北省教学成果一等奖、学校教学成果一等奖。

1984 年 1 月 18 日，是我新婚的日子，大雪纷飞，晚 12 点左右，亲朋好友刚走，就听到"救火"的喊声，学校教材科失火了，我毫不犹豫地多次冲进火场，抢出几大捆教材，结果衣服烧了 3 个洞。后来，《长江日报》在头版上以"新郎奋力救火，礼服变成泥服"为题目做了报道。这也是我终身难忘的事。

"路漫漫其修远兮，吾将上下而求索。"一路走来，无怨无悔。

（刘腾红）

群英汇集　薪火相传

中原大学的先贤名师

从 1948 年到 2020 年，在学校 70 余年发展历程中，一批批教书育人的"大先生"们秉持着"博文明理，厚德济世"的校训弘文励教，为社会经济的发展和各类人才培养作出贡献。在此追忆 7 位中原大学创校时期的先贤名师，重温他们为开拓人民教育事业鞠躬尽瘁、躬耕学海的风采。

第一排从左至右：钱俊瑞、吴玉章、孟夫唐、成仿吾、刘介愚

嵇文甫

嵇文甫

嵇文甫教授，出生于 1895 年 12 月 17 日，河南汲县人，北京大学哲学系毕业。

1948 年 7 月 10 日，中原大学筹委会成立，嵇文甫任副主任，成为中原大学的积极筹备与组织者。新中国成立后当选为中国人民政治协商会议代表及全国人大代表，历任河南省副省长、中南军政委员会委员、中国科学院哲学社会科学部委员、河南大学及郑州大学校长等职，并兼任《历史教学》《历史研究》和《哲学研究》编委，还领导创办了《新史学通讯》，即《史学月刊》，为开拓中国哲学史及古代思想史学术领域的研究作出了重大贡献。

1948 年 8 月 7 日，中原大学正式开始上课，课程以政治理论课为主，嵇文甫讲授辩证唯物论。

1948 年 11 月，中原大学迁校开封后，嵇文甫任第四部研究部主任、校务会议正式成员。中原大学迁汉时，嵇文甫留任河南大学副校长未随校迁汉。

嵇文甫文集

　　作为近现代知名学者，嵇文甫在中国哲学史及古代思想史等领域成就卓著，突出表现在对阳明学说与船山思想的研究。嵇文甫还是我国较早运用马列主义与唯物史观从事研究的学者之一。嵇文甫的《晚明思想史论》被学界公认为研究晚明思想史的开山之作，该著提要与胡适、冯友兰等近代著名学术大师的论著提要一起，被收入由学林出版社出版的《20世纪中国学术名著精华》一书。

　　另外，在由著名学者胡道静编撰的《国学大师论国学》一书中，嵇文甫的《漫谈学术中国化问题》也赫然在列，同时在列的有章太炎、胡适、梁启超、王国维等大家的文章。这些都足以体现嵇文甫在中国近现代学术史上的地位。

王毅斋

王毅斋

王毅斋，出生于 1896 年，河南杞县人。

1923 年，考取公费留学生资格赴德国慕尼黑大学深造，后获奥地利维也纳大学经济学博士学位。

1948 年 7 月，王毅斋任中原大学筹委会副主任，为创办中原大学做了许多卓有成效的工作。

1949 年后，历任河南大学教授兼秘书长、河南省人民政府委员、中南军政委员会委员、河南省副省长、河南省政协副主席、民盟中央委员、民盟河南省委员会主任委员等职。

中原大学正式开始上课后，王毅斋讲授社会科学概论。中原大学迁校开封后，王毅斋为校务会议正式成员。中原大学迁汉时，王毅斋留任河南大学秘书长，为河南大学的振兴和河南省文教事业的发展和统战工作作出了卓越贡献。

王毅斋为救国救民而一生从事进步教育事业。1932 年他出资在家乡创办杞县大同学校，他亲自担任大同中学校长，大力倡导进步教育家陶行知的"小先生教授法"，让学生订阅革命书刊，在学校广泛开展大众语文运动，使学生眼界开阔，思想活跃，增长了许多新的知识。同时，他还提出"到民间去"的口号，鼓励学生走与工农相结合的道路。大同学校成为当时豫东地区"革命的摇篮"。

范文澜

范文澜

范文澜《中国通史》

范文澜，出生于 1893 年 11 月 15 日，浙江绍兴人，北京大学文本科国学门（后称中国文学系）毕业。先后任北方大学校长、华北大学副校长兼研究部主任、中原大学校长、中国科学院中国近代史研究所所长、中国史学会副会长、第一届全国人民代表大会代表、中国共产党第八届中央委员会候补委员、第二届全国人民代表大会代表、中国人民政治协商会议第三届全国委员会常务委员、第三届全国人民代表大会常务委员会委员、中国共产党第九届中央委员会委员等职。

1948 年 8 月，范文澜被任命为中原大学校长，虽先后因病、因另有重任，未能到校视事，但一直和学校领导机构保持着联系。范文澜为中原大学两周年撰写的纪念文章中祝愿学校"在现有基础上，加速地充实并提高"，"建立起一个新型的正规大学"。

范文澜一生从事学术研究与教育工作，长期从事中国历史的研究，主要学术成就可以概括为 3 个"第一"：一是撰写了《文心雕龙注》，被海内外学术界公认是《文心雕龙》第一部"最为详备的注释本"，誉为《文心雕龙》注释史上开新纪元之作。二是在延安编著出版了《中国通史简编》，本书是第一部运用马克思主义系统论述中国通史的通史著作，传播极广，影响很大。三是早期曾出版的《群经概论》，是一本具有近代眼光的、内容丰富的经学入门著作。1940 年 9 月在延安新哲学年会发表以"中国经学史的演变"为题的长篇演讲，毛泽东给予高度评价，指出"用马克思主义清算经学这是头一次"，发表出来"必有大益"。

潘梓年

潘梓年

潘梓年，出生于 1893 年 1 月 11 日，江苏宜兴人，北京大学哲学系毕业。

1948 年 8 月，调任中原大学副校长，实际全面负责学校工作，1950 年 4 月被正式任命为中原大学校长。曾任中南军政委员会文委副主任、教育部部长。1954 年，调北京，负责筹建中国科学院哲学社会科学部和哲学研究所。1956 年任哲学社会科学部分党组书记、哲学社会科学部副主任兼哲学研究所所长。

潘梓年校长在大会上作报告

建校之初，潘梓年专门在《改造》创刊号上撰写了《中原大学是这样一所大学》一文，全面论述了学校的办学宗旨。在事业与学术上，潘梓年有多方面开创性贡献。

中原大学创立后，全面负责学校的创建工作，领导中原大学走向正规化道路，为革命和国家建设培养了大批干部，为学校的改革与发展积累了经验。

他创办了《新华日报》，创办了新中国哲学最高权威刊物——《哲学研究》，这是推动中国哲学研究事业和团结全国哲学工作者的一个重要学术阵地。

著有《逻辑与逻辑学》《文学概论》，译作有杜威《教育学》等西方名著，新中国成立后深入研究马克思主义哲学特别是毛泽东哲学思想，发表了《哲学的中国要求有中国化的哲学》《辩证法是哲学的核心》等论文与论著，有创造性学术贡献。

孟夫唐

孟夫唐

　　孟夫唐，出生于1896年4月30日，河北永年人，北京师范大学毕业。1948年10月至1953年2月，历任中原大学教务长、副校长。1951年，兼任中央民族学院中南分院院长。1953年2月调任中南文教委员会副主任、中南教育局局长。1954年11月至1956年7月，担任武汉市委和市文教部长、副市长。1954年，当选第一届全国人民代表大会代表。1956年，历任湖北省文教部部长、副省长。1958年9月，湖北大学（中南财经政法大学前身）成立，兼任湖北大学校长。

　　孟夫唐的革命生涯总是与办学息息相关。先后参与创办过冀南建国学院、北方大学（中国人民大学前身）、中原大学、中央民族学院中南分院（中南民族大学前身）。1948年，中原大学成立后，10月，中央派原冀南行署主任孟夫唐同志任教务长，这是孟夫唐第二次担任大学教务长。早在1946年1月，北方大学在邢台市西关正式成立，分设行政学院、工学院、农学院、医学院、文教学院、财经学院等6院，校办、教务处、总务处，校长为范文澜，教务长为孟夫唐。1948年迁往正定，与华北联合大学合并。1949年年底前往北京，即后来的中国人民大学。更早些时候，1945年11

月 28 日在南宫成立的冀南建国学院，冀南行署主任孟夫唐兼任院长。

新中国成立后，孟夫唐先后担任中原大学副校长、武汉市副市长、湖北省副省长。1958 年，湖北大学（中南财经政法大学前身）成立，孟夫唐兼任湖北大学校长。1951 年，中南军政委员会遵照政务院颁布的《培养少数民族干部试行方案》的规定，于 1 月 1 日确定由中南教育部领导，委托中原大学筹办中央民族学院中南分院，并由中原大学副校长孟夫唐兼任院长，即今天的中南民族大学。

李光灿

李光灿，出生于 1918 年 5 月 20 日，山东梁山县人。

1948 年年底至 1949 年 7 月，任原中原大学教务处处长兼政治理论研究室主任、校务会议正式成员，历任华北联大马列主义教研室主任、社会科学系主任，中原大学教务处长兼政治理论研究室主任，中央人民政府法制委员会委员，董必武办公室主任，中央政法五机关党委副书记，中国社会科学院哲学研究所研究员，辽宁大学副校长。

李光灿于 1935 年加入中国共产党，先后入延安陕北公学、延安马列主义学院学习和工作。

1948 年 9 月，中原大学迁至宝丰办学；10 月，根据邓小平同志的建议和要求，中央从华北大学抽调孟夫唐、刘介愚等 14 人到校任教，其中就有李光灿。曾主讲过"科学社会观""革命人生观"等课程。在建校期间，为学校的教育事业和学科学术发展作出过重要贡献。

李光灿长期从事哲学、法学研究工作，在法学理论、刑法学、中国法律史和社会主义法制建设的理论和政策等方面有极为可贵的建树。他撰写的法学、哲学和其他社会科学的学术论文、著作有数百万字。仅 1981 年以来，他主编或参与主编的大型著作有 35 部，其中包括《中华人民共和国刑法论》《中国刑法通史》《中国法律思想史》《马克思恩格斯法律思想史》《马克思主义法学原理》等。

林山

林山

林山，出生于 1921 年，湖北武汉人。历任中原大学政治学院副院长、中南政法学院副院长、湖北大学副校长。

1948 年 10 月，被中央从华北大学抽调到校任教。

1949 年 3 月 7 日，中原大学举行全校青年团员大会，选举成立了校团委会，担任团委书记。中原大学迁汉时，原四部政治研究室保留改为直属校部，担任政治研究室主任。

1950 年 1 月 7 日，中原大学政治学院正式成立。院长由副校长孟夫唐兼任，林山任副院长，实际工作由林山主持。

1953 年 4 月 3 日，中南行政委员会宣布撤销中原大学，成立中南政法学院，隶属中南政法委员会，李伯刚、林山分别任院长、副院长。

林山在抗日战争的炮火中参加革命，虽然学历不高，但他勤奋学习，在陕北延安时刻苦学习马列主义、毛泽东思想，打下了扎实的理论根基。1951 年，林山被派往中国人民大学法律系国家法教研室进行研究生学习。

学成返校后，林山一方面担任学校行政领导工作，一方面又投入紧张的教学工作中去。因为当时既没有专门的教材，又没有可资借鉴的专著，这就需要任课教师白手起家，搜集大量的有关书刊，根据 1954 年第一部《宪法》的条文，林山完全是自己动手，认真备课，自己写出系统的讲课手稿。因而他的讲课深受学生的欢迎。他的讲课内容丰富、深刻与生动，而且还能有针对性地解决学生的思想认识问题，作出使学生满意的解答。

"大师归来"之我校历史上最早的
海归教授群体

"大学者，非谓有大楼之谓也，有大师之谓也。"建设一流的大学，人才是基础，教师是关键。建校 70 余年来，中南财经政法大学在经济、法律、管理领域的学科地位、学术实力、人才培养和社会贡献享誉全国，这些都离不开一代代学人的艰苦奋斗和深厚积淀，得益于一支可持续、高水平、国际化的教师队伍作为强有力的支撑。

早在 20 世纪 50 年代，我校就拥有一支学术实力雄厚、教学经验丰富的高水平教师队伍。

1952 至 1953 年全国院系调整中，中山大学、湖南大学、广西大学等一批老大学的学者调入我校，有力地充实了我校经济学、管理学、法学等学科领域的师资力量。

到 20 世纪 50 年代中期，我校的教授和副教授人数高达百余人，其中拥有海外经历的就有 50 多人，这在全国高校是不多见的。

我校历史上最早的海归教授群体

他们中的大多数毕业于海外名校，如美国华盛顿大学、日本早稻田大学、法国巴黎大学等，受过较系统的欧美专业教育。大部分毕业于经济学、法学等专业，且学历层次较高，涵盖了本科、硕士研究生及博士研究生，部分拥有双学位。

如曾任中原大学筹委会副主任的王毅斋教授、国民经济史教研室的吴澄华教授、政治经济学教研室的曾还九教授、财政信贷教研室的吴义修教授、工业经济教研室的黄植尧教授、经济统计教研室的李燮棠教授均为经济学博士，国家法教研室的卢俊凯教授、法律系的薛祀光教授均是法学博士毕业。

其中有多位曾身兼政界、商界、学界数职，拥有较为丰富的实务经验和社会阅历，如财政信贷教研室的胡善恒教授曾担任过国民政府湖南省、广东省财政厅长、行政院会计长、中南区财经委员会委员、财政部专员等职，农业经济教研室的张人价教授曾任湖南省银行总行经济研究室主任，薛祀光教授曾受聘国际法庭顾问，在审判日本战犯中作出重大贡献。

这批海归教授大都在民国时期即已获得高级职称，拥有深厚的专业、学术造诣，有的更是某些领域里的名家和权威。进入我校工作后，他们潜心治学，专心育人，推动了学科建设、人才培养、科学研究等工作的不断发展。

以下是 20 世纪 50 年代我校海归知名教授简介。

王毅斋教授

王毅斋教授：历任中原大学筹委会副主任、河南大学教授兼秘书长、河南省人民政府委员、中南军政委员会委员、中南行政委员会委员、河南省第一届人民代表大会代表、河南省人民委员会委员、省文委副主任、河南省副省长、省政协副主席、第一届全国人民代表大会代表、民盟中央委员、民盟河南省委员会主任委员等职。

曾昭琼教授（左二）

曾昭琼教授：我国 20 世纪上半叶最早获得法学学士和留学日本的学者之一，其刑法学造诣在民国时期即已名满天下，新中国成立后致力于具有中国特色的刑法学科体系的教学和研究，为我国法学教育事业作出巨大贡献。

马哲民教授

马哲民教授：曾任中南财经学院院长，先后毕业于柏林大学的社会学专业和早稻田大学的政治经济学专业，长期讲授和研究马克思主义哲学、政治经济学和社会发展史，著有《国际帝国主义论》《经济史》《社会进化论》《社会经济概论》等著作。

朱剑农教授

朱剑农教授：曾任中南财经学院副院长，较早地论证了社会主义社会各种劳动产品，不论是生产资料还是消费资料，都是商品，并指出了价值规律对社会主义生产亦有一定作用，被学术界公认为是"宽派论"的主要代表者之一。

谭寿清教授

谭寿清教授：任职于货币流通信用教研室，对货币理论研究造诣颇深，其代表作有《货币与黄金》《黄金并没有退出货币的历史舞台》等专著和论文，被称为"货币大王"。

刘叔鹤教授

刘叔鹤教授：任职于经济统计教研室，著有《中国统计史略》，填补了我国统计史研究的空白。

吴澄华教授：任职于国民经济史教研室，长期致力于经济理论方面的研究，曾历任大夏大学、湖南大学、浙江大学、西北大学、广西大学、兰州大学、湖南国立师院等学校教授，有时会乘坐飞机在各校间往返，被称为"飞机教授"。

薛祀光教授（左一）

薛祀光教授：公费考入日本九州帝国大学，回国后先后担任中山大学法学院首任院长、同济大学法学院院长。抗战胜利后，被聘为国际法庭顾问，在审判日本战犯中作出了重要贡献。新中国成立后，先后在厦门大学法律系、武汉大学、湖北大学法律系工作。著有《民法债编各论》《债编各论》《法律丛书》《管子六法》《民法概论》等，曾被同仁尊称为"薛老债"。

潘汝瑶教授

潘汝瑶教授：毕业于日本九州帝国大学，1953年由中山大学调入中南财经学院，政治经济学教研室。研究日本问题。

以下是 20 世纪 50 年代，我校其他海归教授简介。

方铭竹教授：毕业于日本明治大学，1953 年由南昌大学调入中南财经学院，政治经济学教研室，在综合资料室工作。1995 年，中正大学南昌校友协作出版《方铭竹财经论文集》。

曾还九教授：毕业于法国南锡大学，获经济学博士。1953 年由广西大学调入中南财经学院，政治经济学教研室。研究资本主义再生产与经济危机。

黄英夫教授：毕业于日本法政大学。1953 年由中山大学调入中南财经学院，国民经济史教研室。编写中国人民经济史讲义，教授"工业经济""中国经济地理"课程。

伍英树教授：毕业于英国爱丁堡大学 MA 学位。1953 年由中山大学调入中南财经学院，外国语教研室。

刘炳新教授：毕业于美国纽约大学。1953 年由广西大学调入中南财经学院，数理化教研室。研究企业作业均衡性检查方法，教授"统计原理""经济统计"课程。

周光琦教授：毕业于日本京都大学经济系。1953 年由广西大学调入中南财经学院，国民经济计划教研室。研究我国第一个五年计划中的工业基本建设，参加"国民经济计划"讲义编写工作。

陈绶荪教授：毕业于日本东京文理科大学。1953 年由湖南大学调入中南财经学院，国民经济计划教研室。研究资本主义计划化"理论"的批判，担任图书馆馆长。著有《社会问题辞典》《欧洲经济史纲》等著作。

文广益教授：毕业于美国威士康辛大学研究院。1953 年由广西大学调入中南财经学院，农业经济教研室。研究科学社会主义的农业生产合作社在小农经济社会主义改造中的地位与作用。

张国维教授：毕业于英国合作社专门学校。1953 年由广西大学调入中南财经学院，农业经济教研室。

梁道青教授：毕业于日本明治大学政治经济系。1953 年由广西大学调入中南财经学院，农业经济教研室。

张人价教授：毕业于美国伊利诺伊大学。1953年由广西大学调入中南财经学院，农业经济教研室。研究农业合作化阶段政策。著有《湖南经济调查所丛刊》《重农学派的经济理论》等著作。

沈次江教授：毕业于日本东京中央大学经济科。1953年由中山大学调入中南财经学院，贸易经济教研室。研究"对东南亚贸易的商品问题"及"私人资本主义商业社会主义改造的形式"。

陈苏然教授：毕业于美国芝加哥大学，经济硕士。1953年调入中南财经学院，贸易经济教研室。研究"农产品贸易工作的物质利益原则"及"我国土特产供销在过渡时期的作用"。

彭师勤教授：毕业于法国巴黎大学。1953年由湖南大学合作学系调入中南财经学院，贸易经济教研室。兼系主任工作，研究"预购合同制"及"合作主义"批判。著有《连锁论》《合作原理比较研究》等著作。

司徒森教授：毕业于美国本熙文尼亚大学研究院。1953年由中山大学调入中南财经学院，贸易组织与技术教研室。研究商品合理化运输问题。

刘隆恕教授：毕业于日本中央大学经济学科、日本早稻田大学政经部。曾任中国工矿银行总行稽核主任、聚康银行都匀分行经理、北平民国大学经济系教授兼训导主任。1953年由湖南大学银行学系调入中南财经学院，贸易流通信用教研室。研究"我国短期信贷的计划工作"。著有《连锁论》《合作原理比较研究》等。

谭崇夏教授：毕业于日本京都帝国大学经济科。曾任黄埔军校广州分校特别班教务组地政系教官、国民政府秘书。1953年调入中南财经学院，贸易流通信用教研室。

黄煊章教授：毕业于日本早稻田大学政经部。1953年由湖南大学经济学系调入中南财经学院，财政信贷教研室。研究过渡时期我国国家公债。

胡善恒教授：毕业于日本庆应大学、英国伦敦大学。1953年由中南区财经委员会调入中南财经学院，财政信贷教研室。研究道尔顿财政理论的批判。著有《赋税论》《公债论》《财政行政论》等数百万字的巨著，被商务印书馆列为"大学丛书"。

吴义修教授：留学法国，博士毕业。1953 年调入中南财经学院，财政信贷教研室。

邓平标教授：毕业于日本早稻田大学。曾担任广东省县政人员训练所训导处处长。1953 年调入中南财经学院，财政信贷教研室。研究工商税怎样为促进私营工商业的社会主义改造服务。

孟广镕教授：毕业于日本九州帝国大学。1953 年由湖南大学经济学系调入中南财经学院，财政信贷教研室。研究财政对国民收入分配与再分配的作用。著有《关于革命中的民运问题》《唯物辩证法的范畴问题》《先秦时期的儒法斗争》《我国的无偿贷款问题》《赤字财政的扬弃问题》等。

曹廷献教授：毕业于美国西北大学商科大学。1953 年调入中南财经学院，财政信贷教研室。从事纺织工商流动资金定额的研究。

黄植尧教授：毕业于德国马堡大学，经济博士。1953 年调入中南财经学院，工业经济教研室。研究过渡工业建设地区的经济依据。

严伯奎教授：毕业于英国伦敦大学。1953 年由广西大学调入中南财经学院，工业经济教研室。研究社会主义工业中工资的组织与计划。

陈道良教授：毕业于法国巴黎大学。1953 年调入中南财经学院，工业经济教研室。研究我国工业中的工资问题。

郑麟翔教授：留日半年，1953 年由湖南大学工商管理系调入中南财经学院，工业企业组织与计划教研室。著有《劳动经济学》。

陈头时教授：留学美国。1953 年调入中南财经学院，工业企业组织与计划教研室。在综合资料室工作，研究工业企业组织与计划计算图表的运用。

李燮棠教授：毕业于美国哥伦比亚大学，经济博士。1953 年由中山大学调入中南财经学院，经济统计教研室。著有《统计学》，曾作为广东国民大学讲义。

刘振群教授：毕业于日本京都帝国大学。1953 年调入中南财经学院，贸易统计教研室。研究新中国贸易统计发展概况。

蒋一贯教授：毕业于美国西北大学研究院。1953 年由中山大学调入中南财经学院，农业与银行会计教研室。1988 年，被《中国会计史稿》收录为民国时期 76 位知名会计学者之一。

谭云峰教授：毕业于日本早稻田大学政经部。1953 年调入中南财经学院，农业与银行会计教研室。

朱荣羡教授：毕业于日本明治大学政治经济学。1953 年调入中南财经学院，农业与银行会计教研室。编写预算会计教学大纲等。

章导教授：留学海外，1953 年由中山大学调入中南政法学院，哲学教研组。研究辩证唯物论，逻辑学。

何炳樑教授：毕业于美国西北大学。1953 年调入中南政法学院，民法教研室。著有《国际法要义》。

卢俊凯教授：法国公法学博士毕业。1953 年调入中南政法学院，国家法教研室。

何襄明教授：留学法国，1953 年调入中南政法学院，国家法的理论与法的历史教研室。研究国家法的理论，对议会制度的批判。

饶汉枋教授：日本大学毕业，1953 年调入中南政法学院，刑法教研室。

曾志时教授：毕业于日本明治大学民政专攻科。1953 年由广西大学调入中南政法学院，汉文教研室。

朱伯然教授：毕业于美国南加州大学。1953 年调入中南政法学院，汉文教研室。

陈国纯教授：毕业于日本政治大学。1953 年调入中南政法学院，汉文教研室。

学校历史上最早的海归教授群体以其深厚的学术造诣、严肃的科学态度、严谨的治学精神、务实的工作作风，为学校 20 世纪下半叶的学科建设和学术发展作出了重要贡献，他们与全校师生员工共同创造了学校辉煌的历史，养成了优良校风和学风，培育了一大批卓越人才。

（徐警武、高斯）

史学大师范文澜的"四心"精神

第九届中共中央委员、中国社科院近代史所第一任所长、中原大学第一任校长范文澜先生是一位杰出的共产主义战士、马克思主义历史学家、教育家、社会活动家,他的主要著作包括《中国通史简编》《中国通史》《文心雕龙注》《中国近代史》等。范文澜先生的"板凳要坐十年冷,文章不写半句空"的治学精神影响着莘莘学子,但范老的道德与人文精神,远不止此。2016 年 5 月 17 日,习近平同志在哲学社会科学工作座谈会上的讲话中有这样一段话:"十月革命一声炮响,给中国送来了马克思列宁主义。陈独秀、李大钊等人积极传播马克思主义,倡导运用马克思主义改造中国社会。许多进步学者运用马克思主义进行哲学社会科学研究。在长期实践探索中,产生了郭沫若、李达、艾思奇、翦伯赞、范文澜、吕振羽、马寅初、费孝通、钱钟书等一大批名家大师,为我国当代哲学社会科学发展进行了开拓性努力。"习近平同志的这个中肯评价,指出了范文澜先生在哲学社会科学中的地位:范文澜先生是为我国当代哲学社会科学发展进行了开拓性努力的人之一。

一、范文澜先生的 4 个人生阶段与主要人生事迹

范文澜先生的一生可以大致地分为 4 个阶段。

第一阶段,从出生到 1922 年。范文澜先生 1893 年 11 月 15 日生于浙

江绍兴府山阴县。这一阶段的范文澜先生是以求学、治学、教学为主，过的是正常学者的生活。

第二阶段，1922年至1936年。这一阶段的范文澜先生不仅开始著书立说，学术上崭露头角，而且开始接受共产主义，参加了早期中国共产党天津支部的活动。

这一时期的范文澜先生积极投身革命，1926年第一次加入中国共产党，任南开学生支部书记。在时任天津地下党书记李季达、组织部部长彭真的领导下开展革命活动。1927年，天津地下党受到严重破坏，先生连夜逃往北平。因为先生学识的原因，到北平之后得以在北京大学、师范大学、女子师范大学、中国大学等校任教，并陆续出版了《诸子略义》《水经注写景文钞》《正史考略》《文心雕龙注》《群经概论》等作品。但因之前在天津加入过中国共产党，所以1930年及1934年两次被反革命分子逮捕，1934年被关5个多月，后经蔡元培与北平各大学教授营救，两次都得以脱险。

第三阶段，1936年至1939年。这一阶段的范文澜先生受到国难的影响，从北京逃到河南，学术研究受到巨大影响。思想上从自发抗日救亡到投身延安，加入党的事业中去。

这一阶段虽只有短短的3年多，但对于范文澜先生的人生影响极大。国难当头，自然无法继续做学问，逃到开封的先生积极投身到抗日救亡之中。1936年夏，刚到河南大学的先生编写了一本书《大丈夫》，记叙历史上爱国抗敌英雄人物的壮烈事迹，呼吁学习民族英雄，呼吁抗日救国。1937年全面抗日后，编写出版《游击战术》。1938年，身为河南大学教授的范文澜先生，带领"河南省战时教育工作促进团"到河南舞阳、湖北襄樊一带进行抗日救亡宣传，与不抵抗的当地国民党政府发生冲突，演了一出"范文澜大闹舞阳城"，他自己进到监狱去，让国民党下不来台。后来，先生带领这一宣传队脱离国民党河南大学，加入中国共产党中原局创办的中原大学，被任命为第一任校长。

这一阶段的后期，先生认识到只有共产党才能救中国，于是重新加入中国共产党。1939 年 10 月，先生自确山去延安。

现存于浙江绍兴的范文澜故居纪念馆有一张照片，照片中范文澜先生戴一副深度近视眼镜，骑一匹白马，背着一支步枪，这既是先生曾在河南打游击的铁证，也体现了一个文人在国难时的无奈。

第四阶段，从 1939 年直至去世。这一阶段从范文澜先生开始直接接受党中央毛主席的政治任务，贯穿他生命的最后部分。这一阶段的先生安心治学，成就不凡，获得了党和人民给予的荣誉。

1939 年年底，范文澜先生受中央安排来到延安，作为知名学者，中央安排他到马列学院主持历史研究室的工作，从此先生可以安心于学术研究之中。据先生之子范元维回忆，1940 年秋左右，先生家里突然来了一个兵，背着大刀，拿着枪，进门就对先生说："主席要来看你，你准备一下。"先生忙问："哪个主席啊？"兵说："毛主席。"先生及夫人赶忙收拾，过了一段时间，只见毛主席带了一个秘书模样的人进到先生书房，与先生对话了很久。后经党史研究人员考证，这次主席来访，当面给先生下达了编写一部适合广大党员干部和工农兵群众读的马克思主义中国通史的命令。接受这一任务后，先生将余生贡献给了这一事业，在延安艰苦的环境里，开始写《中国通史简编》。唯有先生，一支笔，一条冷板凳，就可以写中国通史。

从 1941 年开始，直至 1969 年过世，范文澜先生克服各种困难，写作、修订了多个版本的《中国通史简编》。最终留传下来的《中国通史简编》为 109 万字左右。《中国通史简编》是先生受毛主席委托，专门为广大党员干部和工农兵群众写的马克思主义的中国通史，是先生呕心沥血的代表之作。新中国成立后，先生进入北京，任中国社会科学院近代史研究所第一任所长，晚年除修订《中国通史简编》，还以《中国通史简编》为主线，编写十册版《中国通史》，完成到第四册，憾然与世长辞。

二、范文澜先生的"四心"精神

综观范文澜先生的人生四阶段及生平种种事迹，从中折射出他的伟大的道德与人文精神，似可用"四心"来概括。

1. 对党的赤诚之心

范文澜先生第一次入党是在 1926 年，当时在天津南开大学任教，任学生支部书记，当时的天津地下党领导人是李季达和彭真。1927 年 8 月，天津地下党遭到破坏，李季达同志牺牲，范文澜先生被迫连夜逃亡。后来不断地受到反动派的迫害，两次入狱。在这期间，他虽然与党组织失去联系，但并没有动摇他对共产主义的忠诚之心，在这期间参加中共地下党领导的左翼作家联盟、社会科学家联盟；在家中接待鲁迅与开展地下党及左联、社联的会见活动等。在国难当头时期，他亲自扛枪上阵，跟随新四军打游击，这体现出先生对于党的事业的彻底付出。到达延安后，范文澜先生对共产主义的光荣事业孜孜以求，呕心沥血地完成党中央毛主席亲自交办的任务。所以范文澜先生的一生，首先体现的是对党的赤胆忠心。

2. 拳拳的爱国之心

抗日战争时期，国难当头，先生积极投身到抗日救亡运动之中。1936 年，他编过一本书《大丈夫》，历述历史上爱国抗敌人物的壮烈事迹，在当时背景之下，用意显而易见。1937 年，他大闹舞阳城，作为一介书生，身背步枪打游击等，这些都是他爱国之心的具体体现。

3. 孜孜的治学之心

"板凳要坐十年冷，文章不写半句空"，这是先生治学精神的真实写照。先生一生著作等身，在新史学方面成就巨大，能被习近平总书记评价为"我国当代哲学社会科学发展进行了开拓性努力"的人之一，是与他的治学精神分不开的。先生的治学精神，首先是"勤"，他没有周末或休息日的概念，把工作视为生命。他的这种勤奋，难在不是一朝一夕，而是一生始终如一地坚持。第二是"实"，先生提倡做研究从根做起，不说大而无当的空话。第三是"通"，他讲究雅俗共赏，不做脱离群众的学问。他的《中国通史简编》比较其他通史，可读性是最好的。

4. 彻底的奉献之心

人天性会有私心，很难做到彻底奉献，然而先生的一生，却是实践共产党员彻底奉献精神的一生。他很少有闲暇时光，总是在追求，追求学术上的成就，追求革命的真理，追求抗日救亡，追求更好地完成党交给他的任务。先生去世前不久，还在编写《中国通史》。可谓鞠躬尽瘁，死而后已。他去世之后，将所有的财产和版权交了党费，将自己的一生，彻底地交给了党和人民。

三、范文澜先生"四心"精神的当代意义

先生的"四心"精神，是一个优秀共产党员应有的精神，是照亮他一生的崇高道德与人文精神，是先生留下的最宝贵的精神财富。在新的历史时期，特别是改革开放后，各种思潮纷纷涌现，在这种情况下，先生作为老一辈有重大贡献的文人之一，在革命历史时期的艰苦环境中砥砺前行、孜孜以求的"四心"精神，显得弥足珍贵。

2021 年是建党 100 周年，中央提出学习先辈们的历史事迹，除了要学习先辈们的历史事迹，更重要的是从中学习他们的精神，特别是他们在特殊的历史时期折射出的，我们在和平年代不易体会到的那种精神，这种精神不应更不能被物质年代的各种思潮所侵蚀。范文澜先生作为毛主席和习近平总书记肯定过的先辈党员、历史大家、我国早期知识分子的代表人物之一，他用一生书写的"四心"精神，不应也不能被遗忘。

《从烦恼到快乐》，是范文澜先生的一篇自传体杂记，也是他一生追求真理的心情写照。当代知识分子，在刻苦攻读或孜孜求索的过程中，免不了痛苦、迷惘，这不仅来自治学时脑力劳动产生的痛苦，也来自一些不良思潮的侵蚀。但如果能以史学大师范文澜先生为楷模，将"四心"精神作为人生追求的终极目标，必将在治学中和人生旅途中，逐步摆脱烦恼达到快乐。

（范作均）

纪念父亲潘梓年

2022 年是父亲潘梓年逝世五十周年，2023 年是他老人家诞辰一百三十周年。在这样的日子里纪念我的父亲潘梓年，具有重大意义。

潘梓年（1893.1.11—1972.4.10），字尔荼，又名渊，曾用名宰木、弱水、任庵。1893 年 1 月 11 日（光绪十八年壬辰十二月初五）出生于江苏省宜兴县城南紫云山下归径乡的陆平村。

陆平村在宜兴县西南，古时称渼古村。相传村之东南澳顶处有一渼古墩，故称渼古村，潘氏迁来之前已有之。何时改名陆平，不见考证。陆平旧县志皆作六平，通称六林。

潘梓年的曾祖父潘亭山是清嘉庆年间的举人，祖父潘復和（榜名元燮）字理卿，是咸丰九年举人。两人恪守祖训"耕读传家，不入仕途"辞官不就，只赢个读书人的名份，便回乡做塾师了，潘氏祖上虽不是钟鸣鼎食之家，但靠教书育人和事农蚕桑，家境尚还丰衣足食，也就成了当地名门望族。饥荒之时，潘家祖上曾倾其全部资产换取粮食，开仓赈粮，以解乡亲之难，一时传颂乡里。到潘梓年父亲这一代，有三男一女，老大即潘梓年的父亲篆华，老二莘华，老三星五是个女孩，老四清华。

潘篆华字仲六，又名勳华，依然严格恪守祖训，以塾书为业兼顾农桑。尽管潘仲六也颇有才华，当年赴县应考，本榜上有名，无奈腐败的科举制度，钱可通神，他的名字被顶掉。没有名份的潘仲六秉性耿直，倔强，文采出众，牢牢守着潘家氏族的祖训，在乡间开设私塾教授"四书五经"，他作为潘氏一族之长还主持潘氏大家族中大小诸事，颇有声望。潘莘华是清代秀才，民国初年，曾被推选为宜兴的议员，但很少参与政事。潘仲六育有梓年、有年（后改名菽）、荣年（早殇）、渭年（后改名企之）、美年、卜年6个男孩和文睢、锡文、静文、文希4个女孩。汉年（潘莘华之子）是他们的堂兄弟。

潘梓年自幼从父读四书五经和数学，随二伯父学古文和地理，先后就读于上海大同学院、江苏省苏州市龙门师范（后改为省立第一师范，即今的三元坊苏州中学）。毕业后回乡协助筹办了陆平小学，后去无锡东林小学任教。1923年潘梓年到保定育德中学教书时，已经是新文化运动的热情关注者和参与者，专门给部分教师和学生讲了8次新文学，后编辑成《文学概论》一书，由北新书局出版，重印了6次。当时在北京大学哲学系读书的二弟潘有年受到五四运动的影响，不断给家乡的兄弟们寄去北平的刊物，如《新青年》《新潮》等书报杂志，他希望兄弟们也参加到新文化运动的滚滚洪流之中。受此影响的潘梓年于1920年离职考入北京大学哲学系攻读哲学、逻辑学和新文学，与鲁迅先生有着师生之谊。

潘梓年在北大学生期间结识了创立"北新书局"的李志宏、李小峰兄弟及孙伏园等人。孙福熙和潘梓年先后主编过《北新》半月刊和周刊，潘梓年在学生期间编辑出版了我国新文学最早的一部《文学概论》，翻译了杜威的《明日之学校》和《教育学》、乌特洼的《动的心理学》、琼斯的《逻辑》和英国最著名的大众心理学家乔恩的《疯狂的心理》等西方名著。其中《疯狂的心理》与鲁迅先生的《呐喊》、冰心女士的《春水》、周作人的《自己的园地》等同由北京大学新潮社出版。1924年在北京建立了民营书店——北新书局——之名源于北京大学新潮社。在此期间，潘梓年已经接受马克思主义的熏陶，逐步形成新的世界观。

受广州国民党的影响，1924年底潘梓年投笔从戎，赴广州参加北伐，并于1925年加入了"国共合作"期间的国民党，而实际上完全接受共产党的领导。不久，受共产党组织派遣回宜兴老家搞农民运动。关于这一点，在潘梓年的老家宜兴市人民政府于1991年6月所立的"同乐堂"纪念碑文中有清楚的记载："同乐堂"——陆平村是宜兴县早期农民运动的重要据点。

宜兴市人民政府立"同乐堂"纪念碑

1925年底，当时的中共党员潘梓年即奉组织派遣回陆平村开展农民运动，筹建农民协会。1927年6月，中共宜兴特支委员潘梓年在陆平村建立了农民协会。1928年，陆平村农协建房5间，作为农协活动场所，题名"同乐堂"，取"与民同乐"之意。

1927年4月12日，蒋介石在上海发动了"四一二"反革命政变。面对敌人的血腥屠杀，潘梓年没有屈服，而是由国民党身份正式转为共产党员。不久，共产党在汉口召开了著名的"八七"会议，确定土地革命和武装反抗国民党反动派的总方针，并以发动各地农民举行秋收起义作为共产党在当时最主要的任务。由于潘梓年的身份没有暴露，受中共江浙区委秘书的派遣，潘梓年、李旸谷等人从上海回宜兴工作，潘梓年以教育局长的公开身份秘密进行重建中共宜兴县委的工作，同年4月27日，在宜兴组成马克思主义小组，发展了史曙宾等5人为党员。9月初，潘梓年奉党组织之命回上海领导文化界工作。上级派万镒、宋益寿、史砚芬等人来加强宜兴党组织的力量后，经中共江苏省委批准，将中共宜兴特别支部改为中共宜兴县委员会，由史曜宾任书记，下设 5 个党支部，党员 30 人。为执行党中央"八七"会议决议，中共江苏省委于 1927 年上旬在上海召开了"江南秋收暴动行动委员会"会议，史曜宾、万锚等均参加了会议，会议讨论确定宜兴、无锡、常州、江阴、常熟等地在最短时间发动农民起义，万锚在会上列举宜兴在江南首先发动武装暴动的有利条件和必要性。会议当即决定在宜兴首先发动武装暴动，建立工农兵苏维埃政权。

1927 年 11 月 1 日，在万锚（任总指挥）、段炎华和史砚芬（任副总指挥），以及匡梦苏（即匡亚明）、宗益寿等 5 人组成的"宜兴暴动行动委员会"领导下，各乡受训的农军 500 余人及召集的农民 3000 余人，通过各种途径分头秘密进入县城，在仅有两支枪的情况下，靠铁棍、锄头攻下了宜兴县政府和警察局。但第二天即遭到国民党军队的残酷镇压，参与暴动的农民无奈逃散，领导人也四处逃亡，不久万锚和骨干蒋三大、陈伯麒三人被捕并押赴宜兴体育场公开枪决。这样，潘梓年的共产党员身份暴露，遭受通缉，潘家也遭遇抄家。但热血青年潘梓年一心只认"主义真"，深深影响了他的兄弟潘美年和潘汉年，也直接引导他们走上了革命的道路。

潘梓年到上海后，在共产党领导下从事左翼文化运动的领导工作，在北新局主编《北新》《洪荒》和《语丝》等进步刊物。1928 年在创造社所办的上海艺术大学任教。1929 年潘梓年负责创办华南大学并任教务长。1930 年他担任社会科学家联盟（社联）的负责人，之后又调任左翼文化总同盟书记兼文化工作委员会的领导。1932 年春，主持丁玲、田汉等人的入党仪式。这时他任江苏省机关报《真话报》总编辑。由于叛徒出卖，1933 年 5 月 14 日潘梓年与丁玲同时遭国民党逮捕，押解到南京宪兵司令部拘留所后，敌人派两名叛徒向潘梓年劝降，不成就施以酷刑。但他始终视死如归，坚决不向敌人低头。

丁玲和潘梓年被"绑架"的消息传播得很快，而报界对丁玲、潘梓年失踪的报道最早见于 1933 年 5 月 24 日上海的《大美晚报》。5 月 25 日，沈从文又写了一篇关于丁玲被捕的文章《丁玲女士被捕》。消息不胫而走，很快传遍全国，连在北京由胡适主编的《独立评论》上也发表了这条消息。

由宋庆龄、蔡元培为代表的中国民权保障同盟领衔，联合文艺界人士鲁迅、杨杏佛、胡愈之、叶圣陶、郁达夫、沈从文等38位文化名人主持，组成"营救丁潘委员会"，联名向南京政府致电，要求释放丁、潘二人。南京当局慑于上述压力，没有把潘梓年秘密处死，而是判无期徒刑，打入"死牢"。

潘梓年被打入"死牢"后并没有屈服，在狱中与国民党进行了不屈不挠的斗争，曾为改善狱中人犯的生活待遇而同狱中当局进行斗争。在狱中，潘梓年笔耕不辍，还创办了"黑屋诗社"，出《诗刊》鼓励狱友的革命斗志。在他主编的《诗集》中有一首他写的托物言志的《咏雪》诗：

> 一片一片又一片，飞上河山皆不见；
>
> 前消后继更凶猛，终把河山全改变。

1940年1月9日发表于重庆《新蜀报》的《咏雪》，诗的后面附有一段短文，"前年在狱见朋辈中有困顿经年，健康为毁而颓废怨伤，自叹不辰者，因赋雪诗以勖之"。

在20世纪30年代，叶青（任卓宣）打着理论家的招牌，以研究逻辑学的名义，歪曲辩证法，贩卖唯心论，欺骗向往进步的幼稚的青年，一些反动政客也不断攻击马克思主义哲学思想。这些都是配合蒋介石剿共行动的反动谬论。为了反击敌人，潘梓年呕心沥血，在狱中完成了30多万字的长篇哲学专著《矛盾逻辑》。1937年出狱后，潘梓年把该书改写成《逻辑与逻辑学》正式出版，而后，潘梓年给毛泽东寄去一本。1938年3月25日毛泽东在延安时的日记中写道：

同日，开始读潘梓年寄来的新著《逻辑与逻辑学》……本日看到九十三页，"颇为新鲜"。二十六日继续阅读，二十七日读完全书。（摘自《毛泽东年谱》中第61页）

潘梓年在狱中还翻译了柏格森的《时间和意志自由》等书，达上百万字。

1937年8月13日，日本发动了对上海地区的大规模进攻，战火燃烧到了南京政府的心脏地区。蒋介石终于发现中日之间的全面战争实难避免，迫切需要红军开赴抗日前线共同作战。于是拖延了长达一年半之久的国共两党谈判终于有了突破性的改变。8月22日，南京政府发布了改编红军为国民革命军第八路军的命令，9月22日，国民党中央通讯社公布了《中共中央为公布国共合作宣言》，同时，蒋介石发表谈话，在事实上承认了中国共产党的合法地位。至此，第二次国共合作正式形成。

为适应上海对敌斗争的需要，原"中共驻上海办事处"改为"八路军驻上海办事处"公开对外活动。

抗战初期，上海幸存下来的处于地下的党员不过数十人，他们都是久经考验的老同志。他们中间有一些人长期关押在国民党监狱里。潘汉年通过各种渠道掌握了他们的情况后，经与国民党谈判交涉，使大多数关押的同志获释。通过潘汉年与张冲的交涉，潘梓年于1937年6月由张冲的秘书作保被释放。潘梓年出狱后，由周恩来指派他主持筹建南京八路军办事处，任办公室主任。不久，共产党中央令潘梓年和章汉夫筹办《新华日报》，毛主席委托周恩来亲自任命潘梓年为新华日报社社长。《新华日报》于1938年1月11日在武汉创刊，报社的同志出于尊敬、热爱潘梓年社长，特意选择他的生日作为创刊日。1947年2月28日被迫停刊。在长达9年多的时间里，潘梓年在周恩来、董必武的直接领导下，为宣传我党的抗日主张与国民党反动派的消极抗战和反共勾当作出了不懈的努力。潘梓年被新闻界誉为"中共报业第一人"。

在新华日报社由武汉向重庆转移的途中，发生了一件不幸的事。1938年下半年，由于武汉抗日形势逐渐吃紧，国共准备撤退到重庆。10月22日下午4时，由十八集团军（八路军）驻武汉办事处（简称"八办"）处长李克农、新华日报社社长潘梓年率领"八办"及新华日报社最后一批工作人员100余人，乘"新升隆"号轮船撤离武汉，溯江西上重庆。由于船上载物太重，且启航前临时又拥上不少"难民"，载重过多，直接导致了航行速度过慢。第二天上午9时许，船行到湖北省洪湖县北岸的燕子窝（在今燕窝镇东一公里处），为避免日机轰炸（一般的规律是上午10点至下午3点半为日机封锁长江进行轰炸的时间），"新升隆"号轮船靠岸，除留少数值班人员外，其余人员全部上岸，疏散到附近村庄。下午3时30分，大家未见日本飞机，开始陆续上船之际，突然，空中响起飞机的轰鸣声，6架日本飞机先后从长江对岸飞临轮船上空，在船顶上盘旋两圈后，猛然俯冲，连投几枚炸弹。一枚燃烧弹投中轮船，前仓立即起火。敌机又轮番低飞，用机枪扫射，肆虐30分钟之久。"新升隆"号轮船在熊熊烈火中逐渐下沉。随后在苍茫暮色中经寻找和清点幸存者，发现240余乘员中仅80余人幸存，死难者160多位，其中有潘梓年的四弟潘美年，时任《新华日报》秘书兼翻译兼资料员。

为了悼念遇难烈士，1938年12月5日，《新华日报》在重庆社交会堂举行了庄严隆重的追悼会。参加会议的各界爱国团体、爱国人士，以及中外记者达5000多人。毛泽东、周恩来、朱德等给死难者敬献挽联、花圈，邓颖超亲题悼念诗。国民党政府机关要人杨森、于右任、陈立夫、孔祥熙、孙科、张群、邵力子等也献上花圈和挽词。吴玉章代表党中央致敬默哀。

1946年初，《新华日报》完成了历史使命，社长潘梓年带领部分人员到上海，准备在那里选择新华日报社的新址，因种种原因未果。1947年3月，潘梓年由南京撤退到延安任中央城市工作部研究室主任。1948年奉命先到郑州，后到开封筹建了中原大学，先后任副校长、校长、党委书记。1949年武汉解放，5月，潘梓年率中原大学的全部人员，随第四野战军进驻武汉。潘梓年先后被任命为武汉军事管制委员会文教部部长、中南军政委员会文委副主任兼教育部部长、中南行政委员会文委副主任兼高教局局长等职，领导中南6省学校接管工作和院系调整工作。原中原大学到武汉后进行了调整，大部分作为现在中南财经政法大学的前身湖北财经学院，一部分成了现在的华中师范大学里的教育学院，少部分并入了武汉音乐学院。

1954年中央下文撤销大区。潘梓年奉命调到北京，组建中国科学院哲学研究所，先后任中国科学院哲学社会科学部副主任（主任由郭沫若院长兼），分党组书记兼哲学研究所所长。1955年3月，由潘梓年领导的《哲学研究》正式创刊。潘梓年为一级研究员、研究生导师，是全国第一、二、三届人大代表。

在"十年动乱"中，因遭受"四人帮"的残酷迫害，潘梓年于 1972 年 4 月 10 日死在狱中，享年 79 岁。

1982 年 2 月 17 日，在北京八宝山革命公墓召开了潘梓年同志追悼会，党和国家领导人陈云、邓颖超、王任重、胡乔木、许德衡、史良、刘澜涛、陆定一、李维汉、程子华等以及有关方面负责同志送了花圈，丁玲亲自参加了追悼会。

潘梓年逝世时，我们家属没有一个在身边，是组织上安排的。骨灰没有下落。现存在北京八宝山革命公墓附一室的潘梓年骨灰盒里，只是他的遗物，骨灰盒上覆盖着中国共产党党旗。

1982 年 2 月 17 日，《人民日报》对潘梓年的追悼会进行了报道，并指出，潘梓年是优秀的共产党员。至此，我父亲潘梓年的一生，终于得到了公正的评价和正确的对待。

1993 年 1 月 11 日，中国社会科学院哲学研究所在北京举行了"纪念潘梓年同志诞辰一百周年"活动；2013 年 1 月 11 日，在北京举行了"纪念潘梓年同志诞辰一百二十周年"活动。中南财经政法大学于 2022 年 4 月 10 日在武汉举行了"宣传新闻战线师生纪念'中共第一报人'潘梓年校长逝世 50 周年"活动。现在，在重庆三峡名人广场有潘梓年的塑像，在江苏省无锡市鼋头渚公园名人馆和宜兴市博物馆名人馆里，都有介绍潘梓年的图片和文字。在北京大学哲学系教室走廊和中国社会科学院哲学研究所走廊里，也都有潘梓年的照片。现在重庆市化龙桥的《新华日报》总会馆修缮一新，对外开放，作为红色教育基地之一，里面有介绍潘梓年社长的照片和文字，重庆市民生路的原新华日报门市部早已对外开放，里面也有介绍社长潘梓年的照片和文字。

安息吧，亲爱的爸爸！我们记住您，社会各界人士记住您。您光辉战斗的一生将永远被后世铭记！

（潘新伯）

李光灿：新中国法制事业的重要建设者

李光灿（1918—1988 年），山东梁山县人，法学家、教育家，中原大学校党委常委，教务处处长兼政治理论研究室主任，宣传科科长。

李光灿 4 岁丧父，在母亲、兄长和邻里的供养下念了十年乡塾和一年高级小学，1934 年考取山东省立第八乡村师范，即寿张乡师，开始对马克思主义思想产生浓厚兴趣，潜心学习研究了包括《共产党宣言》等在内的大量马克思列宁主义著作。

1935 年，李光灿加入中国共产党，曾任山东省立第八乡村师范学校地下党支部宣传委员，1936 年 10 月任上海进步报《文化报》社员。1937 年6 月先后在陕北公学、延安马列学院学习。抗日战争时期，曾任中共中央党报委员会《解放》周刊社员，陕北公学校长秘书，华北联合大学理论教员、马列主义教研室主任、社会科学系主任等职。解放战争时期，曾任晋察冀边区中共昌宛县第七区区委宣传委员，中共《北平日报》社员，第二届华北联合大学校部教育科科长、法政学院政治系主任。1947 年参加正定县第五区土地改革运动[①]。

---

① 梁山县当代人物专题［EB/OL］.http：//ren.bytravel.cn/history/9/liguangcan.html.

1949 年 4 月 12 日中原大学教务会议记录

1948 年年底，李光灿从华北大学调任中原大学工作。在中原大学期间，他做过宣传科科长，负责干部学习，还当过教务处处长，主持学校教务全面工作，组织研究教学方案，推动学校教学发展，后来他还担任了中原大学党委常委。他参与创办了校刊《改造》，以此作为联系全校干部学员、反映情况、研究问题、交流经验的主要园地。在积极参与学校管理工作的同时，他还兼政治理论研究室主任，负责研究政治理论和全校师资的培训工作，为学生讲授"科学社会观"和"革命人生观"等政治理论或法学相关课程。1949 年 9 月，正在中原大学任教的李光灿同志被破格评为哲学教授。在中原大学的建校初期，李光灿为学校的教育和学科学术建设工作作出过重要的贡献①。

李光灿同志由于教学的需要，读到了马克思著的《黑格尔法哲学批判》一书，唤起了他对法学的偏爱。接着又研究了国民党的《六法全书》和一些外国法学与法制的著作。经过对古今中外的法学著作进行比较与研究，他逐步地感觉到学习和掌握马克思主义法学的重要性，心想以后有机会，定把别的工作放下，专门研究法学②。

---

① 冯嘉瑜. 李光灿法律思想研究［D］. 昆明：云南大学，2015.

② 周恩惠. 笔耕法苑墨含香——访老学者李光灿教授［J］. 法学杂志，1987（5）：22-23.

新中国成立后，李光灿因工作调动离开了中原大学，真的与法律工作结下不解之缘。他先后担任中央人民政府法制委员会委员、代理党组书记兼政务院政法委员会董必武办公室主任，中央政法五机关（政法委员会、最高人民法院、最高人民检察署、法制委员会、司法部）党委副书记和《政法研究》编委会常委等职，参与和主持了多项法律、条例的制定，为建国初期的立法工作作出了贡献。

1955年2月，李光灿调任中国社会科学院哲学研究所历史唯物主义研究室主任、自然辩证法研究组组长兼哲学社会科学部秘书、《哲学研究》部主任。1961年11月起任辽宁大学副校长、党委常委。1978年7月调入中国社会科学院法学研究所，后任中国法律史学会副会长、会长、名誉会长，中国法律逻辑学研究会长。1985年，应邀到天津南开大学负责组建法学研究所并担任名誉所长。此外，他还担任北京大学、山东大学、安徽大学等兼职教授、历史唯物主义研究会顾问、北京法学与社会发展研究所名誉所长等职务。

李光灿长期从事哲学、法学研究工作，在法学理论、刑法学、中国法律史和社会主义法制建设的理论和政策等方面的建树是极为可贵的，其理论贡献、治学态度和正直为人，在学术界赢得广泛的尊重。他一生著述颇丰，仅自己亲自撰写的法学、哲学和其他社会科学的学术论文、著作有数百万字。此外，还主持、组织编写了大量著作，仅1981年以后他主持编写和参与主编的大型著作达35部，其中包括《中华人民共和国刑法论》《中国刑法通史》《中国法律思想史》《马克思恩格斯法律思想史》《马克思主义法学原理》等①。

李光灿曾在1987年接受专访时饶有兴致地回顾了新中国法苑的历史传统，并表示"我当时花费力气最大的是在参加《政府组织法》《婚姻法》《刑法大纲》《宪法》《选举法》等起草、修改和研究上。还有，在政法

---

① 原中国法律史学会会长——李光灿信札一通［EB/OL］.http://book.kongfz.com/26571/207436874/.

委员会领导下，参加《中华人民共和国惩治反革命条例》《中华人民共和国惩治贪污条例》《中华人民共和国犯人劳动改造条例》《管制反革命分子暂时办法》《私营企业条例》等法律、条例的研究、制定的具体工作。这些虽已成为过去，但我认为能为新中国初期的法制建设事业而尽力是我一生中的最大幸事"①。

（白高辉）

---

① 周恩惠.笔耕法苑墨含香——访老学者李光灿教授［J］.法学杂志，1987（5）：22-23.

张寄涛：首届"中国诺贝尔经济学奖"获得者

　　1985 年，著名经济学家、中南财经大学张寄涛教授的《马克思的剩余劳动理论和社会主义剩余劳动的性质及其表现形式》一文荣获第一届"孙冶方经济科学论文奖"。"孙冶方经济科学奖"是中国经济学界公认的最高学术奖项之一，被誉为"中国的诺贝尔经济学奖"。张寄涛教授是我校首位获得该奖项的学者。

张寄涛获第一届"孙冶方经济科学论文奖"荣誉证书

　　张寄涛，男，1927 年出生于河南潢川。1948 年 12 月，血气方刚的青年张寄涛从国统区越过封锁线进入解放区投身革命，进入成立不久的中原大学。1949 年 1 月至 1949 年 5 月，张寄涛被编入中原大学 21 队，接受革命思想改造。1949 年 5 月，张寄涛从中原大学毕业并留校任教，担任学校 35 队、51 队和财经学院金融贸易系辅导干事。

张寄涛（后排左四）在中原大学

1950 年，中原大学选派一批青年教师前往中国人民大学深造学习，其中就有张寄涛，他被保送至政治经济学研究生班，师承苏联著名经济学家。两年后，他成为新中国第一届硕士毕业生，随后回到中原大学从事政治经济学教学与研究。

马克思主义的忠诚信奉者和坚定实践者

自 20 世纪 50 年代起，张寄涛开始从事"资本论"和"政治经济学"的教学与研究工作，并于 1956 年被评为讲师。由于政治运动及敢说敢做的性格，他身处逆境 20 余年。他曾蜗居农场，与粪车为伴，如老农耕作多年，等他返城时在商店购买钢笔，满是老茧的粗手在纸上龙飞凤舞，竟惹得售货员惊呼："看不出你还写得一手好字！"张寄涛唯有苦笑，无言以对。

尽管历尽坎坷，遍尝苦辛，可他对马克思主义的信仰始终坚定不移。1978年，学术春天到来之后，他重返讲台，夜以继日地重读马克思主义经典著作，醉心于政治经济学研究。

从1978年恢复工作，到1992年因积劳成疾、肺癌医治无效逝世，张寄涛学术生涯的黄金时期不到15年。但他学术思想丰富、见解独到、成果丰硕，形成了独具特色的学术思想体系。从1979年起，他在《经济研究》《财贸经济》等多个学术权威期刊上发表学术论文百余篇。同时，他撰写、主编多部学术著作，达100万字。他提出"马克思主义是在两个不同角度上考察生产劳动概念""市场机制和计划机制共存于社会主义经济领域"等观点。他还较早探讨中国经济体制改革问题，并对社会主义商品经济问题、社会主义宏观经济的调控问题、价值规律和市场机制问题进行了全面、深入的探讨。

张寄涛教授在北京获奖归来后与湖北财经学院领导座谈合影

张寄涛教授的学术成就得到了国家和社会的充分肯定。他获得首届孙冶方经济科学论文奖之后，又连续获得6个国家级、省部级教学和学术成果大奖。1987年，张寄涛教授出席全国财税系统劳动模范先进集体代表会议时，受到李先念等党和国家领导人的亲切接见。1992年，他还被授予"湖北省社会学科届名人"称号。

桃李不言　下自成蹊

　　张寄涛教授不仅是一位经济学家，也是教育家，一辈子忠诚于党的教育事业，勤勉授业、诲人不倦，为国家培养了大批人才。他学识丰富、知识面广、口才极好，课堂上旁征博引，成为无数学生成长道路上的引路人，也深受学生的尊敬与爱戴。他的研究成果《培养经济理论研究生的途径与方法》在1989年获评"国家级教学优秀成果奖"和"湖北省高等学校教学优秀成果一等奖"。回忆起恩师，学生们有太多的感恩与感慨。

张寄涛教授在讲学中

　　1953年，著名经济学家、中国社会科学院经济研究所研究员张卓元在院系调整中，从中山大学的大四学生变成了中南财经学院的新生。面对陌生的环境，张卓元陷入了焦虑中，他担心功课无法有序衔接。但是，这种忧虑很快因为一位年轻教师而打消，这位老师就是张寄涛。"张老师是我经济学知识最重要的启蒙者，他在《资本论》上造诣很深，对我的学习影响很大。每次上他的课，我都坐在第一排——他的课实在太吸引人了"，张卓元教授深情回忆道[①]。

　　"中国经济学四小龙"之一的钟朋荣教授的研究生导师就是张寄涛教授。他说："在中南财大读研究生，使我能集中三年精力进行系统的理论

---

　　① 《中南财经政法大学报》2002年第6期.

学习。我有幸遇到了张寄涛教授，他严谨的治学态度对我的研究工作起到了提升作用。"

华中师范大学赵凌云教授在回忆张寄涛教授的文章中写道："博士学习期间的张寄涛教授，他将我引入马克思主义经典理论的殿堂，培养了我解读马克思主义经典作家理论的方法。对经济学研究的理论兴趣、经济史学修养和对马克思主义经典作家的解读，至今仍然是支撑我学术事业的支柱，也是推动我从事学术研究的动力之源。"

中国社会科学院研究员胡家勇是张寄涛教授的第一届博士生，他说：我清楚记得，张老师几乎是在同一时间接到博士生导师聘书和病情诊断通知书的，他忍着病痛在病榻上给我们讲授博士生课程，从马克思主义经典著作到当代西方经济学，从抽象经济学理论到中国经济体制改革实践，他讲课时额头渗出汗水的情景一直在我脑海里挥之不去。

深情丈夫与严厉父亲

据张寄涛教授的儿子张靖回忆，父亲生于中元节，人又敦实黝黑，祖母以为其煞气逼人故称之为"老黑"。这样一位刚正不阿的"老黑"，却有着铁汉柔情。张寄涛与妻子曹学俭青梅竹马，为表终生不渝之志，他改名"寄涛"，以对应妻子的原名"靖波"。

1949 年冬参加革命的曹学俭与张寄涛相聚在中原解放区

　　当年，张寄涛与妻子前后越过封锁线，相约来到中原大学，后随校南下，在武汉相伴一生，写下了"愿得一人心，白首不相离"的浪漫爱情故事，就连儿子张靖的名字也是从夫妻两人名字中各取一字。

　　作为父亲，张寄涛对独子的要求却很严格，而这份严格也成了儿子人生道路上的宝贵财富。张靖在纪念父亲逝世10周年的文章中写道："儿时，父亲严厉。虽分居，却严教。我每日临帖，每周古诗，每月古文，断不能少。在诗书如粪土的年代有此家教，使我在恢复高考时获益匪浅。然我尊父命以文厚理薄的成绩学了理工。大学时我在学校连爆冷门，政治经济学和哲学成绩均为全年级唯一的满分，想是改卷老师惊奇理工科有此理论见地所至[①]。"

　　如今，张寄涛教授静静地长眠在九峰革命烈士陵园。在他逝世30周年之后，他的学术贡献始终为学校所铭记。他培养出的一大批杰出人才，传承着他的学术衣钵，在各自岗位上为中国经济发展事业贡献力量。

（明媛）

---

① 《中南财经政法大学报》2002年第6期.

周骏：老牛亦解韶光贵，
不待扬鞭自奋蹄

周骏

中国金融学界素有"北黄南周"的说法，其中，"南周"就是中南财经政法大学教授周骏，他是我国著名金融学专家，曾长期担任中国金融学会的常务理事，中国金融学会货币政策与金融调控研究会主任，湖北省人民政府咨询委员、武汉市人民政府咨询委员、湖北省金融学会副会长等职，在我国金融界享有较高威望。2008年，时年80岁的周骏从工作岗位上退休，虽然不再上课、不再指导研究生，他平日里仍坚持读书、看报、关心时事，也时常参加学术活动、为学生做报告。

学习马列开启金融研究之路

周骏，1928 年出生，幼年时期几乎都在汉口度过。战争年代，周骏断断续续地读完高中后，进入中华大学就读。

1949 年 5 月，周骏进入中原大学（中南财经政法大学前身）学习。1951 年 8 月，周骏被派往中国人民大学研究生班学习。其间，他阅读了马克思、恩格斯、列宁的经典著作，系统地接受了马克思主义教育。1953 年，周骏学成回校任教，长期从事货币金融理论的教学与研究工作。

20 世纪 50 年代初至 60 年代中期，周骏将马克思主义理论与中国实际相结合，对货币本质、货币流通规律等问题进行了初步探讨，在《经济研究》等刊物上刊发了《社会主义制度下货币本质问题探讨》《如何计算货币需要量》《货币贮藏与货币流通》等文章，开启了对金融学初步探索的道路。

重视实践是金融教学研究之本

周骏治学的一个重要特点就是理论联系实际。从 20 世纪 50 年代开始，他经常带领学生到一线业务部门参加会议并开展调查研究。"当时科研经费紧张，基本上没有住招待所的费用。"周骏对记者说，他们常常借一线业务部门的办公室，挤在一起打地铺。

由于长期深入实践，周骏的许多研究具有很强的分析和解决实际问题的能力。他的专著和论文，很多是紧密联系中国的实际情况。如《马克思的货币金融理论与四化建设》一书是我国第一部系统阐述马克思货币金融理论，并以马克思相关理论分析解决中国的实际问题，受到理论界和一线业务部门的好评，1988 年该书获全国第二届普通高等学校优秀教材奖。《货币政策与金融调控》一书比较系统地阐述了我国货币政策的取向及金融调控的手段与方法，在学术界有较大的影响，1995 年获全国高等学校人文社会科学研究优秀成果二等奖、湖北省首届社会科学优秀成果二等奖。

周骏经常思考研究实践问题，许多观点被决策层采用。20 世纪 80 年代初，中国金融业开始酝酿体制改革，周骏向中国人民银行提出建议，主张"二元银行体制、多种信用形式"，即区分商业银行和中央银行，中国人民银行要独立行使中央银行职能，同时，推动多种金融机构如股份制商业银行、信托公司等的发展。

"重视实践是金融教学研究之本，也是金融理论支持我国事业不断前进的出发点，"周骏说。1979 至 2011 年，我国在经济实践中创造了非常成功的经验，应该把这种实践经验总结上升为理论，进而指导实践的进一步发展。他呼吁我国建立自己的金融学科体系。

关注货币政策与金融调控

从教 60 余年来，货币政策与金融调控是周骏研究的重点之一。进入 21 世纪，我国经济形势发生变化，周骏表示，货币政策也应相应作出改变。"货币政策最终目标应以多重目标为宜。近期内应以通货膨胀率作中介指标，货币供应量作操作指标；疏通货币政策工具的传导机制，增强货币政策的宏观调控功能。"

周骏在货币流通理论、马克思主义货币金融理论、货币政策与金融调控、金融风险管理、资本市场等领域均作出过重要的原创性贡献，提出了诸多新颖的观点。2010 年周骏与著名法学家马克昌，经济学家张培刚、谭崇台，会计学家郭道扬等一起当选首届"荆楚社科名家"。2012 年，周骏荣获中国金融学科终身成就奖，在获奖后他表示，要鼓励金融学界创立自己的理论，不能什么都用西方的理论，中国金融学界要有这个信心和勇气。

退休后，他仍然"退而不休"，坚持学习研究，笔耕不辍。2012 年他发表文章《社会主义市场经济的金融理论体系》，2015 年和 2019 年在《中国金融》上分别发表文章《金融地位与人才培养》《走中国特色金融发展之路》，时刻以敏捷的思维和崇高的热情投入国家金融体系的研究之中。

教书育人　桃李芬芳

做学问的同时，周骏一直坚守在讲台，他放弃了一切行政职务，专心致力于培养金融学子。60 余年教学中，周骏亲力培养的硕士研究生超过 24 届，指导的博士生共 18 届，先后培养了曹龙骐、马明哲、米建国、朱新蓉等一大批活跃在政商学界的杰出校友。他 70 多岁才正式从学校退休。

在庆祝周骏教授 95 周岁诞辰的生日会上，金融学院教授、国家教学名师朱新蓉自豪地说，到今天，我们已经有五代金融学者了，周老师是第一代，我们师兄师弟们一起组成了四代人。79 岁高龄的李念斋教授也到了现场，他是 1965 年就读本科期间跟随周骏学习。"周老师教授的基本功至今受用，做人的方法，做学问的方法都十分受用，"中国人民银行征信管理局局长万存知说。

中国平安保险（集团）股份有限公司董事长兼 CEO 马明哲于 20 世纪 90 年代初，师从周骏教授攻读博士学位。他回忆起求学往事，仍十分感谢周老师的教导，至今仍然记得周老师一直叮嘱自己多读书。他说，周骏教授学问一流、师德高尚，对自己影响很大。

年过九旬，周骏精神矍铄，老当益壮，仍坚持给金融学院的学生做专题讲座，以自己深厚扎实的学识为同学们带来丰富多彩的金融盛宴。

"如果说我作出了一点业绩的话，那是因为我没有偷懒，"周骏说。他一辈子没有休息过一个节假日，基本上将所有的时间贡献给了金融研究。正是凭着"老牛亦解韶光贵，不待扬鞭自奋蹄"的干劲，周骏才取得了今天的科研成绩和育人成就。

（明海英、覃虹、潘琪）

李贤沛：五十七载育桃李，
一生甘为孺子牛

李贤沛

李贤沛教授出生于 1925 年，1949 年从武汉大学法律系毕业后，一直在中南财经政法大学从事教学与研究工作，是我国工业经济学界的泰斗，为我国工业经济学、产业经济学等学科发展奠定坚实基础，为推动我国经济发展尤其是国有企业改革作出了卓越的贡献。

坚定的马克思主义者

李贤沛刚上小学的时候，就遇到"九一八"事变。他在《中国科学家自述》中提道："从此，我的少年、青年时期就这样和抗日救亡的历史大潮紧密地联系在一起了①。"在李贤沛小学时期，他就参加了老师组织的东北抗日义勇军募捐宣传。在日军的轰炸声中，李贤沛度过了他的少年时期，那时中国人民救亡图存、百折不挠的抗争精神，给他带来了极大的震撼。正因如此，虽然家中条件优渥，李贤沛也毅然投身革命，大学期间开始阅读进步书籍，即使在国民党白色恐怖的笼罩下，也积极参加中国共产党领导的地下组织活动——"武大学运"，并成为"武大学运"第二届（1945 年 7 月至 1946 年 6 月）、第三届（1946 年 6 月至 1947 年 7 月）分支核心成员。

1949 年 7 月，李贤沛从武汉大学法律系毕业，被分配到中原大学财经教研室，来到革命的大学，他更加坚定要成为一名真正的马克思主义者。李贤沛先后于 1949 年 10 月和 1957 年 1 月，加入中国共产主义青年团及中国共产党，在后来的 50 余年里，他始终如一地坚持以马克思主义思想为指导，常对学生说："党员，首先在政治上不能迷失方向。"

改革开放后，西方多元价值观开始冲击我国的传统思维，各行各业开始发生巨大变革，李贤沛一如既往地用马克思主义理论审视着中国社会的变迁，他曾感叹道："改革开放以来，尽管来自'左'的或'右'的思潮时有起伏，有时甚至压力甚大，但我们仍能理性地务实地坚守自己的信仰，既敢于冲破老教条主义的束缚，也拒绝沦为新的洋教条主义的俘虏②。"

20 世纪八九十年代，李贤沛曾多次出访国外，他从国内外实际出发，指出中国的发展只能走中国特色社会主义道路。

21 世纪，年近八旬的李贤沛仍心系国家发展，时刻关注着国企改革的深度发展，发表《加强企业经营伦理建设的探讨》《进一步推进现代企业制度建设》等高质量论文。

---

① 符少华. 中南财经政法大学"国批博导"知之录［M］. 武汉：武汉大学出版社，2021.

② 符少华. 中南财经政法大学"国批博导"知之录［M］. 武汉：武汉大学出版社，2021.

我国工业经济学的先锋

李贤沛将马克思主义方法论运用到科研工作中，重视理论联系实际，教学与科研相结合，坚持把论文写在祖国的大地上。他进行了大量的社会调查，参加试点工作实验和科学研究工作。一到夏天，李贤沛都会在烈日下，背着水壶，踩着自行车，穿梭于工厂企业进行考察调研，年复一年，从不间断。

李贤沛著述颇丰，研究领域涉及工业经济、企业管理、行业经济学、环境经济、国有资产管理、产业经济学等。20世纪50年代，李贤沛曾几次主编出版《工业经济》教材，为创建我国社会主义工业经济学作出贡献。1962年，在总结"大跃进"经验教训的基础上，撰写出版了专著《工业企业技术管理》，以唯物辩证法为指导，阐述了自己的管理思想。改革开放后，在党的解放思想、实事求是方针的指引下，李贤沛积极参加社会主要改革理论和实践的探索，发表论文80余篇，出版专著、教材25本，完成各类课题13项，他主编的《工业经济学》创造了我国工业经济学和企业管理学研究领域多个率先。李贤沛还曾多次应邀出席全国工业交通工作会议、全国经济工作会议，他的发言有的被印成会议材料，有的曾被《人民日报》等报刊摘要发表①。2004年，《李贤沛文选》正式出版，收录了他20世纪八九十年代至21世纪的学术论文和有关谈话，学界寄予高度评价。

李贤沛做科研从未向学校、学院要经费，也很少将自己的著作拿去评奖。他常说："我们知识分子搞学术研究是为百姓、为国家做点实事，能为国家省一点就省一点。"举办学术会议、座谈会时，李贤沛都会认真准备，经常在发言前一晚整宿不睡觉，用心整理发言稿。也因如此，发言完毕后，《人民日报》《光明日报》等媒体的记者通常都会抢先拿走发言稿。

---

① 新中国第一代工业经济学家——记李贤沛教授［J］. 理论月刊，1991（7）：39-40.

爱生如子的大先生

1986 年，李贤沛成为中南财经政法大学最早的博士生导师之一。他非常注重培养学生的世界观、人生观、价值观。早在 20 世纪 90 年代，他就强调"文科博士生教育要把培养新一代马克思主义者放在第一位"。因此，他要求自己的博士生必须阅读三本书，即《马列主义的基本问题》《毛泽东思想的基本问题》《邓小平理论的基本问题》。李贤沛从来不端架子，他常说："老师与学生的关系是世界上最纯洁的关系。"每半个月他都会与学生谈一次心，同他们分析当时的社会形势，教育他们把握好政治立场。面对一些人的不理解，李贤沛说："我们大学教育培养的是社会主义接班人，大学是培养人才的阵地，用什么占领这个阵地呢？那就是马克思主义。"

李贤沛除了关心学生的思想状况，还非常关注学生的生活情况，只要知道学生有困难，他一定会伸出援手。1994 年夏天，李贤沛的一个博士生刚留校不久，收入低，又碰上小孩出生，生活比较困难。他从自己微薄的收入中拿出 2000 元钱，让学生装上空调，方便照顾小孩。而那时，他自己也只用着一台噪音很大，制冷效果很差的窗机。2005 年，一名博士生实地调研时，不慎划破眼皮，李贤沛全然不顾自己已 80 高龄，两次爬上六楼去她家探望。

李贤沛对待自己十分"小气"，他的一件白色"的确良"衬衫，穿了 20 多年都舍不得扔，旧了，脏了，就拿去染成深灰色继续穿。但对于贫困大学生，却格外慷慨。20 世纪 90 年代，他捐出了国务院政府特殊津贴和学校发放的博导津贴，每月固定资助贫困大学生，还通过"希望工程"资助了安徽、内蒙古等地的 6 名小学生①。此外，李贤沛还出资 4 万元设立"育贤奖学金"基金。去世前夕，李贤沛已资助贫困学生近百名，无偿捐助金额已达近 10 万元。他去世后，其家人与学生以此为基础，共筹集 30 余万

---

① 夏斐，张从发，邓杨.照彻校园的道德之光［N］.光明日报，2006-05-28（002）.

元设立了"李贤沛奖学金"，用来资助品学兼优的寒门学子。

从 1949 年到 2006 年的 57 年里，李贤沛一直心系学生，到生命的最后阶段还在指导着 9 名博士生。曾有人评价他："一生献财大，桃李半天下。"李贤沛一生共为国家培育硕士研究生 50 余名，本科、专科生数以千计，他所培养的学生大多已扎根于国家行政管理、科研、经济建设等领域重要岗位。

1994 年，已近七旬的李贤沛改写了一首古诗："白日依山近，长江入海流；欲穷人生义，再做十年牛。" 李贤沛教授一生甘做孺子牛，为国家经济建设及人才培养作出突出贡献。在李贤沛教授学术思想研讨会暨从教 55 周年庆典活动中，时任国务院副总理的李岚清同志送来祝贺花篮。李贤沛去世后，仍有大批师生怀念他。2009 年，在"李贤沛教授学术思想研讨会暨李贤沛基金颁发仪式"上，大家一致评价，"李贤沛教授，一个对待学生有广博的爱心、对待学术有无比严谨的态度、对待每一个需要帮助的人有最温柔的善举的人"。

（杜玥）

彭星闾：莫道星光多灿烂，
喜看桃李自芬芳

彭星闾，是我国著名市场营销与企业管理专家，中国市场营销专业博士点奠基人之一，市场理论与实践研究方向第一人。曾担任中国市场学会常务理事、中国高等院校市场学研究会顾问、湖北省市场营销学会首任会长等职务，为中国市场营销学界泰斗，其成就入选钱伟长院士总主编的《20世纪中国知名科学家学术成就概览》。

求学经历

彭星闾 1928 年生于湖南省长沙县，1948 年考入武汉大学经济系。他于 1949 年 3 月在武汉大学参加地下团（新民主主义青年社）工作，是一名革命青年。

1949 年 8 月，彭星闾进入中原大学正式参加革命工作。他进入中原大学后，被分到了 48 队。第 48 队和第 49 队是中原大学最早的一对财经专业姊妹班，共两百多人，于 1949 年 7 月建队，是学校南迁武汉后，为满足国家亟需，以财经学院名义而开设的学习班。在 48 队，他还担任了学生会主席，和学员们一起在昙花林教学楼上度过了一段难忘的抗大式的峥嵘岁月。

1950年元月，中原大学党组召开党的代表会议，决定抽调骨干到中国人民大学进修学习，为办正规大学准备干部和教师。其后，学校先后抽调4批骨干到中国人民大学进修学习，彭星闾也在其中。1952年，他从中国人民大学合作贸易系研究生班毕业后，返回中原大学执教，从此开启了60余载的教研生涯。他曾说过"要是在旧社会，由于没有什么门路，真是想当个小学教师都很困难。新中国成立后，党和人民培养了我，今天能够在高等学府任教，……是我做梦也没有想到的①。"

"中国市场第一人"彭星闾赴中国人民大学学习合影

彭星闾是我国营销学界的先行者和启蒙导师之一，对营销学在中国的初期普及和早期人才培养，推动营销学科在中国高校的确立，居功至伟。

1978年年底，彭星闾就有了市场营销的学术研究萌芽。改革开放之初，"市场经济"虽然从理论上不再视为异端，但多年来的负面宣传，让人们仍旧心有余悸，彭星闾开全国之先河，为学校恢复高考后首届商业经济专业的本科生开设"西方市场学述评"专题。1982年正式开设"市场

---

① 符少华. 中南财经政法大学"国批博导"知之录［M］. 武汉：武汉大学出版社，2021.

学"课程，当时国内绝大多数高校尚未开设这门课程。1984 年"全国高等财经院校、综合大学市场学教学研究会"（"中国高校市场学研究会"前身）成立，彭星闾应邀在会上做了"西方市场学述评"的主题报告，首次在学界公开提出了"市场营销一般"的思想，该思想的提出为中国学术界和企业界确立市场营销观念、学习现代市场营销管理理论与方法指明了方向，受到营销学界和管理学界的一致好评。1988 年，经过以彭星闾教授为首的中南财经大学贸易经济系教师的共同努力，贸易经济专业"市场营销专门化"创建，市场营销专业课程体系建设基本定型。1990 年 11 月，中南财经大学贸易经济专业"营销理论与战略"方向博士点申报成功，彭星闾教授经国务院第四届学位委员会批准成为国内"营销理论与战略研究"方向的博士生导师，由此国内最早涵盖学士、硕士、博士的市场营销学科体系在中南财经大学形成①。博士点申报成功的时候，彭星闾正由于胆结石病发作在住院治疗，从学生口中得知这个消息，他竟开心到忘记了病痛。

彭星闾对中国管理学理论架构作了一系列新探索，为中国市场营销理论的发展作出了重要贡献。他率先提出"市场营销一般"的新思路，而后又创见性地提出企业和企业家的本质特征、当代企业经营管理系列"金三角"、企业营销管理的"点、线、面、体、群、国际化、全球化"发展思路，探讨营销理论新范式。20 世纪 90 年代，开拓性地提出"创新力与控制力动态统一的企业管理"新理论②。

基于彭星闾教授的杰出成就，国务院于 1992 年授予彭教授国务院政府特殊津贴，国家教委、人事部于 1993 年授予彭星闾教授"全国优秀教师"称号。

---

① 中国市场营销学泰斗彭星闾教授小传（二）［EB/OL］.https：//blog.sciencenet.cn/blog-203286-1034069.html.

② 追思："中国市场第一人"彭星闾教授逝世［EB/OL］.https：//www.sohu.com/a/308677684_407280.

喜看桃李自芬芳

彭星闾是国内"营销理论与战略研究"方向的首位博士生导师，但他给博士生上的第一堂课讲的却不是市场营销，而是宋代大儒张载的"四为"思想："为天地立心，为生民立命，为往圣继绝学，为万世开太平"。一直以来，彭星闾以"堂堂正正做人，开拓创新治学"的人生信条治学处事，也影响着一批批学生。

彭星闾担任博导后，为了利用一切有效时间备课、做研究、指导学生，干脆搬到 39 号楼宿舍与研究生同吃同住。他还独创了"散步指导法"，即一边散步一边与研究生交流最近阅读的书籍和研究心得。

在执教 55 周年纪念会上，各位弟子回忆说，入门之时，彭老师会列出厚厚的书单，读完后再一起讨论，他自己则每日必在办公室看书写作；对毕业论文要求极严，有一位博士写完毕业论文后竟头发全白，但他对彭老师却感激万分，在纪念会还送上一首藏头诗，首字连起来是"彭老师高"。

彭星闾用实际行动践行奉献精神和人文情怀，并努力将之发扬光大，先后在中南财经政法大学设立"学习之星"奖学金、北京第二外国语学院设立"彭星闾管理创新奖"奖学金、浙江财经大学设立"星闾研究生奖学金"，勉励优秀学子虔究学海、积极创新、开创未来。

自 1991 年开始招收博士生以来，彭星闾教授共为国家培养了 40 余名博士、2 名博士后。其中不少学子获得国际与国家级学术大奖，多人被授予国家级、省级教学名师，弟子中仅博士生导师就有近 30 名，还有不少担任高校和大型企业高层领导[①]。

彭老曾有过多个头衔，但他最喜欢"老师"这个身份，最感欣慰的就是学生们都取得了很高的成就。每年教师节，彭老都会收到来自"东西南北中"的祝福，露出由衷的笑容。

---

① 符少华. 中南财经政法大学"国批博导"知之录 [M]. 武汉：武汉大学出版社，2021.

对于学生取得的成绩，彭星闾总说这是他们自励自律的结果。面对校内外诸多赞誉，他则深情地说，"今天能站在大学讲台上，我对国家的贡献很小，党对我的恩情很大。在学术生涯中，自己就像一棵小草，顶多算一丛灌木中的一株灌木，吸收二氧化碳，放出了一点的氧气，如此而已 [①]。"

（白高辉、潘琪）

---

① 彭星闾教授管理思想学术研讨会举行［EB/OL］.http：//wellan.zuel.edu.cn/2013/1028/c1664a25199/page.htm.

邬义钧：凝心悉力工经发展，
峥嵘传扬中原精神

邬义钧，汉族，中共党员，湖北武汉人，1931年10月生，中国人民大学研究生毕业，1950年10月参加工作，进入原中原大学任教。教授，博士生导师，享受国务院政府特殊津贴。

曾任中南财经学院（原中南财经大学）工厂管理系副主任、工业经济系副主任等职务，兼任中国工业经济学理事，以经济学名人身份入选《湖北省社会科学界名人——第二卷》，以著名经济学家身份入卷荆楚学术名家《星汉灿烂》。2018年，入选《中国工业经济学会知名学者学术概览》。

20世纪50年代初开始从事经济学科教学和科学研究，为创建和拓展我国工业经济效益学、工业经济学和产业经济学等学科领域作出了卓著的贡献。著有《行业管理的理论与实践》《中国工业经济管理概论》《现代工业经济管理》《产业经济学》等专著和教材。所著《行业管理的理论与实践》是国内最早研究行业管理问题的专著，《人民日报》1988年5月30日书评，称该著为行业管理的理论研究提供了新思路，为行业的划分提供了新依据。

以下为邬义钧教授自述：

武汉是个小镇。1931年我在武汉出生，我的父亲是中学教师，母亲是劳动妇女。1938 年，日本军队占领武汉，我的父亲去世，妈妈把舅舅和我们几个兄弟姐妹带到恩施。我在恩施读了小学和初中，于 1946 年回到武汉，在武汉解放之前读完高中，并在媒体的宣传和介绍下进入中原大学。中原大学当时是河南宝丰建立，后来才搬迁到武汉来的。中原大学是我们中南大的前身，是一所红色的革命的大学，知识青年很向往。当时上大学的目的是混口饭吃，不敢想着能读研究生。那时《长江日报》上登的宣传语——"中原大学是革命的熔炉，欢迎知识青年报考本校"吸引了我的注意，于是我就报考了中原大学。

邬义钧在中国人民大学攻读研究生期间留影（1953—1956 年）

1949 年 7 月 26 号是我们入学的日子，《长江日报》把录取的几千人名字都登出来了。在短短几个月内，我们经过思想改造，初步建立革命人生观，认识到人类社会怎么向前发展的、共产党又是怎样的政党，革命认知观在我们年轻人的心中扎根了。

我们学校从解放初期中原大学发展到现在的中南财经政法大学，在旧社会不同于当时的旧大学，在今天也仍然有自己的独特之处。我们有革命学校的优良传统。我们传中原精神，不辱红色使命，搞正规教育，培养德智体美劳全面发展的社会主义接班人。我们一直在讲怎样发扬中原精神、传红色使命。但究竟什么是中原精神？

我认为它主要包括以下 5 个方面：一是艰苦奋斗的精神。艰苦奋斗精神不仅要在生活上讲究简朴，还要在事业上艰苦卓绝，潜心学习研究。二是为人民服务的精神。为人民服务的精神在学校里面就要大事小事大家都抢着干，从集体生活中可以看得出来，在生活中慢慢养成为人民服务的精神。三是坚定革命的精神。这要求我们树立革命人生观。人生观到底是什么东西？活着为什么？是要为自己以后的事业做奋斗？还是为了中国事业、整个人类社会而做奋斗？树立革命人生观，就是树立人生是为人民服务、为国家服务的价值观念，而不是为个人和家庭服务的。在现在达到这样的境界是很难的，因为我们现在是以家庭为单位的，每个人的能力、道德修养的水平都不一样，各人都有各人自己的追求，但是要求我们还是要以这样的革命精神为追求，并向其不断靠拢。四是开拓进取的精神。艰苦钻研思考，修身养性都是这方面，学习工作求上进，做人有修养。共产党也是人，也有缺点，人没有完美，不能静止孤立地看待人。五是精益求精的精神。做一两件好事不难，一辈子做好事不容易。一两次成功不难，一直成功很困难。但是要有精益求精的精神，要练好基本功。

　　我把中原精神归结为这 5 个方面，这是我从我个人的成长心路历程中得出的。每个人的成长过程都会经历成功和挫折。面对挫折时，如果能够把自己"开刀"剖析一下，挑出自己的错误或不足，那么困难挫折不足方面的修养会随年龄增长。

　　我们搞教育工作的人有成功的一面，也有经历挫折的一面。1953 年前我们还不知道能不能当老师，可能学着学着就被调到中南区电力局当个干部。有人被分到中南农林部工作，中南机械工业一部、二部，有的被分到广西、湖南的省级单位，有的被分到武汉市，还有的被下放到区。

原湖北大学工业经济教研室合影（1968 年 9 月）

我是在人民大学学习如何当老师，学习期间我也遇到了不少困难。在中原大学时我从 49 队政治学习转到财经学院，并分到工厂管理系。经过 1949 年 12 月到 1950 年 9 月的这几个月的学习后，我拿到了学位证书。毕业之后，我一开始并不是当老师，而是分配到了经济研究室搞科研，并自学政治经济学，开山辟路自学深造。1953 年前高等教育还没有走向正轨，我们的学习大都不太系统。1953 年 9 月，工业经济教研室开始有了老师，才开始比较系统学习工业经济课程。但由于那位老师是苏联的退伍中校军官，中文不好，得一边上课一边听翻译，两个小时的课程也就只有一小时内容。这样学习效率比较低，因此之后便又变成了开研讨会提问解答的方式自学。在自学课程"苏联劳动组织与技术定额原理"的时候，我学得比较囫囵吞枣。这本书主要研究车间怎样合理科学安排工人做工完成定额，既能促进生产发展，又不挫伤工人积极性。虽然有苏联专家的专业解答，但却语言不通，所幸有从苏联学习回来的中国老师来一起解答。但我认为，国内的老师水平始终与苏联专家有差距，我们也几乎只能靠自己领会知识，这是我当时的学习条件。

当然，学习只是学课本知识是不行的，还要投入实践中去锻炼。我成为老师之后被派到大庆油田，与工人一同参与采油、炼油。虽然当时已经四五月份，但是天气寒冷，我们与当地人"三同"，即同吃、同住、同劳动。在饮食上我就不习惯，气候上我也感到不适。我从武汉带去的冬棉衣在那里都不足以御寒。我们和工人一起上早晚班，到油田作业，参观油田钻井，有男有女。当时百姓的生活都非常艰苦。知识青年到那里时间长了都受不了。我们在那里待了半年。由于上工、钻井的专业性太高，我们接触不了，于是就在小屋子里看图表、巡视、做记录。这次经历也让我们见识到了王进喜 1205 钻井队的油是怎么采上来的，分清了采油与炼油的关系。1952 至 1953 年"三反五反"期间，我还参加了中南工业调查团，到湘潭煤场和邵阳矿场学习，接触生产实践知识。知识分子到生产第一线锻炼成长很有必要，更有利于发扬艰苦奋斗的精神。

（袁可纯）

赵德馨：莫道桑榆晚，为霞尚满天

赵德馨

赵德馨教授是中华人民共和国经济史学科的开拓者和奠基人，从事中国经济史研究近 60 年，著述颇丰。1998 年退休后，赵德馨依然笔耕不辍，活跃在经济史学研究的第一线，积极为党和国家的工作建言献策。近年来，赵德馨先后获得湖北省第二届"荆楚社科名家"、湖北省老教授协会颁发的"老教授事业贡献奖""老有所为贡献奖"等，也被学校党委授予"模范老人"和"优秀共产党员"称号。

经济史学科的开拓者和奠基人

赵德馨于 1949 年考入中原大学合作系，毕业后留校任教，之后又被推荐去中国人民大学攻读经济史专业研究生。在研究生时期，赵德馨被导师尚钺教授关于日本人宣称"中国史研究中心在日本"的一席话深深触动，立志要让中国成为中国经济史的研究中心。自此，赵德馨教授 60 多年来矢志不渝地从事中国经济史研究。

20 世纪 50 年代，赵德馨率先开展新中国经济史的研究和教学，他被公认为该学科的开拓者和奠基人。赵德馨 26 岁时就主持编撰了中央政府教育部门向全国高校推荐的第一部中国经济史教材《中国近代国民经济史讲义》。该书 1969 年被美国东西方研究中心节译为英文，1971 年被译为日文。后来，他又主编出版了第一部多卷本《中华人民共和国经济史》，被誉为"规模最大、学术分量最重"，"更符合太史公'通古今之变'精神"的《中国经济通史》和被学界誉为文献典范的《张之洞全集》。他还撰写了《楚国的货币》《黄奕住传》等多部专著，后者被加拿大和美国学者译为英文。因其深厚的学术造诣和突出贡献，1986 年中国经济史学会成立时，他被选为副会长。2004 年以来，他一直被同行推举为中国经济史学会名誉会长。

无论身边环境如何变化，赵德馨教授对待学术从不敢懈怠。他的研究成果往往多是积十数年乃至数十年之功完成的，因此，50 岁之后的赵德馨比年轻时候更"高产"。《黄奕住传》，用时 12 年。《张之洞全集》，历时 22 年。《楚国的货币》，耗时 40 年。《中国经济通史》，则准备了半个世纪。《太平天国财政经济资料汇编》项目，搜集资料是从 1961 年开始的。即便撰写"九五"国家级重点教材《中国近现代经济史》，也花了 10 年时间。而此前，他已主编了两部教育部向全国推荐的中国经济史教材。这些精品佳作，为他赢得了两项国家级、五项省部级一等奖。

赵德馨经常说，作为一个做学问的人，只有到不能再做学问之时，才是封笔之日。如此勤苦治学，令人佩服。了解赵德馨的人都明白，学术是他的人生寄托。

退而不休　争时多奉献

赵德馨通过写文章、会议发言、应邀与领导人当面座谈等多种方式，对党和国家的工作献计献策。2009年，在讨论湖北省政府工作报告时，他建议经济发展速度"10%以上"可改为"10%左右"，一是留有余地，二是经济可能转为下行。省长当场接受了这个建议。2011年，讨论"十一计划"草案时，赵德馨提出过去中国是计划经济，那时的五年计划称为"计划"，反映了实际情况，现在中国已是市场经济，可称为"规划"，这个建议被采纳。

赵德馨退休后，完成国家课题5个，省级项目3个，自定项目4个。其中，主编4项，共计1516万多字；合著2项，60万字；独撰5项，共计236万多字；独编资料1项，200万字。2011年至2013年，80岁的赵德馨仍孜孜不倦，推出不少精品力作：编辑整理了140万字的国家清史工程项目《太平天国财政经济资料汇编》；修改了国家普通高校课程教学内容改革项目、国家"九五"普通高等教育国家级重点教材项目、面向21世纪课程教材项目《中国近现代经济史》，重写了其中的32万字；发表了论文10篇。

赵德馨的研究成果不仅数量大，而且质量高，曾获得国家级奖1个，省级奖7个。论著中多新意，他的《中国经济通史》与严中平的《中国近代经济史》，吴承明、许涤新的《中国资本主义发展史》一起被称为中国经济史学的里程碑。《1949–2001年：走向共同富裕的两条思路及其实践》一文，2007年被《中国社会科学》翻译成英文，刊载在其英文版上。加拿大的Albert C. S. Teoh和美国的Irene Teoh Brosnahan将《黄奕住传》翻译成英文，2003年在加拿大出版。他的著作在国外被广泛收藏。像日本就有36所大学图书馆收藏《中华人民共和国经济专题大事记》，收藏《中华人民共和国经济史》44 所，收藏《张之洞全集》15 所，收藏《中国经济通史》7 所。在美国，以哈佛大学图书馆为例，上列的几种书都被收藏。

赵德馨退休后，在学术研究方面，不用扬鞭自奋蹄。他认为，作为一个以学术为志业的学者，没有什么退休的问题，只有到了不能思考问题之时，才是封笔之日。他做研究工作，是出于学者的担当和兴趣，以此为乐，乐在其中，乐此不疲。

在《中南财经政法大学报》2003 年 10 月刊载的《一字歌·退休生活》中，赵德馨写道：

一纸风筝飘云天，一根钓竿鱼儿牵，一个鼠标游世界，一支秃笔字一千。

一觉睡到五更天，一柄龙泉舞蹁跹，一把喷壶润花草，一杯美酒醉诗篇。

赵德馨把做学术研究和他爱好的放风筝、钓鱼、上网、舞剑、种花等看成一样的事，都是闲情逸趣，是一种享受。这首歌表达了他丰富多彩的退休生活和潇洒的人生。

"丝尽身入药，利人达至诚"

赵德馨在勤奋治学的同时，还时时关心和帮助中青年学者成长。家中常有各个层次的中青年来访，无论本科生还是教授，他都热情接待。晚饭后散步时，常有研究生在路边守候，以便在陪同散步的同时交谈学问。外出开会，同行的中青年学者来到住处访谈，还有在网上和电话里来请教的。凡有所问，皆尽心回答；凡有所求，皆尽力帮助。他秉着开阔进取的创新精神和严谨求实的治学作风常常教导青年学者，只有正确的科研态度，才能不断地推进我国学术的建设。他告诫青年学者，研究工作是求真知的过程，需要开拓广阔的知识面，需要艰苦的创造和脚踏实地的努力。

赵德馨认为，帮助中青年学者，是传承学业的最好方式之一，是一个老学人应尽的承前启后的历史使命，这样学术才能薪尽火传，后继有人。

2006 年 10 月，当一位老教授告诉他，社会上有人调侃我们这些人是知识老化，思想僵化，血管硬化，等待火化的"四化教授"。他即时写了四首顺口溜，并以《"四化"教授赵德馨》为题，在《中南财经政法大学报》上发表：

"四化"天道行，不急更不惊。来时未带礼，去也作烟尘。

"四化"肚中明，心和气亦平。椟藏无美玉，洗耳听雏鸣。

"四化"纪行程，千帆逐劲风。争时多奉献，双手掖后生。

春蚕至老龄，不食只吐精。丝尽身入药，利人达至诚。

2020 年 8 月，赵德馨在发现其 100 多篇文章被知网擅自收录后，将知网告上法庭并胜诉、获赔 70 多万元，知网相关负责人登门道歉。赵德馨以一己之力"撬动"知网引发了网友们的热议。2022 年，赵德馨夫妇将近 4000 册藏书捐赠给学校。学校图书馆特辟两间库房，成立赵德馨教授文库。

赵德馨敢于做撬动知网学术垄断的第一人，打破数据库平台一家独大的现状，生动体现了他作为财经政法大学教授的品格，也印证了"丝尽身入药，利人达至诚"，为后继青年学者"争时多奉献"的人生座右铭。

（欧松涛、杜玥、潘琪）

杜润生：未完成的讲义

得知我校获得统计学一级博士授权单位的消息，我的心情久久不能平静，这是因为父亲为统计学科在我校的建立和发展，付出了毕生心血和不懈努力。如今统计学科在我校已稳健发展壮大，并为学校赢得了一级博士授权的荣誉，父亲的愿望最终得以实现，我不禁感慨万分。

旧中国经济贫穷落后，政治腐败，青年时代的父亲立志科技强国，分别报考了清华大学、北京大学，同时录取，而后父亲选择了清华大学经济系就读。因为学习成绩优异，依据清华大学"大学 4 年，学习成绩平均分数在 80 分以上，得以升入经济研究院研究"的规定，进入清华大学经济研究院，师从我国统计学界泰斗、著名统计学家戴世光教授，攻读统计学硕士研究生。毕业后应印度加尔各答统计研究所的邀请任研究员，在该所工作两年，主要研究统计学抽样调查的理论与方法。期间发表过十来篇关于印度经济情况的统计调查报告和论文。回国后，曾在华中大学等多所大学任教，讲授统计学课程。

日本侵华时期在西南联大读研究生的父亲，为了抗日救国"投笔从戎"报名参加了中国青年远征军准备到缅甸去打击日本侵略者。在从军这段十分艰难的日子里，在潮湿的营地中，他也没有放弃学习，坚持完成数理统计的学习笔记。

1948 年初，父亲在河南大学任教。当解放军第二次解放河南省会开封后，中共党组织便接管了河南大学，父亲即参加了党组织举办的教师职员培训班，接受了为期半年的政治教育，成为一名建设新中国的知识分子。

1950年9月，他在河南大学创办了统计学专科。1951年，他37岁时被聘为正教授，成为当时我国统计学科为数不多的正教授之一。1952年，在全国高等学校院系调整中，父亲随河南大学经济系并入中原大学任教。1953年，中南财经学院成立后，他出任统计系主任多年，湖北大学时期，又多年任校委会委员。

1958年知识界"拔白旗"运动中，父亲作为学校的"白旗"受到了"白专"典型的严厉批判。批判理由是父亲研究数理统计为替代普查、减少工作量而引入的抽样调查方法是玩"数字游戏"。但他一笑了之，仍然孜孜不倦地进行统计分析学术研究。"文化大革命"中，父亲又被戴上了资产阶级反动学术权威帽子，受到了残酷的批斗，父亲没有因受到批判而放弃所热爱的专业，回到家照样挑灯夜读。

1962年，父亲应厦门大学统计系邀请，赴该校讲授数理统计原理，受到了厦门大学高度好评。

改革开放前，我国实行的是计划经济。典型调查的方法是统计学的基本选择，我国学术界对社会统计学与数理统计学还无法接受，这使父亲所研究的理论和方法暂时得不到应用，撰写的大量数理统计学研究论文也无法发表，只能束之高阁了。

父亲对统计学是非常酷爱的。他曾告诉我，统计学是一门综合性科学，其中用到了大量的数学及其他学科的专业知识，范围几乎覆盖了社会科学和自然科学的各个领域。一切社会生活都离不开统计，统计对国家的作用无论怎样强调也不过分。

多年的潜心研究使他对数理统计和抽样调查理论有着自己独特看法和见解。父亲曾多次表示过这样的观点：随着社会、经济和科学技术的发展，统计在国家管理、企业管理及日常生活中越来越重要了。如果其他学科和统计学相互渗透和结合，对国家大有用武之地，统计学会让人拓宽视野，考虑到经济学意义上的效率、动力和均衡配置资源的问题。我研究的市场经济理论，虽然在计划经济体制下无法实施，但我也决不放弃对市场经济理论的探讨研究，我有信心等待学术多样化这一天的到来，统计学科一定会在我校健康发展壮大。

父亲是一个对教学和科研工作具有强烈责任感的人，他并不因为自己所学的专长不能发挥就消沉，而是积极投入统计学的其他科目中去。在湖北财经专科学校时期，父亲改讲基本建设统计学，在当时没任何教材的情况下，为了掌握第一手资料他不顾已经 60 多岁的年龄，经常挤公共汽车深入一冶、武钢等地调查收集数据。父亲是一个对待学问非常严谨，一丝不苟的人，他利用所掌握的统计学理论与收集到的建筑企业有关资料，着手编写了一套针对性很强的教材，填补了学校基本建设统计学教材的空白。为了提高学校中青年统计学教师业务水平，父亲发挥他数理统计的专长为他们讲授数理统计基础知识，为学校培养统计学人才作出了应有的贡献。

"文革"结束后，迎来了教育改革的春天。1979 年，学校恢复重建计划统计系，父亲大有作为的时机到来了。为此，他兴奋地将多年来研究的统计学理论成果进行了系统整理，特别是以当时我国统计学中未被采用的抽样调查理论与社会统计理论为基础，准备编制一套详细的统计学讲义用于教学。为了编制这套讲义，父亲废寝忘食，夜以继日地工作，晚上有时只睡三四个小时，第二天又为讲义中所需的数据深入生产第一线收集资料，在这期间无论是身体出现问题（高血压）还是严寒酷暑他都没有停止过。1979 年 7 月，全国计量经济学会第一次研讨会在北京召开，在湖北省选中了两篇经济论文，其中有父亲的论文《论基本建设投资效果》。他被邀请到北京参加研讨会，而此时父亲正忙于编写统计学的讲义。为了参加会议，又要准备相关资料和办理一系列手续，这对于他的身体是严重的透支，但父亲已顾及不了这些，匆忙放下手中的笔，冒着 7 月的酷暑独自前往北京参加研讨会。由于过度劳累，7 月 13 日早上在北京晨练时不慎摔倒引发脑内出血，父亲在学术春天的黎明永远地离开了我们，带走了他对统计学发展的新思维，留下了大量未发表的统计学研究论文。父亲的突然去世对我们家和学校统计学专业都是无法弥补的损失，我非常痛心。

当我从北京处理完后事回到家里，看到父亲放在书桌上未完成的讲义，心中非常难过和遗憾。父亲用毕生心血研究的成果终究未能实现为我国统计学作出贡献的愿望。讲义虽然没有写完，但是父亲对科学真理执着追求的精神、对做学问实事求是的态度、对时间分分秒秒的珍惜，已深深地镌刻在我心中，激励我直面工作、学习和人生。

杜润生

（杜忠洪）

张人价：收到毛主席回信的海归教授

在中南财经政法大学档案馆里，保存着这样一封毛主席的亲笔信：

人惕、人价二位同志：一九六二年七月十四日来信收到，惊悉有晋先师因病逝世，不胜哀悼。谨此致唁。毛泽东一九六二年七月十九日。另奉薄仪一份，聊助营奠之资，又及。

毛主席给张人价教授的回信，原件现存放在中央档案馆

信中提到的"人价同志"，就是我校知名教授、湖北省著名统战人士张人价教授。张人价出生于 1910 年，1931 年毕业于中央大学经济系，1937 年赴美国留学，1939 年在美国获经济学硕士学位，1953 年由广西大学调入中南财经学院农业经济教研室，于 1993 年起享受国务院政府特殊津贴。在 60 多年的从教生涯中，他治学严谨，著述颇丰；曾任武汉市第二届政协委员，湖北省第二、三、四届政协委员，九三学社武汉市委常委、省委委员等职。

与毛主席的两代情缘

1958 年，毛泽东在接见河南省省委书记吴芝圃时曾提到，对自己影响最大的有两位老师，一位是张有晋，一位是杨昌济。张有晋就是张人价教授的父亲。他曾两度当过毛泽东的老师，一次是 1910 年在东山学堂，他主张打破不收外县生的陈规，破格录取毛泽东。第二次是在湖南第一师范，与毛泽东再续师生缘。1918 年毛泽东辞别恩师赴京筹备留法勤工俭学，从此中断联系。不过，当毛泽东的家人遇到困难时，张有晋也积极帮助，他利用个人关系在营救杨开慧及 3 个小孩之时起到重要作用 [①]。

张人价教授因父亲与毛主席结缘。新中国成立后，父亲张有晋年事已高，来到张人价处赋闲。1952 年，全国掀起土改运动，有人议论张有晋有些田产，应划为地主成分。这让张有晋的心情十分暗淡。张人价得知后，写信给毛主席告知父亲境况，主席收到信后心里很不好受，很快寄来 200 元钱，并邀请张有晋进京，此后张有晋在中央文史馆担任馆员，并与家人长期定居北京 [②]。

1953 年，张人价调入中南财经学院。1956 年，他代表湖北省出席九三学社第一次全国代表大会，会后受到毛泽东、刘少奇、周恩来等中央领导接见。毛主席走到张人价身边，看到老师的儿子，即用乡音问候张有晋老人的身体状况，及张人价的工作情况 [③]。

1962 年，张有晋在北京病逝，毛主席正在武汉主持重要会议。张人价与兄长张人惕致信毛主席，报告了父亲故去的讯息，于是就收到了开篇提到的毛主席回信及 300 元人民币。

---

① 张文放. 毛泽东和我的祖父 [J]. 湖北文史，2015（1）：110-119.

② 周开金，周国应. 毛泽东对武汉九三的关怀 [J]. 中国统一战线，2006（5）：51-52.

③ 周开金，周国应. 毛泽东对武汉九三的关怀 [J]. 中国统一战线，2006（5）：51-52.

　　虽然张有晋与张人价两代人都与毛主席结缘，但父子二人都非常低调，很少向后人及同事谈及自己与毛主席的关系，他们潜心学术，在各自的领域取得不俗成绩。

学校农业经济系的"拓荒人"

张人价教授

　　张人价教授一生从事大学教学工作60余年。从1953年调入中南财经学院到1988年退休，他始终致力于中国农村改革和农经教育领域研究。

　　1956年，我国社会主义改造基本完成，张人价与著名农业经济学家朱剑农首创农业经济学科，成立农业经济系，并担任首任系主任。当时，张人价教授认为自己的观念、知识需要更新，即向毛主席表示希望去中国人民大学进修，不久教育部专门划拨一个名额，但是由于筹建农经系，无法抽身，进修名额让给别人。在此期间，张人价教授担任中南财经学院筹备委员会和首届学术委员会委员、农业经济系主任、九三学社中南财经学院主委，著有《资产阶级自然主义经济学说的批判》（《中南财经学院学报》1955年第1期）等文章。

　　改革开放后，面对逐渐开放西方理论的禁区，张人价教授摸着石头过河，重新进入外国农业经济学、重农学派理论、地租理论等研究领域，他重视探寻理论渊源，重视理论与中国农村改革的实践相结合，携同农经系的同仁们展开社会调查，参加各级学术研讨会，开新课，活跃在农经学领域的前沿。

20 世纪 80 年代初，他意识到我国土地政策将有重大变革，就带领研究生涉足土地理论研究。在此期间，张人价教授著有《马夏尔地租和准地租理论的批判》《重农学派的经济理论》（1983 年农业出版社出版）、《资产阶级自然主义经济学说的批判》等。1985 年湖北省首次为社会科学研究成果颁奖，他的专著《重农学派的经济理论》荣获优秀成果二等奖。我国著名经济学家漆琪生评价："关于重农学派理论，过去评论较多，阐明较少，是一偏向。专著对此大有启发，补助过去不足，至为钦敬！对魁奈的《经济表》一章，尤感说理详尽，至表赞同①。"

潜心育人的"大先生"

张人价教授执教长达 60 余年，桃李满园。据学生夏兴园②回忆，张人价教授讲授"农业经济学"课程时，声调很高，注重理论联系实际。当时用的是苏联教材，但他联系中国实际，常常列举一些生动的例子，讲得生动活泼，颇受学生欢迎。当年，农经系的学生许多来自农村，家庭条件差，无论何时何地有困难，张人价教授都会力所能及，或是慷慨解囊或是给予精神安慰。20 世纪五六十年代，虽然住房不宽敞，但张人价教授总会腾出一间房，作为会客厅用来接待学生。张人价教授的很多学生都非常珍视师生间的情感，一些学生从 20 世纪 50 年代毕业直到 2005 年张人价教授去世，每年都要给老师拜年。

---

① 刘可风. 岁月如歌：中南财经政法大学校友回忆录［M］. 武汉：湖北人民出版社，2008.

② 夏兴园，我国著名经济学家，1958 年研究生毕业于中南财经学院，曾任中南财经政法大学教授、博士生导师.

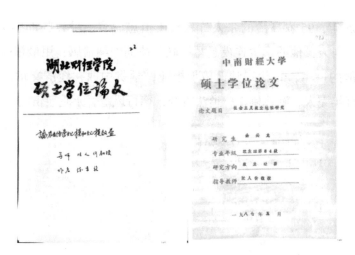

张人价教授指导的部分研究生毕业论文

除了关爱学生，张人价教授也非常关心年轻教师的成长。20 世纪 60 年代，由于种种原因，学校青年教师在专业知识、教学能力方面都有所缺乏。张人价教授带领农业经济研究室教师成立进修小组，从提升科研能力、授课水平、思想素质等方面不断帮助青年教师提升专业水平，并撰写《我们是怎样培养青年助教掌握专业课程的》一文，详细介绍如何培养青年教师。

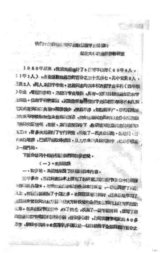

《我们是怎样培养青年助教掌握专业课程的》页面

2005 年，95 岁高龄的张人价教授不慎患感冒，导致肺部感染，于 8 月去世。当天，他的学生连夜赶写挽联，悼词饱纳情感，用最精辟的语言概括了他的一生：一代宗师，传承祖业，学贯中西，经济文章，长与天地存。百年完人，勤栽桃李，道法古今，德行风范，永垂宇宙间。

（杜玥）

刘叔鹤：赤心向党，老而弥坚

刘叔鹤

（一）

刘叔鹤，1911年出生于北京，年幼的刘叔鹤就目睹了外国列强在中国国土上横行霸道的行径。当时腐败的政府对内横征暴敛、对外丧权辱国，广大民众苦不堪言。在从不向洋管事低头的父亲的行为影响下，在曾参加"五四运动"的哥哥的进步思想引导下，她离开了在民族救亡运动中仍死水一潭的教会学校，考入市立中学。又于1925年跳班考入北平大学文理学院预科，1931年毕业于该院经济系。在校期间，她曾投身于"五卅运动"、"三一八"运动，于国家危难之时站到了救国救民的游行队伍之中。

1931年，刘叔鹤告别了满目疮痍的祖国，踏上了去巴黎求学的旅途，以期求得自身的解放，求得强民的真知。在国外留学的 4 年中，刘叔鹤曾游历过欧洲的几个大城市，在国外多次看到中国人受歧视、被欺凌的状况，深感"弱国无外交"的屈辱，她渴望祖国尽快强大起来。

1936 年，学有所成的刘叔鹤随丈夫一同回国。然而，国民党反动政府根本就不重视人才和知识，因此很长一段时间她都没找到工作。在抗日战争爆发后，她们一家颠沛流离，几经转折于 1942 年才到内迁的东北大学任教，1945 年应国立甘肃学院之聘，先后到该校任副教授、教授。1946年以教授身份到兰州大学任教，1947 年年初任西北大学教授，1949 年年初到湖南大学任教。几经更迭，几多变换，刘叔鹤感到了封建势力强加到妇女头上的桎梏。她认识到，女性只有自尊、自强，方能争得一席地位。1946 年她在《大公报》上撰文《姐妹们应该觉醒了》，呼吁知识界的女同胞们觉悟起来，期望着世界将会有一个大的变化。

1949 年 10 月 1 日，新中国成立了。中国共产党在短时间内便领导全国人民建成了民主、幸福的家园，刘叔鹤真切感到新旧政府的天壤之别，只有中国共产党才是为了人民大众的政党。由此，她萌生了加入中国共产党的念头。

（二）

1953 年，在高等学校院系调整中，刘叔鹤及家人来到中南财经政法大学（当时为中南财经学院）。此前，根据工作需要，依湖南大学党委安排，她加入了民革。

20 世纪 60 年代初的一件事，令她对中国共产党又有了新的认识。那是在刘叔鹤参加中国社会主义学院第四期学习班学习期间。当时国家处于困难时期，物资供应匮乏。同学周同宇是周恩来总理的胞弟，但他的待遇和大家一样，并无特殊之处。由此，刘叔鹤对共产党人的磊落无私深感钦佩。

出于对共产党和社会主义祖国的热爱，刘叔鹤在自己的岗位上努力工作，曾先后任民革第三、四、五、六届中央委员，民革第七、八届中央监察委员，第三、五、六、七届全国人大代表，第四、五、六、七届政协湖北省委常委，第五届湖北省人大代表，第二、三届湖北省妇联执行委员等职务。任职期间，她与共产党真诚合作，积极参政议政，多次在人大会议和政协会议上发言，提出不少有见地的议案，为我国民主政治建设和经济建设建言献策，为党领导的多党合作和政治协商制度的建设也作出了积极的贡献。

刘叔鹤生性耿直，敢于直抒胸臆，敢于为民谏言。她曾多次下基层考察，深谙人民群众疾苦，并牵挂在心。作为人民的代言人，她多次会同其他代表一起向上级反映一些人民群众关心的问题，如给农民打白条等，使一些多年悬而未决的难题得到解决，不愧是人民的好代表。

即使在十年动乱中遭到迫害，几经苦难，忍受漫天的辱骂、批斗，一向兢兢业业的刘叔鹤也曾困惑，但刘叔鹤始终未曾改变自己的信念，未曾改变对党、对祖国、对社会主义的一片赤诚。

（三）

作为博览中西、广涉古今的学者，刘教授的治学态度非常严谨。她在长期的教书育人工作中恪尽职守，曾任第一、二届中国统计学会常务理事兼副会长，第一、二届湖北省统计学会常务理事兼副会长，并担任中南财经政法大学教务委员会委员、学术委员会副主委。她在尽心竭力完成繁重的统战工作的同时，刻苦钻研、致力于著书立说。她曾有多篇论文获奖，曾与人合著、主编过《统计学原理》《新中国统计史稿》等书，力求在学术上有所建树。

中国统计史源远流长，散见于各类史书、专著中，而系统撰写中国统计史的专著则尚未有人。为填补这方面的空白，20 世纪 80 年代初，刘叔鹤在 70 岁的高龄时开始了这项艰苦的工作。因工作量大，需要查找的资料很多，她从一点一滴着手，经常废寝忘食。特别是在北京图书馆查资料时，她常常是从早上开馆就开始工作，一直坚持到闭馆，中午从未休息过，以自带的干粮和白开水充饥，其中的艰辛不难想象。经过 10 年的努力，1991 年 1 月，饱蘸刘叔鹤心血的专著《中国统计史略》一书由湖北人民出版社出版了，该书获得中国统计学会、国家统计局一等奖。在这本书的前言中，刘叔鹤强调了著述的目的是"为了使读者，尤其是青年们能知我中华、爱我中华，强调民族自尊心、自信心和自豪感……"。1992 年，她获得了国务院颁发的"政府特殊津贴"。

为人师表，刘叔鹤把提高民族素质、振兴中华教育事业视为己任。她时时为贫困地区教育事业滞后状况而忧心。早在 1992 年，一得知湖北省开始实施希望工程的消息后，她立刻捐款，并在《青年工作纵横》（1992年第 9 期）上撰文《为希望工程呐喊》，呼吁"有更多的志士仁人，为希望工程的广厦万间添砖加瓦，使各地的失学少年和贫困地区的儿童，都能早日进入学堂"。为希望工程宣传、呐喊，她身体力行，从自己的家庭开始。在她的影响下，其子女、外国学生都先后投入这项伟大工程的行列中。

（四）

只要选定的路是对的，就不怕路远。作为一个从旧社会过来的经过长期风雨考验的爱国知识分子，刘叔鹤始终把自己与党和国家的命运紧紧联系在一起，把加入中国共产党作为毕生追求的目标和最终归宿。她从 20世纪 50 年代初期开始就向党组织提交了入党申请，几十年如一日，对党忠心耿耿、矢志不渝。她在讲述自己的经历时，从不回避一些逆境岁月。她说，"不能仅凭自己的主观愿望，也不能从自己的荣辱爱憎、得失沉浮出发去评价党。虽然党有过一些失误，走过一些弯路，但党从不文过饰非，坚持实事求是，有错就改，这一点最能得人心，得人心者得天下。"在逐渐对党加深认识的近50年历程里，刘叔鹤老人对党的挚爱之心更加坚定。

由于统战事业的需要，刘叔鹤一直作为民主党派的领导人发挥着特殊的重要作用，是中国共产党肝胆相照的挚友和诤友。直到20世纪90年代初，年事已高的刘叔鹤从民主党派领导干部的岗位上退下来，但她仍关心民革的发展，热情支持新一代领导干部的工作。她对党的统战工作的一片赤诚，教育和感染着许多党内外人士，得到了中共湖北省委统战部和湖北省委领导的高度评价。1992年、1997年，刘叔鹤两次获得了湖北省政协颁发的"社会主义两个文明建设贡献奖"；1997年又获得民革中央颁发的"坚持优良传统，发挥表率作用"荣誉奖。

历尽沧桑痴心不改。刘叔鹤老人虽处耄耋之年，却精神不老，愿为党和国家的事业继续发挥余热。正如中南财经政法大学郝侠君教授对她的赞誉："赤心向党，老而弥坚"。出于对共产主义的信仰，怀着对党的深厚感情，刘叔鹤老人再一次向党递交了入党申请书，并获得各级党组织的讨论和批准。1998年7月1日，这位87岁高龄的老人站在了新党员宣誓的行列中。仰望鲜红的党旗，她思绪如潮、激动万分：几十年来的愿望今天终于实现了！党啊，我定会用我的余生为您的旗帜再添光彩。面对着鲜红的党旗，她举起了右手，发出蓄积心中多年的誓言：我自愿加入中国共产党，为共产主义事业奋斗终生！

刘叔鹤老人说，入党使自己的政治生命又有了一次新生，将在今后更加严格要求自己，谦虚学习，更认真努力地为群众多干实事。几年前，刘叔鹤便立下遗嘱：在自己去世后，将遗体捐献给医学院，供教学和科研之用。刘叔鹤教授愿将全部身心献给她深爱着的党、深爱着的祖国和人民。

（原文刊载于国家统计局网站"统计人物谱"栏目）

曾昭琼：三尺讲台育桃李，
一片丹心为学术

曾昭琼

曾昭琼（1912—2001年）是我国20世纪上半叶最早获得法学学士和留学日本的学者之一。回国后，他致力于将日本刑法理论介绍到中国法学界，其刑法学造诣在民国时期即已名满天下。中华人民共和国成立后，曾昭琼先后在中山大学、武汉大学、中南财经政法大学等任教，为中国的法学教育事业作出了巨大贡献。

从辗转求学到名满天下

曾昭琼出生于辛亥革命时期，到了上学的年纪，正值国家风雨飘摇。12 岁前，他在湖南老家读私塾小学。少年求学恰逢国民革命时期，致使他只能辗转于湘潭益智中学、长沙雅礼中学、青年中学三校才完成中学学业。毕业后，受国民党白色恐怖影响，被迫停学在家。直到 1929 年，他才到国立武汉大学求学，并于 1935 年获得法学学士学位。毕业后，取得公费留学资格，远赴日本东北帝国大学深造，师从木村龟二先生，专攻刑法学。

1937 年，曾昭琼学成期满，遇抗日战争全面爆发，他随即回国，想用学到的知识报效祖国。他先后在广西大学（1939—1940 年）、中山大学（1940—1953 年）任教。这期间曾昭琼讲授"刑法总则""刑法分则"及"刑事诉讼法学"等课程，从初出茅庐的青年教师成长为民国最著名的刑法学教授。他的刑法学知识烂熟于心，授课只用带"一本法典、一张卡片、一支粉笔"，当时的人常戏称为"三个一先生"[①]。

除了教书和科研，曾昭琼也时刻关心着国家和民族的前途命运。1948年，曾昭琼暂代中山大学法学院院务，也正是在这个时候，他选择参加革命。此时正值广州爱国民主协会（又称"广州地下学联"）最为活跃的时期，据考证，曾昭琼很可能在此时就参加了广州地下学联。据曾昭琼之子曾良昆回忆，1949 年中华人民共和国成立前夕，曾昭琼曾出面保护和支援进步师生，也参加了中山大学护校运动。

致力于构建中国特色的刑法学科体系

中华人民共和国成立后，曾昭琼继续留在中山大学任教，在广东省教

[①] 郭泽强，刘代华. 如何培养合格的法律人：中南财经政法大学刑法学研究生教育四十年［M］. 北京：法律出版社，2022.

育界享有较高声誉。1951年任中山大学法律系主任、法学院副院长。同年4月，曾昭琼作为教育界代表和中国人民赴朝鲜慰问团代表之一赴朝慰问。之后，他被推举为广东省第一届政协特邀代表、广州市新滘区人民代表。

1953年因院系调整，曾昭琼被调往武汉大学。1958年，调入中南政法学院。据说，离开中山大学前，他曾被邀请到广东省教育厅工作，但因曾昭琼一心只想教书育人，便婉言拒绝了该邀请。

在曾昭琼调任中南政法学院后不久，受到政治运动影响，他一度被中断了学术生涯。直到1976年，64岁的曾昭琼才逐渐恢复了科研、教学，他受邀参加新中国第一部法学专科词典——《法学词典》的编写，是15名常务编委之一。《法学词典》于1980年6月出版，一经面世即引起强烈反响。

《法学词典》第一次编辑工作会议合影（曾昭琼于第一排右四）

在《法学词典》编写的过程中，另一本巨作——《中国大百科全书》亦在筹划当中。曾昭琼参与了《法学卷》中《刑法》和《刑事诉讼法》部分的编写和审定工作。1981年在《刑法》分支定稿会上，还发生了一件趣事。即将开会时，人们发现曾昭琼"失踪"了，到处都找不到。一位相熟的编辑想起他认识图书进出口公司的领导，猜测其可能去了图书进出口公司。果然，这位编辑找到曾昭琼时，他正同公司领导说需要外国法学书籍的事。1982年，由司法部出资，图书进出口公司搭桥，曾昭琼拟订所需书目的法学书籍进口到了中国，这是第一批国外进口的法学类书目。这几千册图书在当时被当成了艺术品在美术馆展出，后来这批书归于中国政法大学，许多学校都羡慕中国政法大学有这笔宝贵的财富①。

参编《中国大百科全书》之后，曾昭琼又担任了《刑事法学大辞典》的顾问。1983 年，湖北财经学院的曾宪信、江任天、朱继良 3 位教授在合著《犯罪构成论》时，曾昭琼教授不但参加了拟制提纲、研究初稿的全部讨论，还提供了一些宝贵的资料，而且在定稿阶段认真地对全稿进行审阅和修改。该书是国内最早、最具时代意义的有关犯罪构成论的著作，是国内最早系统研究有中国特色犯罪构成理论的专门著作，迄今仍具有重要的学术意义。

诲人不倦潜心育桃李

曾昭琼曾留学日本并且懂德语，他对德国、日本甚至苏联的刑法学都如数家珍，能够仅凭记忆深入浅出地讲授"刑法学"课程，他在武汉大学、湖北大学（中南财经政法大学前身）任教时，教室外就有很多站着听课的学生。

1982 年，湖北财经学院法律系刑法专业招收了首批 4 名研究生，曾昭琼作为导师组一员，开始指导研究生。当时已经 74 岁高龄的他，还经常在家中给研究生授课。

曾昭琼培养的研究生中，不少都成为一些学校"刑法学"的学术带头人。例如清华大学法学院教授、博士生导师张明楷教授，中国政法大学前校长、著名法学家、法学教育家、新中国诉讼法学奠基人之一的陈光中教授，我校刑事司法学院教授、博士生导师齐文远教授及中国人民大学法学院刑法学教授、博士生导师冯军教授等。

据张明楷教授回忆，在他读研究生期间，曾昭琼教授在学术上给了他

---

① 邱春艳. 不能忘却的法学盛典［N］. 法制早报，2006-07-16.

很多指导与帮助。当时，曾昭琼建议他学日语，也因如此，后来张明楷才能去日本研修，并为我国引进日本的刑法成果作出巨大贡献。张明楷在采访中表示，他受益于曾昭琼老师严谨认真的研学教学态度，尤为怀念研究生时代到老师家中一起吃饭的美好时光。

陈光中教授回忆起求学生涯时提到，曾昭琼讲授古典学派贝卡利亚等人的思想时，思路清晰、流畅，上课时从来不带讲义，只用几张卡片、几支粉笔就能完成一次课堂教学[①]。

冯军教授提到，当年正是有了曾昭琼的激励，他才苦学日语并考上了刑法学科研究生。在研究生一年级时，他因失恋非常痛苦甚至想到自杀，还向学校提出了退学申请，幸亏曾昭琼向学校挽留了他。1991年，冯军赴日留学前，曾去曾昭琼家中拜别恩师，但曾昭琼却坚持拄着拐杖步行送他上火车。冯军在回忆时提到，从读研到博士毕业的整整10年时间，幸得恩师真诚帮助，称曾昭琼是他学习刑法的领路人。

除了全心关爱学生，曾昭琼也经常提携后辈。中国政法大学教授曹义孙回忆，自己在中南政法学院加入民盟后，在曾昭琼的悉心栽培下，担任了民盟中南政法学院支部主委，成为当时最年轻的支部主委。

曾昭琼出生于辛亥革命时期，求学于战火纷飞年代，见证了新中国从一穷二白走向繁荣富强，他把自己的一生都奉献给了我国的"刑法学"教育事业。为纪念他的突出贡献，在中南政法学院1992年发行的《共和国奠基人中南政法学院名录》中，将曾昭琼收录在册。

（杜玥）

---

① 郭泽强，刘代华. 如何培养合格的法律人：中南财经政法大学刑法学研究生教育四十年［M］. 北京：法律出版社，2022.

杨时展：一个不断勉励自己
"笨"一点的人

　　杨时展，浙江新昌人，1913 年出生于宁波。1936 年毕业于南京中央政治学校大学部财政系会计专业。曾任教于国立英士大学及广西大学。1953 年，全国院系调整，杨时展随广西大学财经院系师资调整到中南财经学院（现为中南财经政法大学）。1986 年经国务院批准，任中南财经大学会计学专业博士研究生导师，1992 年享受国务院政府特殊津贴，1997 年 10 月于武汉逝世。[1]杨时展是著名的会计思想家、教育家，历任中国会计学会常务理事、顾问，中国审计学会常务理事，湖北省会计学会副会长、省审计学会副会长、省注册会计师协会顾问、武汉市会计学会名誉会长。同时是美国会计学会、国际内部审计师协会、国际会计教育与研究协会成员。[2]

假不覆真　人生无悔

---

　　① 韦生班. 国务院学位委员会批准我校为博士学位授予单位——李贤沛，周骏，杨时展，李茂年四教授为博士生指导教师［J］. 中南财经大学学报，1986（6）：111.

　　② 杨时展教授逝世［J］. 对外经贸财会，1997（12）：48.

假不覆真　人生无悔

杨时展

杨时展教授的一生可以说充满了艰辛与坎坷，他经历了家境的起落、外敌的入侵，还饱受了被错划"右派"以及"十年浩劫"的磨难，尽管如此，他对人生真谛的追求依然执着，对党的信任、对为人民服务的信条更是痴心不改。

早在 1931 年，杨时展以优异的成绩从高中毕业时，为了分担家庭压力，他没有急于选择进大学读书，而是毅然回到新昌，到新昌民众教育馆从事平民教育工作，宣传抗日。1932 年，出于免缴学费与减少家庭负担的考虑，杨时展毅然报考了南京中央政治大学，出于自身的追求和政治上的考量，他选择了财政会计专业。在英士大学工作期间，他即便因参加过 1947 年的反内战、反饥饿、反迫害大游行活动而受到排挤与追查，却也始终没有放弃对会计事业的追求。①

在 1957 年的"反右"运动中，他被错划为"右派"。当时的杨时展 44 岁，这一划就是 22 年，人生最美好的时刻就在批判与劳作中度过。在养猪场劳动期间，他因饥饿而时常刨吃猪食。在这样艰难的日子里，他并没有失去对生活的信念、对事业的追求，坚信真理总能为人所接受。到 20 世纪

---

① 符少华. 中南财经政法大学"国批博导"知之录［M］. 武汉：武汉大学出版社，2021：75-116.

80 年代恢复工作为止，他从没有向组织申辩过。在与家人、朋友的交谈中，对这段历史他也没有计较过，他总是笑言："没有共产党就没有新中国，我相信共产党的自纠能力，假不覆真，人生无悔"。①

学贯中西　卓然有成

杨时展教授治学严谨，创新求实，在财务会计、管理会计、审计、会计审计思想及史学等领域均造诣精深，著述丰富。他提出的会计控制系统、差异分析不连锁等观点为国际会计界公认，在学术界享有极高声誉。由其夫人（沈如琛）精选集成的《杨时展论文集》，全面体现了杨时展的受托责任学说，并以会计的本质、国家审计体制、中国会计的现代化、经济效益、中国会计向何处去等多个方面体现了其"天下未乱计先乱，天下欲治计乃治"的观点。

杨时展虽著述丰硕，但帮他人指点及修改的文章，已经远远超出自己写的作品。② 杨时展生前将毕生研究心得毫无保留地传授给学生，很好地帮助了郭道扬教授《中国会计史》及文硕教授《世界审计史》的成书出版。为适应我国改革开放之需和国内读者对西方会计、审计知识的渴求，杨时展还翻译和悉心审校了 R.M.Copeland 和 P.E.Dascher 合写的管理会计学，J.A.Tracy 的财务会计学，R.D.White 和 R.J.Mcvica 合写的政府审计学，A.A.Arens 等人合写的审计学等 200 万字。

杨时展除了教学和研究，也致力于我国会计教育的改革工作。粉碎"四人帮"以后，杨时展恢复教学工作的第一件事，就是开展会计教学改革。他于 1980 年提出了我国大学会计学系的第一个教改方案，力排众议，将

---

① 梁林美，王伯钱. 一位会计学大家背后的故事——杨时展先生逝世十周年纪念［J］. 会计论坛，2007（2）：17-24.

② 王长廷. 写在人们心上的专著——记杨时展教授［J］. 财务与会计，1988（3）：51-52.

30多年来"老三门"的体系，改为以财务会计、管理会计、审计学、电算化会计为主的新体系，按照洋为中用的精神，大胆采用英语教材，使会计系的研究生们在专业、英语、电算方面，有较大的适应性。①

淡泊名利　两袖清风

杨时展教授一直认为，自己所获得的成就，主要依靠的是人民的帮助。高中学业主要靠老师们的扶助完成，后来又读了免费大学，其获得的一切皆取之于民。他想着"做人不能忘本"，要尽可能回报人民。②

杨时展一生清廉节俭。在沈如琛教授《忆杨时展先生》一文中，谈到杨时展对外出任务悬"五不"倡议，即对于外出任务，必须做到五点：不收稿费、讲课费、会议费；不住宾馆；不吃请；不受馈赠；不接受旅游招待。杨时展提出的"五不"倡议，在当时的社会环境下，虽行之艰难，但其仍力行不悖。③因事外出时，杨时展也都是以高龄之身与学生们同挤公共汽车。包括最后一次住院前的检查，仍然忍着剧痛坚持坐公共汽车去。甚至在病重住院期间，在吃不下饭的情况下，仍坚持不让医生注射贵重的进口药剂，以免"浪费"。④

时任第十九届中央委员，国家税务总局党委书记、局长的王军，也曾受到杨时展教授的指导和教诲。在中国会计学会第六届会计史学术研讨会上，王军谈到，有一年夏天，杨教授来北京讲学，他去拜访时，发现杨教

---

① 徐锡洲. 博学于丈 有容乃大——记我国著名会计学家杨时展教授 [J]. 财会月刊，1995（5）：35–39.

② 鄢烈山. 爱憎分明别解 [J]. 学习导报，1996（1）：48.

③ 沈如琛. 忆杨时展先生 [J]. 财会通讯，1998（10）：64.

④ 张龙平，庄丹. 程门立雪 师恩难忘——追忆著名会计大师杨时展教授 [J]. 财务与会计，1998（5）：56–58.

授和老伴住在极其普通的房间里，只用一台小电扇驱暑，条件甚是艰苦。^①然而另一方面，杨教授却一举将节衣缩食的十万元率数捐出，在学校设立"勤诚助学基金"，以资助贫困学生。助学金除了包含杨教授与老伴多年积蓄，还有其已故前妻秦曼卿留下的数千元和向子女借的 2 万元。"自己过着'先天下之乐而乐'的生活，而许多家境贫寒的学生却生活艰难，人民的子弟有困难，我应当给予力所能及的帮助，不努力对人民尽反哺之义，我于心不安"，杨时展在写给学校党政领导的捐款动议信中深情地说。^②

热心统战　情系两岸

杨时展教授不仅是一位享誉海内外的著名学者，而且是一位杰出的社会活动家，是新时期爱国统一战线工作方面的优秀代表。

杨时展是武汉早期的民革成员，曾担任武汉市民革主任委员、湖北省民革副主任委员、武汉市政协副主席等职务。1984 年，杨时展当选为民革武汉市第六届委员会主委，1985 年当选为政协武汉市第六届委员会副主席。1988 年后，历任民革武汉市第七、八、九届委员会名誉主委。任职期间，他切实加强民革自身建设，团结和带领民革党员积极履行职能，发挥参政议政作用，为武汉市的改革开放、经济建设和社会稳定作出了一定的贡献。

1993 年 10 月，年届 80 高龄的杨时展教授紧紧抓住学术交流的机会，应邀访问中国台湾，拜会了自己的老师陈立夫先生。回忆起 1932 年陈立夫先生在中央政治大学讲授《唯生论》时，其深入浅出的讲解给自己留下的深刻印象。杨时展对陈立夫先生以师生情、同乡情和曾在英士大学任教授的感情加以渲染，希望自己的老师能在促统上作出贡献。此外，他还利

① 刘可风.岁月如歌——中南财经政法大学校友回忆录［M］.武汉：湖北人民出版社，2008：35-37.

② 刘先凡，小英.中南财经大学博士研究生导师杨时展教授捐资 10 万助学子［J］.财会通讯，1995（6）：64.

用多种机会与台湾管理会计学会的李宏健先生、东吴大学校长蒋孝兹（原名章孝兹，蒋经国之子）先生等进行学术探讨，在以学术促交流、以交流促统一上做了许多工作。

"人生究竟应该怎样度过才算有价值，会计上资不抵债要破产，我想，人的一生中如奉献不抵享受，恐怕也只能算是一个破了产的、没有价值的人，一个道德上有问题的人，一个人格上不高尚的人。"杨时展在《我这几年》这篇文章中说道，"一个人，当然最好能既是智者，又是仁者，但两者却往往不可得兼，在这种场合下，过分聪明的智者，似乎往往很难又是道德上完整的仁者。这时，我尽管做不到（两全），我总设法勉励自己笨一点，把砝码放在使自己不致太无价值的这一边。"①

（胡兰）

---

① 肖伟. 一个不断勉励自己"笨"一点的人——记杨时展教授［J］. 理论月刊, 1993（10）：45–46.

李茂年：辛勤耕耘，默默奉献

李茂年

　　李茂年，生于 1916 年。1942 年毕业于当时的中央政治大学部经济系统计学专业，并获得学士学位。次年 2 月开始在高等学校从事统计学的教学和科研工作，曾任上海法学院万县分院、万县辅成学院、湖南大学商学院统计专业专任讲师及专任副教授。1953 年 8 月以来一直从教于中南财经政法大学，1980 年评为教授，1986 年被国务院学位委员会批准为博士生导师。

　　李教授作为统计学专业的一位元老，长期耕耘在教学第一线。他治学严谨，执教严格，一丝不苟，令人尊敬。50 多年来，李教授担任过多门课程的教学工作，教授过"统计应用数学""高等微积分""普通统计学""数理统计学""经济统计学""统计方法论""统计学原理""抽样调查""近代回归分析""近代时间序列分析"等多门学科。在经济统计和数理统计领域都有研究，特别是抽样调查和近代时间序列分析，更是李教授的专长。关于抽样调查，李茂年教授的方法是研究抽样理论与进行抽样调查实践相结合，他是我国较早运用抽样理论解决实际问题并取得巨大成功的统计学权威人士。20 世纪 50 年代初，他在湖南大学任教，潜心钻研古典抽样方法，并在长沙市进行职工家计调查和农户收入调查，可以称得上是中华人民共和国成立后的第一次抽样调查。20 世纪 60 年代，他研究科克伦的抽样调查技术，两次到江陵、潜江等地进行湖北省农产量抽样调查，对国家统计局的农产量调查方案提出了许多修改意见，据此写成的科学论文在《统计研究》杂志发表后，获得国家统计局优秀科研论文奖。

在抽样理论方法上，他第一个编制出抽样误差频率分布表，以 5 个数码构成一个总体，用不重复抽样法抽取 3 个数码作为样本，计算样本平均误差，说明误差分布规律，这在国内外都是首创。近代时间序列分析是李教授的第二项专长。国内外关于近代时间序列分析的名著是 Box 和 Genkins 合著的《时间序列分析、控制和预测》，这本书被国内许多高等学校作为统计学专业研究生教材使用。但这本书所涉及的计算都只是公式的应用，没有对公式进行详细证明和推导，学生往往只知其然不知其所以然，李茂年教授第一个把全书所有公式进行了系统的证明和推导，不愧是"技高一筹"。

李教授在教学方面主要有两个特点：第一，既教数理统计又教经济统计，且在两方面都有很深的造诣。他在 20 世纪 60 年代就研究了数理统计方法在农产量调查中的应用，此前，1953 年他在湖南大学就已经 5 次讲过时间序列分析在经济统计中的应用。可以说，李教授是我国大统计学的先驱。第二，理论密切联系实际。他的科研课题绝大部分是从实际工作中提出的需要研究的问题，他的科研成果都被实际工作采用，具有应用价值和理论价值，并不追求发表或出版。如 1959、1960 年进行的农产量抽样调查方法研究，就是因为 1958 年"大跃进"，农产量浮夸虚报，提出了如何搞准农业产量问题而进行研究的。研究后，首先不是写论文，而是修改国家统计局的调查方案。又如，20世纪50年代关于湖北地区风压的研究，就是因为建设高层建筑、高炉、长江大桥等工程项目，建筑设计院、中央气象局需要这些成果才进行研究的，其论文《湖北地区风压的研究》受到同行的一致好评。

　　李教授结合他的两项专长和他自己的特点进行教学科研，取得了令人瞩目的成就，对我国统计科学的发展作出了巨大的贡献。主要表现在：①在我国首先采用矩母函数推导频率分布。此项内容在1948年美国威斯康星州立大学数理统计教材上有。在我国最早见于李先生的油印讲义，其他院校教材都是后来才陆续采用的。②最早采用差分法。差分法现在很多统计教材上都有，很普通。但最早采用此法的还是李教授，在中南财经政法大学（时为中南财经学院）开设数理统计学选修课时讲的，那时称为相差数，用来预测时间序列。③最早介绍康德尔检验系数，即湖北省棉花公司检验棉花而采用的一种非参数检验方法。这种方法虽不是李教授的原创，早已在美国纽约市立大学"统计学"课程中有所介绍，但却是李教授首先证明、解释和介绍过来的。④最早编制抽样误差频率分布表。⑤创建了平均发展速度累计法简易查对表。国家统计局编制的表有90页，李茂年教授编制的表只有4页，而且便于查对使用。⑥首先证明了方差分析的全部公式。国内外教材只有公式应用，没有证明公式来源，李教授主编的《数理统计学》是第一个把这些公式进行了证明的教材。

　　岁月变迁日月更替，李茂年教授始终勤勤恳恳地在统计学这片土地上耕耘着，以开放的心态、博大的胸怀面对历史的变迁，艰难的逆境岁月也无法改变他对数理统计学的执着追求。李教授以朴实的人格，平凡的本色，默默燃烧着自己，默默奉献着光和热，就像埋在黄沙里的金子，经过千百遍的大浪淘沙，方能显现他的珍贵。

　　李茂年教授不仅有扎实的数学功底，外语水平也很出色，能熟练地用英语、俄语阅读并笔译统计著作。1981年由他主编近40万字的《数理统计学》教材由天津人民出版社出版，获得了湖北省统计学会颁发的优秀科研成果一等奖，同时被国家统计局审定为高等院校文科试用教材。他撰写的《收获前农产量抽样调查的初步探讨》一文，其中提出的农产量调查不能采用一步抽样，而应采用多步抽样计算误差的方法，荣获湖北省社会科学研究成果三等奖。1986年，他负责编写《经济大词典》中的数理统计部分词条和《现代统计知识丛书》之一的《相关分析和回归分析》一书，此外还编写了高等学校文科教材《抽样调查》一书中等概率的等客量、不等客量的整群抽样、等概率的等客量和不等客量的多步抽样4个部分的内容。

众所周知，数理统计学是在改革开放后才受到重视并逐渐发展和完善起来的，李教授在"文化大革命"之前就开始对其进行研究，从未间断过。他说，人是要有一点精神的，只有具备了奋发向上的精神，干事情才会有持之以恒的韧劲，才会有不断前进的动力。也许这个世界需要更多像他那样走在时代前面的人，才能认清时代发展的方向，准确把握时代律动的脉搏，创造统计明日的辉煌。

（原文刊载于国家统计局网站"统计人物谱"栏目）

夏兴园：拓荒筑路，勤于实践

夏兴园

　　夏兴园教授虽已退休，但依然十分关注身边的经济生活现象，至今仍然作为国家统计局中国经济景气监测中心"中国百名经济学家信心调查"特邀经济学家，每个季度填报我国宏观经济市场领域诸多方面的意见和建议。他还是我国较早系统研究地下经济学的学者之一。

矢志从事学术研究

　　在中南财经学院读本科时，夏兴园就有志于从事学术研究。恰逢国家提倡"向科学进军"，当时的高等教育部在全国挑选部分本科院校培养研究生。1956 年本科毕业时，夏兴园被选调留校攻读研究生。研究生毕业后，留校任教，承担"经济学说史"的讲授任务。这一时期他系统地阅读了英国重商主义、法国重农主义、英国古典政治经济学以及庸俗学派和凯恩斯的相关著作。

直到 1979 年，夏兴园才真正走上自己学术研究的坦途。"那时，我们国家从以'阶级斗争为纲'转变为'以经济建设为中心'，我也能开始集中精力搞好教学和研究工作，"夏兴园说。关于按劳分配问题成为他最初的研究领域。

研究生活实践中的经济问题

夏兴园在经济学领域的研究探索始终与新中国经济发展方向保持着一致。党的十二届三中全会提出进行经济体制改革，要实行有计划的商品经济。"什么是商品经济？商品经济的含义是什么？商品经济与过去所提的'商品生产和商品交换'有什么区别？现在在提'商品经济'有什么意义？这些问题都需要在理论上进行论证。"夏兴园说。于是，他针对这些问题进行了探讨，研究了"商品经济"的经济范畴、运动规律及其运转机制等，分析了"商品经济"存在的条件及其在社会主义经济领域中的地位和作用，同时探讨了我国的"商品经济"与世界市场的联系等。

1988 年，我国经济生活中出现了社会总供给和社会总需求的失衡，社会出现"抢购风"。"在这种情况下，如何从宏观上调节和控制社会总供给和总需求，从而控制通货膨胀和物价上涨，而又不至于把微观经济搞死，这在当时是一个重要的课题。"夏兴园对记者说。他们系统地研究该问题，并先后到相关企业、商场以及财政、金融、工商管理等部门进行调研。

进入 21 世纪，鉴于国家强调加强和改善宏观经济调控，夏兴园又进一步深入研究了宏观经济调控的目标、宏观经济调控的手段和方法、宏观经济调控的政策工具、宏观经济调控中直接调控与间接调控的关系、宏观经济调控与政府经济职能的转变等方面的问题。在此基础上撰写了《宏观经济调控论纲》一书。

　　之后，结合社会主义经济建设发展的实践需要，夏兴园先后研究了社会主义按劳分配、社会主义经济效益、社会主义商品经济、社会主义宏观调控、社会主义国有企业改革、地下经济等问题。

"地下经济"研究的拓荒者

　　改革开放后，伴随着经济发展，走私、销售假冒伪劣品以及高利贷等现象也蔓延开来。"这些经济活动，对资源配置、收入分配、货币流通、市场秩序以及其他经济活动乃至社会风气都会产生重大影响。忽视该部分，就难以准确把握社会经济运行的全貌。"夏兴园表示，鉴于这些经济形态是逃避政府监督和管理之外、藏身于地下的，他将其定义为"地下经济"。

　　1990年，夏兴园以"中国地下经济问题研究"为题成功申报了国家社会科学基金课题并开展相关研究。为研究这一课题，他们组织课题组成员到深圳、海南、上海、杭州、温州等地进行调研。通过海关、公安、工商管理等部门收集了大量资料。

　　地下经济问题不是某一个国家的特殊国情。为牟取经济利益而逃避国家监管所引起的地下经济问题，极易在经济转轨时期滋生。夏兴园将传统经济学的分析方法和伦理经济学、制度经济学、博弈论的分析方法结合起来，把地下经济置于经济人的经济行为范畴，探讨不同经济主体经济交往过程中的地下经济行为，提出了对不同经济主体地下经济行为的整治方法。

　　在深入研究的基础上，夏兴园及其团队先后撰写了《中国地下经济问题研究》《地下经济学概论》《地下经济丛书》等，其中"中国地下经济问题研究"获全国高等学校人文社会科学优秀成果二等奖。

（明海英）

菁菁校园　春风化雨

从中原大学到中南财经政法大学：
青春与祖国同行

在中南大 70 余年的历史中，有这样一群人，他们满怀对祖国和人民的赤子之心，积极投身党领导的革命、建设、改革伟大事业，哪里需要他们，他们就出现在哪里，他们为人民战斗、为祖国献身、为幸福生活奋斗，把最美好的青春献给祖国和人民，谱写了一曲又一曲壮丽的青春之歌。他们就是中南青年！

跟党走，到解放区上大学

1948 年 6 月 24 日，300 多名知识青年心怀对解放区的向往和憧憬，前往中共中央中原局所在地河南宝丰。

中原大学青年学员在学校成立大会上引吭高歌庆祝学校成立

这批青年在党的号召下，来到了解放区的红色土地，直接促使中原局领导决定就地创办中原大学，按下了中南大红色历史的启动键。

支援解放战争，报效祖国

1948 年 12 月，中原大学刚迁到开封，就接到前线有伤员需要护理的任务，青年学员们热血沸腾，纷纷发表演说，积极响应支前号召，踊跃报名。学校综合考虑后，准备派 250 名学员前去，可是报名的人远远超过了这个数目，尽管学校一再坚持只能按预定人数派遣，但许多同学还是坚持要去，学校最终挑选了 258 人组成支前工作团。12 月 16 日，学校召开大会，欢送支前工作团开赴前线。潘梓年副校长做欢送报告，"虽然我们刚住下不久，可是因为伤员需要慰劳，于是在一个号召下，马上有许多同学响应，踊跃地报名参加……这个表现本身就说明了大家都在这次迁校行军中提高了自己[①]。"

1949 年，为支援人民解放军渡江作战，中原大学在 2 月毕业的 855 名学员中和 3 月毕业的 500 余名学员中，共有 651 人参军到二野工作，其中

_____

① 刘可风. 岁月如歌：中南财经政法大学校友回忆录［M］. 武汉：湖北人民出版社，2008.

有300余人参加了南渡长江的战斗。

另外，青年学生还踊跃参加地方组织的植树造林、庆祝南京解放等活动。革命熔炉里出来的大学生，不仅用知识报效祖国，也用他们的血肉之躯直接投身到祖国的解放战争中去。

成立团组织，当好党的后备军

共青团中大第一届团代会

共青团中大第一届团代会

1949 年元旦，中共中央发布建立中国新民主主义青年团的决议，学校积极响应号召，1 月 26 日召开干部建团大会，在全校提出入团申请的 92 人中，选拔 43 人批准入团，并成立三个团支部。3 月 7 日，举行了全校青年团员大会，并选举成立了校团委会，由林山担任团委书记，还选举了出席全国新民主主义青年团代表大会的代表。从此，青年团的旗帜在中原大学鲜明地树立起来。

共青团中大第一届团代会

共青团中大第一届团代表合影

同时，学校还成立了校学生会，各队学生会也相继建立。队学生会下设学习股、生活股，各股由 2～3 人组成。他们收集和反映学员学习生活有关情况，协助教员布置讨论、座谈会，组织出墙报、黑板报，组织文娱宣传活动，参与伙食的民主管理等，成为学校各项工作的得力助手。学生会还选举 2 名代表，作为中原解放区的代表出席了全国学生会代表大会。

1949 年 1 月，中原大学筹办中原解放区学生联合会第一次代表大会

中原大学第一届学生代表大会全体合影

到 1949 年 12 月，中原大学发展团员 1479 人。1950 年 8 月，青年团员达到 2064 人，学员当中的团员比例过半。

参加祖国建设，接受爱国教育

中华人民共和国成立后，青年学生积极响应国家号召，参加各种建设祖国的活动。1951 年，财经学院青年学生前往广东新兴县、四会县和广西宜山县参加土改运动，通过与农民同吃、同住、同劳动，结合学习土地改革政策，加深了对中国社会性质的认识，密切了同劳动人民的感情。

中原大学土改工作团在车站受到各界群众欢迎

中原大学土改工作团与贫雇农同吃同住

1950 年，抗美援朝运动在全国展开，师生员工踊跃报名参军者 547 人。11 月，党、团、工会共同组成抗美援朝行动委员会，组织慰问活动。青年学员共写慰问信 1511 封，捐献慰问袋 443 个，捐赠慰问金 473750 元（旧币）。

1951 年，在全校性捐献飞机大炮运动中，师生捐款总数达 3.1 亿元。文艺学院还为抗美援朝活动创作、谱曲、演出，共创作宣传画 154 幅，招贴画 10 幅，歌曲 62 支，剧本 12 部，说唱 7 篇，歌词、诗、小说 10 篇①。

中原大学二大队即将赴前线工作的同学合影

1951 年 3 月，学校发起爱国主义教育竞赛活动，各院积极开展爱国主义教育，并掀起制定爱国公约运动。5 月 1 日，学校公布了中原大学师生的爱国公约。

积极服务社会，到人民需要的地方去

1954 年，武汉发生特大洪水险情，情况危急。中南财经学院和中南政法学院 95% 以上的学生都积极主动走上堤防，日夜作战，在实践中接受为人民服务的教育。中南政法学院成立了防汛大队，下设青年防洪抢险突击队及 6 个分队。不少同志向党团组织表决心，认为考核青年党员、团员优秀品质的时候到了，纷纷要求上前线，住院的同志要求提前出院，毕业同学在离校前一天也在参加防汛工作，有的甚至表示不战胜洪水决不回工作岗位。

① 刘可风. 岁月如歌：中南财经政法大学校友回忆录［M］. 武汉：湖北人民出版社，2008.

两院青年和武汉群众一起筑堤防汛

防汛抢险工作持续 3 个月，涌现出了一批不怕艰险的模范学生，仅政法学院就有 6 人经上级党委批准记三等功，30 人被评为积极分子，受到了中共武汉市委和武汉市人民政府的嘉奖。

共青团中南财经学院第一次团代会

共青团中南政法学院第四次团代会

而后，青年学生踊跃参加宣传合作化的工作，到农村演出节目，帮助农民兄弟们学习文化，协助农业生产合作社建立会计制度。1955 年寒假期间，中南财经学院的学生协助武汉市郊区 300 多个农业生产合作社整理了旧账，建立了新账。在这些运动中，同学们都受到了深刻的社会主义教育，政治觉悟不断提高，道德品质日益成长。

在历届毕业生中，积极服从分配的占 90% 以上，不少同学还自愿到艰苦的地方及新疆、西藏、青海等边远地区工作。

参加民兵工作，保家卫国

1958 年，学校贯彻毛泽东主席"全民皆兵"的指示，成立民兵师，进行技术兵训练活动。1960 年，学校有 4093 名学生报名成为民兵。民兵学生积极参加队列、步枪射击、一般战术、"三防一反"等训练，以及民兵暑期军事野营活动。

民兵进行高射炮训练

民兵在上军事理论课

民兵在训练匍匐前进

民兵在训练射击

　　他们当中，有 160 人成为排连营民兵干部，2520 人成为技术兵（包括反坦克、高炮、防化、卫生、无线电、航空、摩托、重机枪手、轻机枪手等兵种）。青年学生通过开展民兵训练，提高了保家卫国的思想和本领，也大大加强了遵守纪律、服从指挥、艰苦顽强和团结友爱的精神。

投身社会调研，服务社会发展

改革开放后，青年学生积极投身社会调研，大胆探究经济改革与发展中出现的新问题，在理论与实践相结合上大做文章，为解决新问题提供有益的理论探索。

湖北财经学院学生查阅资料

1984 年，湖北财经学院财政 1980 级有 8 篇论文入选《河南省提高经济效益资料集》一书；财政学科部分硕士研究生在暑期社会调查基础上完成的调查报告《"治穷致富"突破口的选择——河南信阳地区振兴财政经济的战略调查》，咨询意见受到信阳地委和行政公署的高度重视并多被采纳。菅明军、窦荣兴等研究生撰写的《论河南经济发展战略》一文，引起河南省委的重视。1985 年，政治经济学专业 82 级研究生朱延福的论文《从复杂劳动的两个数列看脑力劳动的报酬》，在"全国中青年经济科学工作者城市改革学术研讨会"的 2615 篇应征论文中脱颖而出，获论文一等奖。

中南政法学院的学生利用所学知识，积极参与社会实践，服务社会。每年暑期，组成实践小分队，进行义务法律咨询、开展法律调研等活动，是政法学生的必修课。

中南政法学院学生在街头进行义务法律咨询

　　1998年3月4日，学院在武昌区中南路成功举行大学生义务法律咨询活动，咨询过程中，团省委、省教委有关领导亲临现场高度赞扬此次活动，咨询群众也纷纷表示满意。

中南新青年，践行中国梦

　　当代中南新青年，更是社会主义核心价值观的积极践行者，他们把个人奋斗融入党和人民共同奋斗中，努力在实现中华民族伟大复兴的中国梦的生动实践中放飞青春梦想，在为人民利益的不懈奋斗中书写人生华章！

我校第三届"公道美品德行奖"获奖者徐刚业

2012 中国大学生年度人物候选人、建立乡村书屋的

经济学院 2011 级硕士生孙喜梅

全国首位少数民族支教博士研究生、第十届"中国青年志愿者优秀个人奖"获得者

公管学院 2012 级博士生尼加提·艾买提

义捐骨髓、支教云南的会计学院 2010 级本科生刘宁

倒在大凉山扶贫一线的财税学院 2010 级本科生蒋富安

2018 年度全国"正能量志愿者"获得者、用青春践行志愿之美的法学院 2016 级

本科生符双喜

全国高校"百名研究生党员标兵"获得者、参与教育扶贫的公管 2021 届毕业生

钟开炜

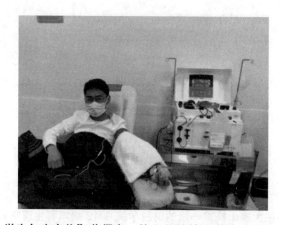

第十六届"大学生年度人物"获得者、热心公益的法学院 2022 届毕业生苏正民

（明媛）

王欣：追寻黎明星辰，也赏落日余晖

　　2020 年 3 月 5 日，在武汉大学人民医院东院，复旦大学附属中山医院支援湖北医疗队队员刘凯医生在护送病人做 CT 的途中停下来，让住院近一个月的王欣老人赏了一次久违的夕阳。落日余晖中的两个身影，被陪护员拍下后传到网上。这一暖心画面成为抗疫中永恒的瞬间，感动、振奋了无数人，被网友誉为"2020 年最治愈瞬间"。

"看落日爷爷"——87 岁的王欣老人（来源：网络）

这张照片的主人公之一是时年 87 岁的王欣老人，是中南财经政法大学的老校友，同时也是中原大学的第一批学员。2023 年暮春时节，笔者一行拜访了王欣老校友，听他讲述在中原大学的故事，以及他的音乐人生路。

"小不点"夜奔解放区寻光明

1932 年 11 月，王欣出生于天津蓟县。儿时，母亲早逝，后因父亲在工作中得罪了日本人，一家老小为躲避日本人的报复，告别故乡辗转来到河南开封安顿下来。

1948 年 6 月 22 日，古城开封迎来了第一次解放。当时，不到 16 岁的王欣在一所农业职业学校读初中二年级。由于国民党的统治腐败不堪，学生经常闹学潮，学业几乎无法正常进行。开封解放的第二天，鼓楼大街上贴出了华北联合大学的招生布告。王欣看到后，就和父亲商量要去解放区读书，开明的父亲同意了他的决定。于是，王欣就到金台旅馆报了名。

1948 年 6 月 24 日下午，王欣与来自河南大学、北仓女高等学校的 300 余名青年一起，在禹王台前整队集合，准备前往豫西中共中央中原局所在地。这支队伍沿途不断遭到敌机轰炸骚扰，所以他们常常只能白天休息，夜里走路，一夜走六七十里路。王欣患有夜盲症，一到晚上什么都看不见，频频跌倒摔跤，全靠同行的战友带着他一路前行，越过一道道封锁线，朝着光明前进。他们一路艰苦跋涉，经过十余天昼夜行军，终于在 7 月 8 日到达河南宝丰。

到了宝丰，以邓小平同志为首的中共中央中原局决定以这批师生为基础，就地创建"抗大"式的中原大学，以培养革命形势发展亟需的干部。在八一建军节纪念大会上，刘伯承宣布中原大学成立。

中原大学第一批学员被编为三个大队。起初，王欣被编到第三队，住在一个叫蓝旗营的村子。1948 年 11 月，开封第二次解放，中原大学从河南宝丰迁往开封，借河南大学校址办学。1949 年，从华北大学来了一批文艺干部，包括崔嵬、何延、迪之、阳云等 12 人。后来，中原大学以这批文艺干部为班底成立了文艺训练班。王欣当时已经在中原大学学习了一段时间，但当时年龄小，不太适合分配工作，于是又被分到这个文艺训练班，成为第一批学员。大家对班上最小的这个小不点都特别宠爱。多年后，著名指挥家郑小瑛回忆起王欣时，笑称他是中原大学文工团的"小老弟"。在文工团，无论是吹小号，还是拉小提琴，王欣都愿意尝试，大家也乐意教他。在文工团，他们学延安的扭秧歌、打腰鼓，唱《没有共产党就没有新中国》，用青春奏响了动听的革命乐章……

吹响宣传工作的号角

1949 年 5 月 14 日，由文训班改成的中原大学文艺工作团在崔嵬的率领下，高唱着"人民战士过长江，光荣岗位在前方……"这首战歌，随解放大军从开封南下。当穿过大别山到达黄陂时，文工团员就用行军前带来的石灰和红土，从老百姓家里要了锅烟灰，在黄陂的大街小巷刷满了"庆祝武汉解放""中国共产党万岁""中国人民解放军万岁"等标语口号。

到了武汉，他们住在汉口中山大道利济路慈善会。大家走上街头，扭秧歌、打腰鼓，演唱《解放花鼓》《约法八章》等节目，积极宣传党的城市政策和知识分子政策。他们的首次演出是到汉口宗关和申新纱厂的工人和汉口市一女中的师生们一起演出。文工团是武汉人民见到的第一个革命文工团，得到了热烈欢迎，附近的居民先后将申新纱厂子弟小学和一女中的操场挤得水泄不通。

文工团的秧歌队、腰鼓队，走遍了武汉三镇，用群众喜闻乐见的艺术形式把党的政策宣传到广大人民群众中去，深得群众的欢迎。这在当时对安定民心、恢复生产都起到了重要作用。

1949 年 6 月中旬，王欣跟随中原大学文工团来到黄石大冶的石灰窑演出，慰问钢铁工人和煤矿工人。当时环境艰苦，他们在一个破旧的剧场里演出，晚上演完后只能靠着剧场的椅子、凳子将就着睡觉。期间，他们还下到一百多米深的矿井里参观。煤矿工人的艰辛让文工团员们深受教育，有人立即编出了歌颂矿工的快板，当晚就为工人们演出。从黄石回武汉的时候，他们乘坐的是一艘老旧的木船，在杂乱潮湿的船舱里待了两三天才到达武汉。

1949 年 10 月 1 日，神州大地迎来了新中国的成立。那天，武汉阅马场设立了开国庆典分会场，中原大学文工团"军乐队"的成员担负着为分会场奏乐的任务。队员们身穿灰色土布中山装，头戴八角帽，脚穿粗布鞋，只有手上带的那副白手套是崭新的。站在最前面的是指挥郑小瑛，小号手梁沛新、马鸣昆、黑管海晨、王志杰排在前列；随后排列的有萨克斯手董志恒，吹长笛的何玉芝，王欣则负责拉长号。当广播喇叭传来了首都北京中心会场伟大领袖毛主席向全世界的庄严宣言："中华人民共和国、中央人民政府今天成立了……"顿时万众欢呼"中华人民共和国万岁！中国共产党万岁！毛主席万岁！"军乐团的乐手们奏响了《义勇军进行曲》，随着乐曲的回响，武昌上空首次升起了五星红旗！

少时跟党走，老来感党恩

20 世纪五十年代，王欣先后参加了武昌的土地改革运动、洪湖小岔口的土地改革、社会主义教育运动等，主要工作是宣传党的政策。1954 年，王欣还远赴朝鲜，在开城为和谈中立国、中国人民志愿军慰问演出。

1952 年，院系调整后，王欣被分配到武汉歌舞剧院工作。之后成为武汉爱乐乐团的小提琴手。不同于一般人 60 岁退休的惯例，王欣坚持到 74 岁才离开乐团，并且每天练习拉琴。这一切都源于他对音乐的热爱，音乐也是他一生的奋斗目标。

这种热爱也成为他在古稀之际战胜病魔的力量源泉之一。2020 年 2 月 11 日，高烧近一周、确诊为新冠肺炎的王欣，被送往武汉大学人民医院东院区进行救治。他先后被上海和四川两支支援湖北医疗队医护医治。3 月 30 日，得知上海中山医疗队即将返程的消息后，王欣演奏了一首小提琴曲

《沉思》以示感谢。4月7日，为感谢上海和成都的医疗队员，王欣又站在夕阳下演奏了一曲《送别》。4月9日下午1时许，接过武汉大学人民医院东院区院长肖红军颁发的编号为1399的"战胜者"证书和鲜花后，王欣老人与医护人员拥抱泪别，感慨万千，他一再说到"非常感谢医护人员。"他还现场演唱了一曲《解放区的天》，以示感谢。

回忆起在与新冠作斗争的那些日子，王欣老人说："当时我连翻身都不行，他们来帮我翻身，精心照料我。在医生、护士们的悉心照顾下，我慢慢地恢复，是他们把我救了回来了。只有中国共产党才能做到这样，只有共产党才能救中国，这一点，我深深地体会到了。"他还表示，是党、是祖国、是医护人员给了他第二次生命！

回望来时路，这位鲐背之年的老人深情地表示："年少时来到中原大学找到人生方向，走上革命道路。这一生，党要我去哪里，我就去哪里。"

王欣老人演奏《中南财经政法大学校歌》

当王欣老人得知学校近期启动了75周年校庆，他连连称赞，特意拿出小提琴演奏了学校的校歌。而这首歌的词作者羊军、曲作者张星原都是王欣在中原大学文工团的老朋友。当悠扬的琴声响起时，我们仿佛看到了当年那群奔走街头巷尾宣传党的政策的意气风发的青年。

（明媛）

三代中南人，永系中南情

　　跨越 70 年，一家三代有 7 个人先后选择在中南大求学、工作，工商管理学院退休教师王季云的一家，与中南大有着不解之缘。自 1951 年王季云老师的父亲王堃考入中原大学起，直到 2021 年王季云从中南财经政法大学退休。从首义到南湖，从中原大学、湖北大学、湖北财经专科学校、湖北财经学院、中南财经大学到中南财经政法大学，她们一家也见证了学校的变迁与发展。扎根冷门领域，成就不凡事业，王季云老师接过母亲李万瑾教授标准化管理研究方向的接力棒，一辈子投身于相关领域的教学与科研中。退休之后，王季云老师仍潜心研思进行课题研究和标准化管理知识的传播。她说："教学与科研是我终生的事业。"王季云老师的故事串联起了学校变化的历史，她们一家也亲眼见证了学校变化发展的诸多重要时刻。让我们看看她们全家的简历，听听王老师的讲述……

家庭角色	姓名	经历
父亲	王堃	1951 年以调干生的身份进入中原大学，1954 年毕业于中南财经学院财政信贷系，同年留校任教
母亲	李万瑾	1951 年考入中原大学，1954 年毕业于中南财经学院财政信贷系，同年留校任教
大儿子	王季华	1978 年就读于湖北财经学院财税专业，1982 年毕业
女儿	王季云	1986 年到湖北财经学院任教
小儿子	王季明	1988 年就读于中南财经大学投资经济管理专业，1992 年毕业
小儿媳	朱娟娟	1988 年就读于中南财经大学投资经济管理专业，1992 年毕业
孙女	王姝婧	2015 年就读于中南财经政法大学经济统计专业，2019 年毕业

中南之约

我们家与中南大的缘分要从我母亲的一次偶遇说起。1949年，母亲李万瑾从教会学校武昌希理达女中毕业。因家中经商，外公要求她回到家中当会计，母亲并不是很愿意。1951年，一次偶然的机会，母亲看到中原大学的招生海报，得知作为革命大学的中原大学不仅不收学费，还会给学生发放生活补贴。母亲认为这样可以让自己更加自立，便毅然决然地自行报了名，最终以优异的成绩考上了中原大学。而父亲王堃很早就参加革命，被选为调干生来到中原大学学习。父亲"恰同学少年"，长得一表人才，又加入了校学生会，而母亲学习极好，作为同班同学，他们互相吸引，逐渐走到了一起，从此携手一生。

父母与同学们一起参加劳动的照片

1952 年 8 月 1 日，中原大学校学生会第六届执委会欢送毕业生留影
（后排左三为父亲）

1954 年 5 月 30 日，中南财经学院财信系信贷班全体同学与外教合影
（后排右七为青年时代的母亲）

　　1954 年，父母一同从中南财经学院财政信贷系毕业并留校任教。此后，父亲一直留在财政信贷系教书，母亲则踏上了另一条学术道路。当时，学校工业经济系要开设工科类的课程，但又没有学工科的老师，于是学习能力强的母亲便被选中前往华中工学院（华中科技大学前身）进修工科，返校后，教授工业技术学。

李万瑾、王堃的中南财经学院毕业证书

　　1955 年 2 月 28 日，父母结婚共建家庭。次年，哥哥王季华出生，而我是 1961 年出生。1963 年，随着工业技术学的研究重点从金属工艺学拓展到冶金，母亲觉得现有的教学内容不能满足学生的需要，便又主动去了武汉钢院（武汉科技大学前身）进修，学习冶金。

父亲（后排中间）与朋友们在长江大桥下合影，怀中抱着的是哥哥王季华

1970 年 11 月，湖大经济系技术行政班合照（前排右三为母亲）

1970 年，我们全家被分配到湖北省荆门市京山县永兴公社。同年，弟弟王季明出生了。后来学校招收工农兵学员，急需数学老师，母亲便被召回学校教数学。我们三兄妹也一起回到湖北财经专科学校，待一切走上正轨后，母亲终于重新回到工业技术学的讲台。

此后的时光里，父母一直投身于教学和研究事业，无论发生了什么，他们都彼此陪伴、不离不弃、相濡以沫。

燃情岁月

对我们兄妹三人而言，中南大既是我们的成长乐土，也是我们的精神家园。自我有印象起，我们家就住在首义校区的西区。1968 年搬到首义校区北区，它在蛇山脚下，历史悠久、绿树成荫，每到太阳炙烤的夏日，一走进校北区，顿感凉爽很多，身心都放松下来。炎炎夏日的黄昏，我们就会把竹床搬到外面乘凉、睡觉。事实上，随着学校不同时期的安排调整，我们还住过 9 号楼（现首义校区校医院处）、校东区和现在的黄鹄新苑。院落附近的梧桐树、青桐树直冲天际，我和小伙伴们会在夏日里拾取桐树掉落下的果子，拿回家炒着吃，味道特别好，这是记忆中最特别的零食。

当时校西区还有一个戏台,印象特别深刻的是1967年周恩来总理来我校(当时为湖北大学)时,师生们激动万分,大家把戏台围得水泄不通,家长们把孩子扛在肩上,就为了亲眼看见周总理可亲可敬的形象。

父母和我们仨

父母对学术的勤奋与追求,深深影响了我们仨兄妹,让我们受益终生。永远难忘随着母亲从京山县永兴公社回到首义校区的那个晚上,家中15瓦的白炽灯亮起的那一瞬间,正读小学四年级的我,感受到了知识带来的光明和执着奋斗的力量。

国家恢复高考后,哥哥王季华和我于1978年都顺利考入大学。哥哥考入湖北财经学院(我们学校前身),我考入武汉汽车工业大学(武汉理工大学前身)。我选择了汽车工业大学,主要是受到母亲的影响,当时母亲在湖北财经学院教授冶金、机械、化工有关的工业技术学课程。我认为自己动手能力还算不错,又做好了为读书坐冷板凳的准备,便毅然决然地选择了工科,在与母亲商量后,确定学习金属材料与热处理专业。

哥哥1982年从湖北财经学院财税专业毕业后,分配到了湖北省税务局。而同年毕业的我去武汉无线电工业学校(武汉职业技术学院的前身)教授工业技术学的相关课程。

哥哥王季华 1982 年的毕业文凭

机缘巧合下，1986 年我又回到了湖北财经学院任教。见证了 1988 年学校更名为中南财经大学。当年高考，弟弟王季明考上了重点线并报考了中南财经大学，也来到了父母与我任教的学校，学习投资经济管理专业。

与父母一样，弟弟在学校也获得了学业爱情的双丰收。他与同班同学朱娟娟共同学习，毕业后携手相伴，有了我的侄女王姝婧。

父母、弟弟、弟妹和侄女都是中南大的高才生

2000 年，中南财经大学与中南政法学院合并，组建为中南财经政法大学。2015 年，弟弟的女儿王姝婧考入了中南财经政法大学经济统计学专业读书并于 2019 年毕业。从中原大学到中南财经政法大学，我们全家三代人与学校共同成长。

薪火相传

　　母亲退休前的研究方向是标准化管理。我回到学校任教时，接过了母亲的研究事业，我们两代人同学校一起建设这个"冷门"研究领域，从零开始，到如今拥有了学科方向硕士点。传承，是我们家心照不宣的默契。

母亲在讲台上授课，黑板上为手写版《用户意见处理规定》

　　母亲当时讲授的是工业技术学的课程，属于企业管理专业的专业基础课，主要是冶金、机械、化工等方面的技术类课程，随着标准化逐渐成为国家基础性制度的重要内容。母亲和同事梁景尊教授一起，开创了标准化管理课程，使我们学校成为全国最早一批开设管理学科标准化管理的高校。开设课程时，课程使用的教材处于"无中生有"的状态，由当时的国家标准局牵头，11 所财经类院校参与建设。母亲同我国标准化教育拓荒人李春田教授在学术上书信往来密切，在李教授牵头带领下，参与了我国第一本《标准化概论》教材的编写工作，在业界享有很高的声誉。母亲的学生遍布国家各部委等相关单位，他们时常与母亲往来书信。

母亲参编我国第一本《标准化概论》教材

当我回到学校任教时，母亲即将退休，我接过了母亲的衣钵，继续从事标准化管理的相关研究，讲授相关课程。

标准化管理是使标准化工作对象、活动过程有序化，以便高效率地实现标准化目标，并最终实现组织目标。伴随着我国经济产业结构调整，相关学科快速发展，设立了技术经济及管理专业，标准化管理方向。我校自2004年开始设置了相关硕士点。近年来，国家印发《深化标准化工作改革方案》，修订《标准化法》，标准化事业在推进国家治理体系和治理能力现代化中发挥着基础性、引领性作用。到我退休的2021年，中共中央、国务院印发《国家标准化发展纲要》，明确提出"将标准化纳入普通高等教育，开展专业与标准化教育融合试点"。可以自豪地说，在校领导的支持、师生的共同努力下，现在我校成为全国少有的，也是当年11家财经院校中仅有的一家开设标准化管理相关课程的院校。上过这门课的同学将标准化理念和方法用于各行各业，取得了突出的成绩。我和母亲的学术生涯，印证了我校在学科建设上的深耕与远见，也见证了我国标准化事业的发展。

父亲（左一）与同事们在校北区（现首义校区烈士祠处）

辛勤耕耘中的父母

1998 年，父亲（右二）与老同学在首义校区蛇山台阶处合影

自父母赴中南大求学起到留校任教，他们的事业从财税拓展到工科再到管理。我们这一代中南人，哥哥继承了父亲的研究方向进入了业界，投身于财税事业。我继承了我母亲的衣钵，继续标准化管理的研究，顺应着时代的发展。而弟弟在中南大学习，将研究方向拓展到金融领域。侄女王姝婧作为我们家第三代中南人，在弟弟、弟媳的影响下选择了经济统计学。我的女儿虽然不在中南大读书，最后也从事了财经管理方面的工作。我们家三代人潜移默化地，将"博文明理、厚德济世"的校训变成了家风，并不断传承。三代中南人，永系中南情，这就是我家与中南大的不解之缘。

（口述：王季云；整理：唐争鸣、白高辉）

"中国法学第一班"
——原湖北财经学院法律系 77 级

　　"中国法学第一班"这个称号有两个含义：一是 1977 年恢复高考，中南财经政法大学的前身——湖北财经学院率先恢复招收"文革"后第一批法律系学生；二是这个班虽然只有 50 来人，但成绩斐然，其中有 10 多名法学教授，教育部社会科学委员会一度 9 名法学委员有 4 名出自这个班。在政界，这个班还产生了 2 名省部级领导干部，10 余位厅、局级领导干部。

"法学大家的摇篮"

　　王利明，1977 年入学时只有 17 岁，是我国的第一位民法学博士中国人民大学原常务副校长、著名民法学家、中国民法学会会长；黄进是中国第一位国际私法学博士学位获得者，中国政法大学原校长、中国法学会副会长，著名国际法学家。

吴汉东是中南财经政法大学原校长，教育部社会科学委员会副主任委员、中国法学会民法研究会副会长、中国法学会知识产权研究会名誉会长。

余劲松曾经担任过武汉大学法学院院长，如今是中国人民大学法学院教授；方世荣曾担任中南财经政法大学合校后首任法学院院长，曾任湖北省委党校副校长。此外，还有武汉大学法学院教授李仁真、中国人民大学教授邵沙平等。有人把这个班称为"法学大家的摇篮"。

在政界，甘藏春曾任国务院法制办副主任、党组成员、机关党委书记，司法部党组成员，姚胜也曾任全国人大常委会预算工作委员会副主任，都是省部级职务。在这个仅有50人的班级，还有10余名同学在司法界担任过厅、局级领导职务。

由于历史的原因，虽然班上人数不多，但来源却五花八门，有工人、农民、干部等，最小的17岁，最大的32岁。绝大多数同学在进大学之前都担任过一定职务，入校时统计，党员有10多名，班上有20多人担任过团支书，还有人担任过公社党委副书记。

中南财经政法大学原校长吴汉东

湖北财经学院学生考核成绩登记表

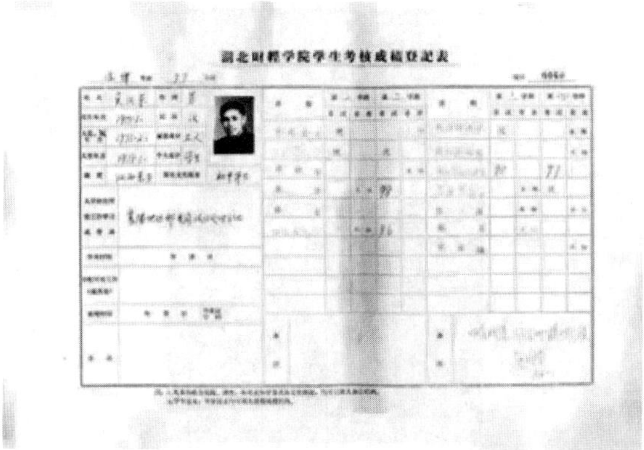

吴汉东在校期间部分成绩登记表

据吴汉东回忆，开学典礼上，当时的校领导说，不管你们做过什么小书记、小主任，进校后就是大学生，都得遵守学校规章制度。吴汉东说：“这批大学生虽然年纪‘大’，但学起来很拼命，非常刻苦，上大学的梦想原本以为没有机会实现，突然却变成活生生的现实，能不感到幸福吗？所以，同学们都很感谢邓小平作出恢复高考的决策，实实在在地改变了我们的人生命运，也改变了国家的前途。那个时候我们成天想的都是如何振兴中华，为中华崛起而读书，并不是空话或口号，而是实实在在的想法，我们还以此召开过主题班会，大家讨论得很热烈，今天回想起来都令人心潮澎湃。”

湖北财经学院学生考核成绩登记表

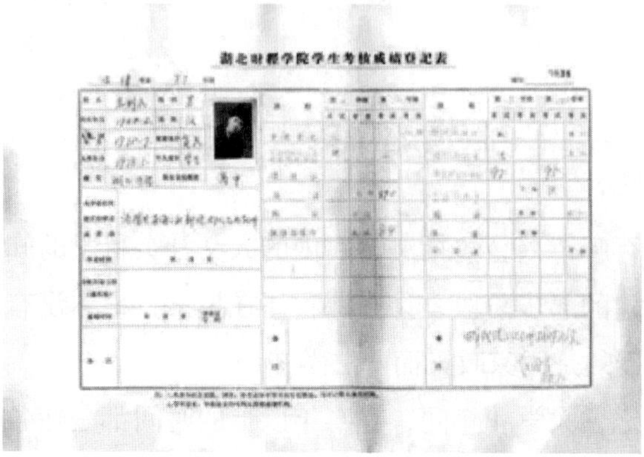

王利明在校期间部分成绩登记表

民法学家王利明

校友王利明说："那时宿舍里没有订报纸，我们就去外面公共橱窗栏下，仔细阅读每天的《人民日报》《光明日报》，甚至不自觉地就这些报纸上发表的文章展开讨论，没有人组织学习，没有人号召大家学习，但是大家就是那么认真，习惯性地凑在一起学习、讨论。1978年，全国开始了真理问题大讨论，我们也积极参与了这场讨论，与百废待兴的国家一起度过寂寂无声的年代，迎来激情燃烧的岁月。'77级'后来涌现出一大批杰出人士，其中不乏政界、学界、商界的领军人物，有人称之为'77级现象'，我想这是和那个特殊的年代，特殊的风气，特殊的一代紧密联系在一起的。"

激情燃烧的大学生活

那个年代百废待兴，包括法学在内的人文社会科学的知识体系、课程体系都处于重建的起步阶段，许多课程还在摸索，根本没有教材，当时法学课程大多讲授的是国家政策而非法学知识。

王利明回忆，大学4年间，有半年以上的时间都是在各式各样的社会实践中度过的。他们走进工厂、车间，走进基层的公检法机关，与办案的法官、检察官、警察一起交流，到农村田埂上，到农民家里，了解基层火热的生活，由此对中国社会的民生百态有了切身的体会和了解。他们不止在所谓象牙塔的大学里恶补各种专业知识，吸收一切精神养分，还脚踏实地地深入社会这所大学，观察、调研、体悟、思考。

邵沙平说："那时候大家都很珍惜来之不易的学习机会，经常到熄灯时间还不上床睡觉。辅导员有时就到宿舍来催促大家睡觉。有一次学校停电，有的同学就到武昌火车站的路灯下学习，回学校后，学校大门关了，就翻大门进来。那时武汉夏天很热，宿舍没有电扇，在宿舍里实在难以入睡，我们就结伴到操场上趴在青石板上休息。"

中国政法大学原校长黄进

黄进在校期间部分成绩登记表

黄进英语基础很一般，但毕业的时候英语成绩名列前茅。因为他成天背《新概念英语》单词，晚上寝室熄灯了，就在路灯下继续背，十分刻苦。他考上了武汉大学国际法研究生，还出国做过访问学者。

有意思的是，"中国法学第一班"的同学们当年读大学时都是文学青年。吴汉东就很喜欢文学，经常写点诗歌、散文、小说之类的，他曾经以中文系为理想，却录到法律系，有人说，幸好中文系没有录取他，否则世界多了一个平庸的文学家，少了一个有作为的法学学者。

而方世荣大学期间最大的成就不是法学，而是写了一首诗歌被人朗诵，在全省大学生文艺汇演上得了二等奖，还因此受到当时的省委书记陈丕显的接见。此外，他还画画、拉小提琴，名气很大。一直在苦学英语的黄进则用英语写过诗歌。

虽然大家都很刻苦，但学习并不死板，不是苦行僧。那时他们也很热心各种文体活动，31 岁的吴汉东还跟那些 20 岁上下的同学一起参加全校跨栏比赛，获得全校第 4 名的成绩，他还和班上同学一起参加全校接力赛跑，取得第 2 名。

中国人民大学教授邵沙平

中国人民大学教授余劲松

余劲松和邵沙平是从湖北财经学院法律系走出的才子佳人，是那个年代同学眼中的"神仙伴侣"，"勤奋"是他们恋爱的底色，他们成了众人学习的好榜样，双双考入武大深造，春天的微风，夏天的细雨，秋天的落叶，冬天的雪花都听过他们互诉衷肠。

法学栋梁的成长路径

有一个现象值得关注，这个班但凡在法学领域卓有建树的同学，都有在其他学校深造师从名家的经历：王利明大学毕业后考入中国人民大学法学院师从民法宗师佟柔，黄进、余劲松则进入武汉大学，分别成为韩德培和姚梅镇两位国际法大师的弟子，方世荣去了北大做了罗豪才的博士生，吴汉东在中国人民大学师从赵中孚教授攻读博士学位。

这或许可以证明，以中南学子的勤奋和踏实，一旦获得更加开阔的视野和良好的机会，"中国法学第一班"的成长也就没有什么值得惊讶的。

77 级部分授予学士学位证书名单

注：截至目前，文中所提到的多位人物职务可能有所变动，以最新职务为准。

（杜玥）

资料来源：中南财经政法大学校友总会网站、中南财经政法大学校史馆、《法制日报》.

我和 1978，我和中南大

1978 年 12 月 18 日，北京，中国共产党第十一届中央委员会第三次全体会议举行，中心议题是讨论把全党的工作重点转移到社会主义现代化建设上来。这个为期 4 天的会议，揭开了中国改革开放的序幕。

1978 年，武汉，当时的湖北财经学院迎来了 1977 年恢复高考后的第一批大学生。他们怀着对知识的渴望来到这个刚刚更名后的学院，开始了求学的征程。他们中的很多人或许都想象不到，自己将会一路见证这所大学的发展。

1978 年，在这个国家发展历史性转折时期，湖北财经专科学校更名为湖北财经学院。1984 年，中南政法学院恢复建校，1985 年，湖北财经学院更名为中南财经大学。2000 年，中南财经大学、中南政法学院合并成立中南财经政法大学。

1978 年 3 月，湖北财经专科学校已改名为湖北财经学院的备案报告

1981 年 11 月，司法部、教育部关于恢复中南政法学院的通知

财政部文件

1985 年 9 月，财政部批复同意湖北财经学院改名为中南财经大学

光阴荏苒，中南财经政法大学始终与国家发展同呼吸，共命运，不断攀登新的高峰。2018 年是我国改革开放 40 周年，为纪念这一重要历史时刻，学校采访了部分专家教授，让我们一起来听听他们讲述改革开放初的那些故事，听听来自 40 年前的声音。

"学校 40 年的发展可以说是凤凰涅槃"

"生在新中国，长在红旗下"，这是许多人都知道的一句话，而这句话来形容徐敦楷，再为合适不过。他的成长道路，印刻了国家变迁的历史轨迹，折射出国家发展的倒影。

1951 年出生的徐敦楷，是土生土长的武汉人。在他读书的日子里，从低年级到高年级的学生都要参加劳动。初二那年，正在农场劳动的徐敦楷接到通知，"文化大革命"爆发，学校停课。徐敦楷没有事可做，但仍旧想要读书。于是他和小伙伴们将各自的书交换着看，从有限的资源中获取无限宝贵的知识。

1968 年 12 月，毛主席发出了上山下乡的号召，希望青年们到农村这个广阔的天地磨炼。年仅 17 岁的徐敦楷便和其他青年一起，响应毛主席的号召，抢着填写了报名表，希望能大有作为。次年的 1 月 8 日，徐敦楷被分配到大别山区，这一去就是一年零七个月。后来工厂大招工，徐敦楷被招进了武汉重型机床厂当工人。工作优秀的他年年都被评为先进工作者，年纪轻轻便成了工厂里的一个副班组长。虽然经历了农村劳动、工厂做工，徐敦楷仍旧痴迷于读书学习。喜爱古典文学、哲学、历史的他常常会用省下来的工资买书看。"最初一个月工资只有 18 块，在工作 3 年多后一个月能拿到 38.4 元，再加上夜班补贴和以附加工资为名的奖金，每月能有 40 多元，但当时一本书就是一两块钱，买一套《史记》要 10 块多。"徐敦楷有时甚至为了买书而花掉了饭钱，在特定的时代背景下，他把注意力转向了历史书，通读了《纲鉴易知录》和逐步出版的《二十四史》等名著。同时，在工作的闲隙，他还会写诗作文，参加了车间的工人学理论小组、通讯报道组等。

对知识的渴望促使徐敦楷从不放过任何一个学习的机会。终于，在 1977 年，希望的曙光照了进来。

1977 年 9 月，教育部在北京召开了全国高等学校招生工作会议，决定恢复已经停止了 11 年的全国高等院校招生考试，以统一考试、择优录取的方式选拔人才上大学。得知消息后，徐敦楷毫不犹豫地决定参加高考。但现实却困难重重：接近年末，工厂要"大战四季度"，活儿多，空闲少，学习的时间十分紧张；数学对于徐敦楷来说是一道门槛儿，在时间如此紧张的情况下无法提高数学成绩。在经过仔细考虑后，对文史情有独钟的徐敦楷决定走文科方向。

"学习辅导班的时间与上班时间冲突。但当时任务很重，而且自己又是轮班组长，管理着三台大型机床，不想耽误工作，所以一直到高考前夕都还在上班。"于是，责任心极强的徐敦楷在繁忙的工作下只能自己挤时间看书、学习、做题。两个月后，徐敦楷前往水果湖中学参加高考，最终如愿登上了工厂的大红榜。

填报志愿时，徐敦楷只填报了两所名校的历史专业。他最终被录取到刚刚恢复招收本科生的湖北财经学院。虽说是土生土长的武汉人，但徐敦楷对当时的湖北财经学院并不了解，报到以后才知道是原来的湖北大学。

1978 年 7 月 22 日，湖北财经学院商业部师训班结业合影

　　1978 年那个永远难以忘怀的春天，恢复高考后的第一批大学生入校报到。徐敦楷对当时进校的情景记忆犹新：一进校门，见到的便是湖北日报社。当时的报到点在首义校区的一个食堂，两排平房中间搭起一个塑料大棚，就是新生报到点。自己的同学有的是工人，有的是农民，有的是复员军人，年龄差距也很大，徐敦楷所在的班级，最大的与最小的差了 13 岁。

中共湖北财经学院第一次代表大会，党代表通过大会各项决议

虽然条件较为艰苦，但只要有书读，徐敦楷就非常满足。他与同学们在这里"像饥饿的人扑在面包上一样"尽力汲取新的知识。当时的"77级"只有政治、法律、基本建设财务与信用、工业会计、物资管理5个专业6个班；因图书资源短缺，图书馆规定每个人至多只能借走5本书；教学纪律十分严格，教室里为每位同学编排固定座位；老师虽不多，但开课不少，涉及哲学、经济学、历史、文学等多个学科门类。徐敦楷回忆起自己的老师们，还能——细数出授课的教授们："第一届孙冶方经济科学奖论文奖获得者的张寄涛，作为湖北哲学界历史唯物主义一块招牌的郝侠君，讲党史和近代史的是'三驾马车'中的两位——刘继增和袁继成，讲汉语写作的是华文文学界知名的古远清等等。"徐敦楷还说起当时人手必备的"工具"——小马扎，因为学校硬件还比较欠缺，一人发一个小马扎，便于学生参加各种大型活动。每天清晨的小树林里，满是晨读的学生，小马扎也派上了用场。

湖北财经学院时期的学生食堂

　　刚到校时实行的是包伙制，每天4角5分的伙食还比较艰苦：早餐主要是稀饭、馒头，偶尔也有菜包；午、晚餐一勺带荤的菜，一勺素菜，一碗米饭。上课的31号楼201教室很大，好像有4部吊扇，冬天没有取暖设备；宿舍里的卫生需要学生自行打扫，同学之间相互监督，周末则是校园卫生大扫除的固定时间。有一次救火，发现教室墙面的白石灰下面居然是稻草和泥巴。在物质条件较为匮乏的条件下，徐敦楷的自行车成为同学们的"驾校"。"按照当时的政策，工龄5年以上的我可以带薪上学。我在入学前，刚刚升了一级工资，每月有50多元，在同学中算是高收入。我的自行车也成为部分同学的公共交通工具，有的同学也借此学会骑车。从周一到周五，我往往见不到自己的自行车，到周六要回家时，都要问一圈人，问我的车在哪儿。"徐敦楷笑着说道。

中南政法学院大学生文化艺术节演出

中南政法学院女队荣获 2000 年全国 CUBA 大学生篮球联赛第三名

学校的课余生活十分丰富，徐敦楷所在班参加全校男子篮球赛、排球赛，都获得了冠军。足球邀请赛也是第一，男子长跑 5000、10000 米，跳高、铅球、手榴弹投掷等比赛的冠军也都出自这个班。文艺演出有一定水准，与当时的国情、社情、校情紧密相连，至今都给徐敦楷留下很深的印象。有一次美术大赛，3 位同学的漫画、国画、水粉画包揽一、二、三等奖。同学们课余的自发辩论思想非常活跃，许多超出了惯性思维。"我们进校的时候，党的十一届三中全会还没有召开，但当时思想解放的呼声在同学中已经很强烈了。大家思维都很活跃，有的同学成为独立思考的先行者。"徐敦楷回忆道。

徐敦楷所学习的政治专业不同于现在的政治学专业，当时设立的目的是为高等学校培养马克思主义理论的师资队伍，所以在大学毕业时，学校鼓励学生留校任教。在徐敦楷看来，当老师可以读更多的书，能够培养更多的人才，何乐而不为？

于是，徐敦楷认真对待每一次的备课，时至今日，他仍记得自己第一次站上讲台的情景。"大四毕业实习的时候当助教，当时自己的年龄比台下坐着的学生们大不了多少，他们都觉得这个老师太年轻，都往教室后排坐。"但四五天的充分准备加上论据充分的授课方式获得了学生的认可，当时的校党委书记还在大会上表扬了自己。由此，更加巩固了从教的信心。

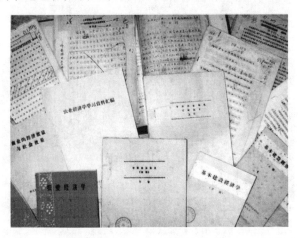

部分教师的教学讲义、科研手稿

正式毕业后，徐敦楷被安排辅导财政 81 级学生的政治经济学课程，1 个月后被调任为 79 级辅导员。结束辅导员工作后，本拟一心一意当老师的徐敦楷被学校党委任命为政治系的副书记，从此走上"双肩挑"之路。在政治系分成政法系和经济学系后，徐敦楷在经济学系继续主持党务工作。"当时自己也没底，但觉得只要努力去做就好。"在工作得到了师生们的认可之后，1999 年，徐敦楷担任中南财经大学党委书记，2000 年合校之后，担任中南财经政法大学党委书记 11 年半。

庆祝国庆暨中南财经学院更名中南财经大学大会

原财政部常务副部长刘积斌（现任国家国防科工委主任）、湖北省省长蒋祝平、原副省长韩南鹏、财政部部长助理刘长琨、人事教育司司长廖晓军、副司长解学智及湖北省高校工委书记余风盛出席部省共建我校签字仪式。

财政部、湖北省人民政府共建中南财经大学签字仪式

从 1978 年入校，到 2011 年卸任中南财经政法大学党委书记，徐敦楷历经了"湖北财经学院学生""中南财经大学教师""中南财经政法大学党委书记"等多个角色的变化，与中南大共成长。在他看来，在学校 40 多年的发展历程中，有 3 个转折点：第一个是 1978 年初乘恢复高考之际，湖北财经学院首批恢复招收本科生和研究生。"在恢复之前，最低谷时全校老师只有 80 多人，校园仅剩一隅之地。恢复之后的湖北财院，可以说是绝处逢生，占据了高等财经政法教育的先机，走上了复兴的起点。"

第二个便是 1979 年 1 月 8 日，经国务院批准，湖北财经学院正式实

行由财政部及湖北省双重领导，以财政部为主的管理体制。徐敦楷列数了这个时期学校硬件发展的五大"最"——首义图书馆是当时全武汉最大的高校图书馆；首义会堂是当时高校最大的大礼堂；18层的教工宿舍是当时全武汉高校里最高的宿舍楼；41、42栋是当时全国第一处两室一厅的高校学生宿舍；1992年举办的大运会是第一次在高校校园里召开的全国大学生运动会。这时期的中南财经大学成为中国首批四所财经大学之一，学科建设、教学科研水平、学生培养质量等各项指标均处于财经高校最前列。这个时期为学校的长远发展奠定了坚实的基础。

全国第四届大学生运动会在中南财经大学体育场隆重开幕

第三个转折点是2000年合校之后学校进入高等教育的"国家队"，在教育部的直接领导下，先后进入国家"211工程"高校和"985工程优势学科创新平台"项目重点建设高校，后又入选"双一流"重点学科建设高校名单。这个时期，学校飞速发展，人文社会科学的学科门类基本齐全，从当初的5个本科专业发展到几十个，当初77级招收270余名本科生，如今差不多是20倍，研究生更是当初的100多倍，校园面积也是原来的七八倍，建筑与设施更是不可同日而语。徐敦楷表示，国家改革开放后取得伟大成就，中南大这40多年也完成了跨越式发展，可以说是凤凰涅槃。

和中南大一同走过40余年，徐敦楷期待着中南大续写更多的辉煌，可以建设成为"特色鲜明的高水平人文社科类大学",可以冲出中国、走向世界。

"与法同行,法行天下,为中国知识产权事业鼓与呼"

1968年的武汉,天气寒冷。刚刚读初二的吴汉东并不太清楚当时的中国发生了什么,他只知道自己不能再在武昌实验中学继续读书,不能再和小伙伴们一起在校园里玩耍,而是要离开家乡奔赴农村,去到潜江的田间,挑起170斤的担子干农活。

在乡村的两年间,吴汉东赶车驾辕,插秧割谷,修堤筑坝,度过了一段艰苦的岁月。一年到头,虽有劳作之累和生活之困,但农暇之夜煤油灯下的阅读——读文学、读历史、读政治,就成为自己的一种生活享受。后来的一次机会,吴汉东通过招工离开了潜江,来到了襄阳,从一名"农民"变成了一名"邮差"。骑着自行车,挎着大邮包,穿梭在大街小巷,这就是吴汉东每天的工作。

独居异乡的日子,生活是平寂的,但也有些许色彩,两本读书笔记和一些文学创作是吴汉东青葱年代最重要的收获。在邮局工作的时间一晃而过,1977年的秋天,已经是邮电局团委书记、政治部副主任的吴汉东收到了一条消息:由于"文化大革命"的冲击而中断了十年的中国高考制度得以恢复,工人农民、上山下乡和回乡的知识青年、复员军人、干部和应届高中毕业生都可以报名参加高考。得知此消息后,吴汉东心中对知识的渴望被瞬间点燃,他立刻报了名,全力以赴参加高考。偏向文科的吴汉东填报了自己的高考第一志愿——北京大学中文系。

收到录取通知是在1978年2月的一天,当时正在带领贫下中农学大寨的吴汉东接到了一个电话,电话那头传来声音:"你被湖北财经学院录取了!"激动的吴汉东一夜未眠,天一亮,他就拎着一个小箱子,迫不及待地登上了火车。可是看着自己的录取通知书,吴汉东又陷入了疑惑:什么是法律专业？学法律是要干吗？"有一个当过警察的邻居告诉我，学法就是当法官，我这才对法律专业有了一个大致的认识。"吴汉东说道。

2月的武汉仍旧寒风凛冽，吴汉东来到了湖北财经学院。在当时，全国只有3所学校招收恢复高考后的第一批法学专业的学生，分别是北京大学、吉林大学和湖北财经学院。这3所学校学习法律专业的学生加起来，也只有150名左右。

由于是恢复高考后的第一批法学专业学子，吴汉东所在的班级年龄差异较大，已经27岁的吴汉东是这个班级的"大哥"，担任了班长。这个班后来被称为"中国法学第一班"，而在这个班组建之前，如今的"民法大咖"、中国人民大学原副校长王利明只是在乡间农田里锄地的少年，如今的著名国际法学家、中国政法大学原校长黄进只是在湖北利川插队的知青，曾任湖北省委党校副校长的著名宪法学与行政法学家方世荣也只是一名爱写诗的文艺青年。恢复高考让这群不同身份的青年聚集在一起，他们有志气、有担当，将"为中华之崛起而读书"牢牢刻在心中，并为之努力，为之奋斗。

1982年1月，湖北财经学院法律系全体老师与77级毕业生合影留念

不同于现如今法律专业的学生，有专业的课本，有法律文本，在40

多年前，摆在吴汉东面前的只有《宪法》《婚姻法》等几本法律文本，只有印制粗糙的油印讲义或已经发黄的老教材，但这丝毫不影响学子们求学的热忱。吴汉东和同学们会每天到学校里的公共橱窗仔细阅读《人民日报》《光明日报》，会自发地针对报纸上的文章展开学习和讨论。"1978年，全国开始真理大讨论，我们也积极参与，感觉那个时候就是激情燃烧的岁月。"同时，法律知识的学习更多来自实践。吴汉东和同学们会走进工厂、车间，走进基层的公检法机关，去了解案件实例，去深入基层生活。在他们看来，只有这样才能了解真正的中国社会，才能"学有所用，用有所长"。

在当时并没有良好的环境条件保障学生们的学习进度，但同学们都很珍惜这来之不易的学习机会：晚上熄灯时还不上床睡觉，直到辅导员来催促才入睡；学校停电的时候，同学们就跑到相距不远的武昌火车站路灯下学习；夏天天气闷热，没有电扇，大家就结伴到操场上的青石板上学习、休息。

这一群来自天南地北的青年，在湖北财经学院度过了4年最值得铭记的大学时光。毕业后的吴汉东已过"而立"之年，选择了在本校教书，由此吴汉东实现了"农民——工人——职员——教师"的人生转型。每念及此，吴汉东都感念高考制度改革，让一群有抱负的青年有了选择的机会。

1986年，吴汉东完成了研究生学业。由于硕士授权点的限制，他报考的是法学理论专业，师从法理学家章若龙先生。出于对民法学的偏好，又在民法学家李静堂先生和罗玉珍先生指导之下，专攻民法基础理论。最终在老师们宽广的学术胸襟中，选择了知识产权制度作为学位论文。他的硕士论文是我国第一篇研究知识产权的硕士论文，他在1984年开设的知识产权法课是我国高校第一门知识产权法课程，他与同学、同事闵锋在1986年合著的《知识产权法概论》是我国第一部知识产权法教材。1991年秋，吴汉东以"不惑之龄"、有惑之心，开始在中国人民大学攻读博士学位，后又作为教育部委派访问学者前往美国锡拉丘兹大学进修。通过不断的学习研究，吴汉东的博士论文《论合理使用——关于著作权限制与反限制的研究》获得首届百篇优秀博士论文奖，将我国对这一问题的研究提升到接近发达国家和地区的崭新水平，是那一届唯一一篇获奖的法学论文。

吴汉东荣获首届全国优秀百篇博士论文奖

可以看到，中国改革开放 40 年，正是我国知识产权法制建设和事业发展的 40 年。作为"新时代科技革命与知识产权学科创新基地"中方首席专家，作为教育部人文社科重点研究基地、国家知识产权战略研究基地、国家版权局国际版权研究基地、文化部文化知识产权研究基地、最高人民法院知识产权司法保护研究基地的主持人和首席专家，吴汉东一直致力于理论研究与政策实践相结合，为我国知识产权重大决策作出一些思想贡献：2006 年 5 月 26 日，在中共中央政治局第三十一次集体学习会上为国家领导人讲授"我国知识产权保护的法律和制度建设"；先后应邀主持了《国家知识产权战略纲要》《国家广播影视知识产权战略纲要》《国家知识产权"十二五"发展规划》《国家知识产权"十三五"发展规划》《文化部"十三五"时期文化领域知识产权保护纲要》等国家战略以及湖北省、西藏自治区等地方战略的专家建议稿；为中央党校、国家行政学院、商务部、文化部、国家知识产权局、国家广电总局、国家新闻出版总署、国家工商总局等中央部委以及 20 余省市领导干部和许多高校、企业做知识产权专题报告，并应邀在中央电视台"焦点访谈""社会与法""科技"等频道和栏目做访谈。吴汉东人生道路的学术选择，与国家法治建设发展紧密相连，只求专业研究之兴趣，尽报效国家之使命。

中南政法学院建校开工典礼

司法部与湖北省人民政府共建中南政法学院签约仪式

在他的带领下，中南财经政法大学法学学科的发展也成就显著。如今中南大法学院拥有法学一级学科博士点，在民商法学、法制史和宪法与行政法学等8个二级学科均有博士学位授予权；同时也拥有法学一级学科硕士点，拥有法学理论、法律史学、宪法学与行政法学、诉讼法学、民商法学、经济法学、环境与资源保护法学、国际法学等8个硕士点和法律硕士专业学位授予权，25 个研究方向。拥有国家级重点学科——民商法重点学科。在已拥有宪法与行政法学、法律史、经济法学等多个部省级重点学科的前提下，2008 年，法学学科获得湖北省一级重点学科殊荣。民商法学、宪法与行政法学分别获得湖北省优势学科和特色学科称号。此外，法学学科在全国"211 工程"院校三期重点项目的申报上以全优的成绩获得广泛认同，并于 2017 年 9 月，法学学科成功入选"双一流"建设高校及建设学科名单。"复合型应用型法律人才培养基地""西部基层法律人才教育培养基地""涉外法律人才培养基地" 入选教育部首批"卓越法律人才培养"3 个基地。2018 年 1 月，教育部、国家外国专家局联合公布了"2018 年度新建高等学校学科创新基地"立项名单，我校申报的"新时代科技革命与知识产权学科创新基地"获批立项，实现我校该项目的零的突破，亦是我校继入围国家"双一流"高校建设名单后，学科建设又一里程碑式的进阶。

中南政法学院校门

中南政法学院校园景观

从 1978 年 12 月十一届三中全会发出了"加强社会主义法制"的号召，提出了"有法可依、有法必依、执法必严、违法必究"的十六字法制工作方针，到如今在党的领导下，中国走出了中国特色社会主义法治道路，不断开创全面依法治国新局面。而高校的法治教育是习近平总书记全面依法治国新理念新思想新战略的重要一环，中南财经政法大学作为一所扎根中国大地的财经政法类高校，肩负着为国家培养法律人才及为国家法治建设发挥"智囊团"作用的使命，吴汉东希望，中南大能够全面推进依法治教，在推进中南大法学更上一层楼的同时，为中国法治建设作出更大的、属于中南大的贡献。

"那一年，我是一个 16 岁的小姑娘"

1979 年的 10 月 8 日，朱巧玲只身带着一个桶、一个开水瓶、一个手拎包，坐在人来人往的火车站里。她手里拿着的是邵阳到武汉的通票，需要在长沙转车。16 岁的小姑娘在各个窗口间紧张地转来转去，终于办好了转车的手续。拿着一本书在火车站里等，直到坐上火车，才稍微放下心来。

她拿着录取通知书，怀着一点点担心和憧憬，独自一人奔赴相距千里的陌生学校——湖北财经学院。抵达武昌站后，找到了接站的师兄师姐，跟随着他们一起步入了学校大门。

湖北财经学院校门

朱巧玲是恢复高考后第一届参加全国统考的考生，而这所才更名为"湖北财经学院"的学校，它要面临的不仅仅是各学科的恢复，还有教学设施、生活设施的恢复，面临着全面建设的艰巨任务。

朱巧玲此时并不了解这些。她更难以预见的是，从走进学校这一刻起到之后的40年，她的人生道路都将和这所学校的发展轨迹紧密相连。

朱巧玲原本报考的志愿是国民经济计划专业，但在拿到录取通知书时，看到录取通知书上写的却是"政治系政治经济学专业"，她并不知道什么是政治经济学，更不知道学了以后要做什么。相比于她的茫然，她的母亲倒表现得非常淡定："你管它干什么，反正是国家需要的人才。"

多年之后朱巧玲才了解到，自己是为何误打误撞进入了政治经济学专业学习。原来当时负责招生的老师为了平衡计统系与政治系在湖南所招女生的比例，将朱巧玲调入了政治系。进入政治系学习后，她才知道自己是学校第一届经济学的学生。此时全校只有政治经济学这一个经济学专业，但实力非常雄厚，在全国的理论经济学当中排名第9。

　　回忆起当初报到时的场景，朱巧玲仍觉得历历在目。1979年10月8日那天，朱巧玲很早便办完了报到手续，选择住在了首义校区28号楼317宿舍的一个上铺，这一住就是4年。

　　此时恢复高考不久，学校3个年级的学生人数加起来不到千人。到食堂吃饭要用饭票，打水要用水票。当时物资短缺，食物品种单一，难得有肉吃，"当时只有逢年过节食堂加餐，才有红烧圆子，逢国庆节、五一劳动节才能吃上一次，每次我们女生都能吃10个"。

　　住宿条件和现在也是不可同日而语。朱巧玲所住的28号楼里，一间宿舍大概有18平方米，里面要住8个人，每个人一张铁架床、一张书桌、一个板凳。但装衣服的箱子、开水瓶和桶等生活用品，都需要自己带，宿舍被挤得满满当当。宿舍里没有独立的淋浴间，只能靠打水来洗澡，或是去公共的浴室。可浴室一周才开放一次，学校里还经常停水。"有一年气温特别高，再加上停水，学校怕学生中暑，只好提前放假，暑假回来以后才进行期末考试。这一次事件后，学校专门拨出资金，修了一个蘑菇状的水塔，终于缓解了这个问题。"这个水塔至今仍在首义校区。

俯瞰湖北财经学院校园

　　2018年文澴楼建成后，朱巧玲去文澴楼上课，看到了楼里的现代化教学设施，兴奋得不得了。她立马拍了图片，发到了老同学群里。老同学们纷纷问起来："现在学校教室有这么好了吗？"朱巧玲说："这是我用过的最好的一间教室。"而在40年前，师生们还用着20世纪50年代修建的教室。教室未经修缮，多为平房，师生们就叫它们"平一""平二""平三"等等。老师上课，粉笔灰会直接撒在前排的桌子上，甚至撒得地上到处都是。

可是，物资的匮乏并没有阻挡学生们的青春热情。同学们每周末会去做义务劳动，集体把校园的角角落落打扫干净。"那时好像什么都是自己干，做这种义务劳动还挺有意义的，挺有趣的。因为整个社会发展水平也不是很高，所以那个时候也没有觉得特别艰难。相反觉得能够在大学里面学习，就很珍惜学习的机会了，对物质方面没有更多的要求，总是去克服。"朱巧玲还回忆起当时"抢座位"的情景——上课去教室抢座位，没课时去图书馆抢座位，对知识的渴求让人忘记了物质生活上的匮乏。

中南政法学院图书馆

中南财经大学图书馆

学生在图书馆自习

　　谈起曾经的老师，她骄傲地念出了一个个名字，"当时授课的老师都是很顶级的经济学专业老师，教授"政治经济学原理"的张寄涛老师、周彦文老师、夏兴园老师、胡逢吉老师，教授"资本论"的邱丹老师、沈伊莉老师、王时杰老师。此外还有教授"经济史"的赵德馨老师、教授"中国经济思想史"的张家骧老师，教授"西方学说史"的谷远峰老师等等，这些都是我们当时本科硕士的导师，在全国都是知名的，其中张寄涛老师还是第一届孙冶方经济科学奖论文奖的获得者。"

由于当时社会的特殊性，在这个由 49 名学生组成的政经 79 级的班集体中，年龄相差大概 14 岁，朱巧玲是年龄最小的一名女生。本科毕业以后，大多数同学都直接参加了工作，少数人选择继续深造，朱巧玲是班上 12 个女生中唯一一个应届报考硕士研究生的。有着名师的精心培育，加上学生的努力奋进，这个班级走出了尹汉宁、王东京、吕东升等一大批人才。朱巧玲一心想成为教师，所以本科毕业后的她坚定地选择了考研。

1986 年，朱巧玲获得了我校的经济学硕士学位，同年留校后开始了自己的执教生涯，2004 年继续在我校在职攻读博士学位，2007 年取得博士文凭。有意思的是，朱巧玲虽然本硕博都是在我校就读，但她的 3 份毕业文凭的校名是不一样的。她本科的毕业文凭上写的是湖北财经学院，硕士的毕业文凭是中南财经大学，博士文凭上写的则是中南财经政法大学。从 1979 年进入学校，到 2007 博士毕业，朱巧玲的求学和执教经历刚好历经了学校发展变迁的 3 个阶段。

朱巧玲每次谈起这段经历，别人总以为她是在 3 所不同的学校读完了本科、硕士研究生、博士研究生。她对此的解释堪称风趣："你看我的校名越来越长，说明我们学校在发展，学科也是从原来的六大学科到现在的九大学科，对吧？"

六大学科指的是经济学、管理学、法学、文学、理学、哲学，2000 年中南财经大学和中南政法学院合并后，又逐渐增加了史学、工学、艺术学门类。回想起 1978 年湖北财经学院成立时，设置了财政系、计统系、基建财务系、会计系、工业经济系、农业经济系、商业经济系、政治系和法律系。1983 年 6 月调整系、科及专业设置时，还增加了信息系等。朱巧玲才入学时，政治经济学专业还属于政治系。两校合并后，学校对专业、学科再次进行调整。最初的政治系一分为三，分别并入了经济学院、公共管理学院和马克思主义学院。

中南财经大学语音室

从"六大"到"九大"，代表着学校从一个专业性大学到一个综合性大学的发展。学校原是财政部部属的重点院校，现在已经成为入选世界一流大学和一流学科建设高校及建设学科名单的高校。纵看整个学校的发展路径，包括专业的调整、院系的设置，都是与国家的改革变化相关联的。"就像我们的国家一样，在短短的几十年间，产生了巨大的改变，取得了巨大的进步。"朱巧玲认为，我们的国家和学校，都经历了了不起的发展。

从一个16岁的小姑娘，到如今已在学校度过了近40年春秋，朱巧玲也完成了从"学生"到"老师"的蜕变。除了近几年因健康原因，32年来，朱巧玲每年都要为本科生讲授"政治经济学"课程。她是最早在湖北省使用多媒体教授"马克思政治经济学原理"的老师，因此还获得过湖北省高校工委"三育人"先进个人称号。这么多年来，她主编并参与编写了不少教材，其中和梅金平老师主编的《政治经济学》获得了武汉市的优秀奖，和卢现祥老师一起主编的《新制度经济学》，获得湖北省教学成果一等奖。朱巧玲将此视为自己的成长："从用我的老师的教材到我自己编教材给学生用，从自己学习，到最后可以把所学的知识转换成生产力，向学生传道、授业、解惑。"

在学校读书、任教了近40年的朱巧玲，对我校经济学专业的发展尤其骄傲。她为我们一一细数了经济学专业发展到现在的成就：从硕士点、博士点来看，过去只有政治经济学一个硕士点，现在有理论经济学一级学科博士点授予权，理论经济学博士后流动站，拥有政治经济学、经济史、西方经济学、人口资源环境经济学、经济思想史、世界经济等6个博士点，政治经济学、经济史、西方经济学、人口资源环境经济学、经济思想史、世界经济、国民经济管理学、国际商务等8个硕士点。从师资来看，政治经济学的师资队伍无论是结构还是人数，在全国都是领先的。

在朱巧玲的生命中，母校已横跨了近40年的时间。"从16岁对经济学毫无了解的一个人，到完成了本科硕士博士的学习，再到1986年留校任教，一路成长。从一个助教到讲师、副教授、教授、博导，到今年也有32年了。我是伴随学校成长的，所以学校培养了我，我也终身为这个学校服务。我感恩国家改革开放提供的发展机遇；感恩母校和恩师的栽培；感恩所有教过的学生的信任。预祝母校在新时代新征程中取得更加辉煌的成就！"

有一首脍炙人口的歌这样唱道："1979年，那是一个春天，有一位老人在中国的南海边画了一个圈，神话般地崛起座座城，奇迹般地聚起座座金山，春雷啊唤醒了长城内外，春晖啊暖透了大江两岸……"

改革开放，它开辟了一个前进的道路，书写了一段东方传奇，"中国崛起"不再只是一个口号，而我们的中南大正是这个伟大篇章的缩影。

40年自强不息，中南大人将一片荒地建设得风景如画；40年辛勤耕耘，一代代学者、大师在这里严谨治学，春风化雨；40年砥志研思，中南大科学研究不断进步，成绩斐然；40年立德树人，中南大以生为本，为国家建设输送了一大批精英学子；40年责任担当，中南大坚持主动服务国家，积极回馈社会；40年砥砺奋进，中南大在建设成为"特色鲜明的高水平人文社科类大学"道路上，以坚守红色革命传统为本心，以严谨治学、踏实科研为翼，以为国家培养有志有识之士为航向，不忘初心，创新进取。

40年改革开放，40年艰苦奋斗。走过40年，我们的国家日益强大，我们的中南大日益美好。正如习近平总书记在庆祝改革开放40周年大会上说的那样，"建成社会主义现代化强国，实现中华民族伟大复兴，是一场接力跑，我们要一棒接着一棒跑下去"。而建设更加辉煌的中南大，也需要一代又一代中南大人继承发扬光荣传统，书写出属于中南大的新篇章！

（崔桢桢、汪弘量、李希越、张雁玮、马晓宇、李甜）

深情寄语　时代心声
——83 届毕业生的母校情怀

　　阳春三月，草长莺飞。在这春光明媚的季节，人们的思绪往往会随风飘洒，或飘向晴朗的天空，或飘向记忆的深处。

　　近日，在整理往日的资料时，翻出了我们 83 届毕业生当年离校前夕的《告别词》，这是写给母校和母校师生的《告别词》，在 1983 年初夏的毕业告别晚会上由主持人宣读，后又在学校广播台播送。《告别词》充满了青春的活力、青春的豪气，也充满了对母校的眷念、对母校的感恩、对祖国的报效之情，至今读来仍令人热血沸腾。一篇《告别词》，将思绪拉回到了 1983 年我们毕业当年在母校学习、生活的时光，依旧历历在目。

　　我们 83 届毕业生是在共和国成立 30 周年的 1979 年金秋，从祖国的四面八方来到这长江边上、黄鹤楼下的母校——当年的湖北财经学院，开启了求学之路。79 级大学生是"文革"结束、恢复高考后的第 3 批大学生，是一个较为特殊的群体：其一是与前两届 77 级、78 级相比，79 级更具年青活力——按当时的政策规定，77 级、78 级的录取年龄最高在 30 岁左右，而 79 级则必须在 28 岁以下，因而年龄结构更加年轻。其二是与后两届的 80 级、81 级相比，79 级又显得成熟稳重——自 80 级以后国家规定大学生录取年龄在 25 岁以下，80 级以后的各届中应届高中生占了很大比重，而

79 级则有不少来自社会和有工作经历的考生，在各方面都显得较有经验。其三是 79 级的入学门槛更高——1979 年高考是第一次全国统一命题，难度提高，且从 1977 年至 1980 年的 4 年高考中，1979 年的试题难度最大，因而 79 级的文化成绩更具优势。79 级大学生在校学习的 4 年，正逢 20 世纪 70 年代末向 80 年代初的转换，那是一个火热的、沸腾的年代，是一个充满活力、充满希望的年代。我国改革开放初兴，经济建设成就渐显，人民生活已有改善，教育事业展现活力，体育事业蓬勃发展，国际地位不断提高。当年的大学生堪称富有青春活力的 20 世纪 80 年代新一辈的佼佼者，而 79 级大学生又是这其中的承上启下的一个群体，他们唱着《在希望的田野上》《八十年代新一辈》，活跃在大学校园的各个场所。在当年的湖北财经学院，79 级各个专业的学生在读书学习、体育活动、校园文化、日常生活等各方面都显现了他们的特色和活力。经过 4 年的大学生活，即将离开母校走向社会，在离别前夕，他们写下了充满激情的《告别词》，现载录如下：

《告别词》

亲爱的同学们，就要分别了。此时此刻看看一张张熟悉年青的笑脸，无论是男同学还是女同学，无论是老同学还是新同学，都是那么亲切那么难以忘怀。昨天我们来自祖国的五湖四海，明天我们将奔赴祖国的地北天南。告别了，充满青春回忆的大学时代；告别了，度过了青春时光的明亮课堂；告别了，洋溢着青春热情的文艺晚会；告别了，焕发青春活力的运动场；告别了，记载着青春欢笑的学生宿舍；告别了，燃烧着青春火焰的图书馆辉煌的灯光。海阔凭鱼跃、天高任鸟飞，怀着满腔热情，怀着雄心壮志，带着满脑子的美好幻想，我们的年轻的肌体将要奋斗在祖国的各条战线上，我们火红的青春将要燃烧在祖国的四面八方。在离别母校的时候，我们首先想到的是向白发苍苍的老教授、向呕心沥血的老师们致敬，是你们以师表的楷模、榜样的力量教导我们怎样学习，怎样钻研，你们像蜡烛一样，燃烧了自己，照亮了我们。在这离别的时刻，我们代表七九级六百多名同学向你们——辛勤的园丁献上一束心花。

让我们向80、81、82级的同学们致意，感谢你们怀着惜别的心情来参加这充满青春友爱和欢乐的告别晚会。咱们都是同辈人，一代青年，曾经一起度过了几番寒暑，几度春秋。今天，我们先走一步，加入祖国建设大军的行列，你们随后就到。在咱们朝夕相处的日子里，我们可能愧做大哥哥大姐姐，也许我们曾仗着年大几岁、力大几分欺负你们，也许我们的某些言行某些举止曾给你们留下不愉快的回忆。在这美好的晚上，让我们记住昔日的欢乐，忘记过去不愉快的往事吧。

我们怀着恋恋不舍的依依之情，向七九级的老同学道一声：珍重！四年来，一千六百个日日夜夜，我们同窗共室，朝夕相处，共同学习，共同生活，共同渡过了青春最美好的时光。多少个白天和夜晚，多少个黄昏和早上，我们静坐在教室，争论在灯下，激战在球场。还记得吧，四年前的那天，共和国三十岁生日的时候，我们从祖国的四面八方来到这长江边上，蛇山脚下，你帮我抹去风尘，我替你洗净衣裳；还记得吧，当中国足球队失利时，我们齐声惋惜，当中国女排大获全胜时，我们喜泪合淌。从此以后啊，我们又将东南西北，天各一方。趁我们还相聚的短暂时刻，让我们再一次促膝而坐，倾吐情怀；让我们再一次游历校园小径，诉说衷肠；让我们再一次漫步静谧的夏夜，憧憬明天；让我们再一次迎接第一缕曙光，畅谈理想。摘下胸前洁白的校徽，再一次深情地抚摸，捧起案边熟悉的课本，再一次倾心地凝望。在一九八三年阳光灿烂的夏天啊，我们将高唱着毕业之歌，去实现多年的理想。

我们年轻啊，我们富有朝气，我们是早晨八、九点钟的太阳。五百多个小伙子似五百多棵迎风松，一百位大姑娘似一百朵郁金香。滋润着春天的雨露，沐浴着夏日的阳光，迎来了金秋的希望。吃着中原稻，饮着长江水，我们从幼小的弱苗成长为参天的栋梁。让我们在夏日的清风中约定：再过二十年，我们重相会。还是在这美丽的校园，还是在这长江边上，那时候青春的岁月早已消逝，男同学再也不是英俊、潇洒的翩翩少年，已是两鬓霜白；女同学们也不再是如花似朵、正当妙龄的亭亭少女，已成为半老徐娘。

当我们走过了这一段生命的历程，当我们以不惑之年重聚一堂，回首今昔的时光，深情地回忆起青春时代绿色的梦想。同学，你会怎么想？男同学们，咱们一定会拍着胸膛说：瞧瞧我们的丰功伟绩吧，我们是顶天立地的男子汉，堂堂的须眉大丈夫。女同学们也定会骄傲地夸口：看看我们的建设成就吧，我们是当之无愧的巾帼英雄，真正的女中豪杰。那时候啊，历史将记住：二十年前，在长江之滨、蛇山脚下，曾经聚集着一群风华正茂的青年学子。

告别了，同学们，"相见时难别亦难"啊，再也不是寒暑假的迎来送往；不会再有了，春日的结伴郊游；不会再有了，夏夜的同声歌唱；永远告别了，每年一度的排球大赛，暂时分手了，我满怀青春友谊的同学们。

去吧，挥舞你的双臂，到九百六十万平方公里的大地上耕耘。

去吧，展开你的翅膀，到无边无际的广阔天空翱翔。

记住啊，不要忘记，无论你是在天寒地冻的北国，还是在四季如春的南疆，无论你是在繁华热闹的都市，还是在偏僻寂静的山乡，同窗友谊与你长存，同学们的思念永远在你身旁。

这是一篇饱含深情的《告别词》，从中可以看到我校 79 级学生，即 83 届毕业生真挚的母校情怀，包含了以下几个方面的特点：

第一，对母校的深情眷念。79 级学生乘着恢复高考的东风走进大学校园，凭着自己的努力成为时代骄子，他们珍惜难得的学习机会，珍惜丰富多彩的大学生活。在当时"尊重知识，尊重人才"的氛围中，他们在菁菁校园度过了 4 年大学春秋，这是他们一生中难忘的时光，是母校给了他们知识，给了他们腾飞的翅膀，给了他们报效祖国的力量。他们热爱母校，怀念母校，每逢入校或毕业的纪念日，他们都要回母校重逢，重温当年的大学生活。细数如今校园中各届毕业生为母校捐设的纪念园地，以 83 届各专业的居多，母校之情，洒然其中。

第二，对老师的深情敬意。这一届学生在校学习期间深蒙老师的教诲，建立了深厚的师生情谊。专业课老师渊博的学识、优秀的教范，使学生们感受到学者的风采，知识的广阔，受益良多。还有每周任课教师到宿舍进行学习辅导，对于学生的各种提问悉心给予面对面的指教。辅导员老师更是经常深入学生宿舍，不厌其烦地帮助学生解决学习和生活上的困惑和难题。学生们对老师也是十分敬重，常与老师联系，或请教学习问题，或主动帮老师做一些力所能及的事。每逢新春佳节，家住武汉和留校的同学，都要结队去老师家拜年，老师也热情地留同学们吃饭。在毕业后的岁月里，一些师生还长期保持联系，同学们回校搞纪念活动，都要举行师生座谈会，请所有当年的任课老师参加，其乐融融，师生情长。2009年会计79级校友回校纪念入校30周年，在师生座谈会后，还专程到腿脚不便无法参会的89岁高龄的易廷源教授家看望，并合影留念。2011年春节前，身居中共湖北省委常委、宣传部部长的尹汉宁还专门为老师送了贺年礼物。这些都代表了83届毕业生的敬师之情。

第三，对同学的深情挂怀。同为79级学生，大家在母校共度4年时光，有太多的青春回忆。课堂上静息听课，图书馆埋头苦读，宿舍里谈天说地，黄昏中漫步校园，劳动日热汗挥洒，春游时欢声笑语，还有那运动场上的青春活力，文艺晚会的青春风采，更难忘作文比赛的才华横溢，赛诗会中的激情迸发，演讲赛台的辩思奔涌，班际舞会的活力四射……大学四载同窗生涯，成为同学们珍贵的回忆。这样的经历怎能忘怀！毕业后大家虽各居祖国的地北天南，但仍然保持密切联系，同窗友谊长存，并在83届各专业班级的"班庆"活动中达到高潮。

第四，对祖国和社会的责任担当。79级学生在恢复高考的机遇中进入大学校园接受高等教育，其中大部分同学靠着国家的助学金度过大学春秋，他们感恩祖国，感谢社会，立志用所学知识报效祖国，担当建设社会主义现代化的重任。毕业后，他们努力工作，勤于奉献，如今许多人已成为单位的骨干，国家的栋梁，功成名就者大有人在。从这一届毕业生的队列里，走出了多名部省级领导干部，众多厅局级领导干部和大量县处级干部，还有许多学者、教授，经理、总裁……他们在各自的岗位上为祖国的现代化建设贡献着自己的聪明才智，作为一个群体，可以说他们已为国家和社会建立了丰功伟绩。他们勤勉敬业的奋斗经历和爱校敬师的母校情怀，也为我校后来的各届学生树立了良好的榜样。当年他们以母校为荣，如今母校以他们为荣。而他们的母校情结依然常存，经久弥深。

有诗为证：

翻阅当年"告别词"，母校情怀更相思；

喜看今日宏图现，精神家园展新姿。

（胡江滨）

雪泥鸿爪忆校园

　　记得是 1977 年年底或是 1978 年年初的一个日子，我接到了湖北财经学院的录取通知书。当时的我，在湖南省湘乡县一个公社的中学做民办教师。我先是高兴万分，随即又一头雾水。一是我根本没有报这所学校，二是不知道"基建财务与信用"专业学完后是干什么的。我拿起通知书，向我们公社最有文化的教委主任讨教。

　　教委主任看了好几遍通知书，肯定地说，录取通知是真的。至于"基建财务与信用"专业，他亲切地拍了拍我的肩膀说，"毕业后回来当会计吧"。那个时候在我们湖南乡下，会计是一个很好的工作，我虽然对此没有什么向往，但毕竟可以让我脱离水田劳作之累。就这样，怀揣一种憧憬新生活的兴奋，在 1978 年春节后，作为恢复高考后的第一届大学生，我来到了武汉，走进了校园。

同学们在校北区和校门合影留念

如今，离开校园已经 30 年了。每每回忆起来，已经记不得校园里曾有过的"政治生活中的大事"，倒是那些细小琐碎的事情，历历在目，想起来，真有几分时代的浪漫，又包含有许多人生的特别滋味。

上学报到的那一天，我走出武昌火车站，在一大堆接站的学校牌子里，看到了我的学校。和名气十足的武大、华工相比，我们学校的牌子显得很不起眼，但牌子旁边一位穿戴时尚的女孩子，正在和学校接站人员交流着什么，让我眼前一亮。在湖南乡下待得时间长了，去过最远的地方也就是县城，见到穿戴如此得体，长相秀美，青春活泼，尤其是操一口北方口音普通话的女孩子，自然感觉是非常的美好了。登记名字时，我看到她叫叶建碧，来自贵州，也是学基建财务与信用的。我们简单地交流了几句。不一会儿，我们就被送到学校了。

我一直记得这个学校生活的开始。这是一个美好的开始，尽管我们之间当然地没有什么浪漫故事。

入校后的第一件难事，就是手中无一分钱，生活极为拮据。因历史的原因，我父亲是当年的"右派"（1981 年平反），"文革"中回到老家农村，吃饭都是问题，也就不要说现金收入了。母亲虽然保留了城市户口，但每月工资 39.5 元，还有我的两个妹妹要抚养，生活非常紧张。亲朋好友好不容易给我添置了上学用的毛巾、脸盆等几件必需品，再就是凑足了路费，身上则不再有一分钱了。当时的想法是，上大学国家会负担费用的，一切到了学校都会解决。

还真是，没有多久，学校就开始评定助学金。我享受到了甲等助学金，每月 22.5 元，其中 17.5 元是伙食费，不发给本人，由学校掌握；5 元零花钱，发给学生。对这些助学金，我一直怀有着感恩之心。这是国家给予我的资助，我自当一生都要报效祖国。这是天然的逻辑，也是天然的情感。想到这一点，我也一直认为，当今的社会，还是应当有更多这样的"国家资助"和"国家安排"，它会让国人更有国家感和爱国情怀。

到校一段时间后，我们了解到，在"文化大革命"中，学校受到了强烈的冲击，一度更名为"湖北财经专科学校"。恢复高考时才改名为"湖北财经学院"。我有好友考取了武汉别的大学，到校后，就发了校徽，走到哪里，都戴着它，引以为自豪。而我们学校的校徽，迟迟没有发到学生手中，我们知道，这与学校的历史有关，制作新校徽也要时间呢。但我们真是着急啊！

终于，在等待较长时间后，我们的校徽到手了。但不知怎么回事，不论是校园外还是校园里，戴校徽的同学真不多。学校经历过许多磨难，降格变名导致社会认同度低，我以为这是学生不愿意戴校徽的重要原因。我也很少戴校徽，那时也有和其他同学同样的心理。现在想起来，真是青春年少时的特殊心理，说不上不成熟，但也的确有几分青涩。

我们宿舍在 28 号楼。由于宿舍紧张，大楼一分为二，两个门进出。一边是女生，另一边，三楼以上是女生，一到二楼是男生。这样的结构，时常会有不方便，也有些有趣的故事发生。有意思的"常景"是，每到周六下午，那些正在和外面军人谈恋爱或已经确定关系的"大姐"女生们，会打开窗户，随时看看部队接人的车子是否到来。一旦听到车响，往往先探头出来的是男生，他们会大喊起来，"爱民的，来了；拥军的，快出来！"这个场景，至今让我记忆颇为深刻。其实，那也是男生们一种羡慕又有些不满的表示。

28号楼前是水泥篮球场。通过篮球场往前走，就是操场。这样的环境，便于我们早起锻炼，也利于晨读。我觉得我的校园生活，很多时候就是在那个篮球场和操场度过的。

记得在28号楼里，我入校时住过一间宿舍，后又被调整过一次。同宿舍的同学，也就先后有过十来人。广东来的同学在我们眼里，是相对富裕的，他们有的有收音机，那是很了不得的事情。应当是梁锦亮同学吧，他每天早上用收音机收听广东台节目，那个"广东人民广播电台"的呼喊声，自然成了我们的"叫醒服务"，以至于几十年后，我仍然可以用标准的广东话说这几个字。

调整后的宿舍，最靠大楼的顶头，广东的"叫醒服务"没有了。但隔壁的高健同学，几乎天天很早都在收听短波的"英语九百句"，效果一点都不弱于"广东人民广播电台"。我说不清楚，现在我能够用英语交流，是不是那时候就培育了一种听力潜质。当然，这是调侃。

调整后宿舍里"同居"到毕业的，有刘平、余辉、李绍文、甘宏亮、牟宗明和杨德新。刘平和余辉都是湖北人，讲武汉话。对于我，听武汉话没有什么困难，本来不打算学讲本地话。有两件事激励了我，硬是学会了标准的武汉话，至今只要有环境，说起来自己就成了"咯板板"的武汉人了。

一件事是上大课，两个班有一百多人。老师问了一个问题，请一位同学回答。那是一个课程之外的问题，应当说知道答案的人，可能很少。被点名的同学是武汉人，不是王立理就是薛山，他的回答竟然是，"我找不到"。我想，既然还可以找，你"找不到"，就使劲去找找看吧。原来武汉话里"找不到"就是"不知道"。我觉得武汉话非常有趣，想想学会这种语言，生活会多些色彩。学习的动力就这样来了。

另一件事是我受到了"刺激"。入学后，计算技术课给我们每人发了一把算盘和一把计算尺。上计算课时，老师还让我们学会了使用手摇计算机。据介绍，外国发明了一种计算器，国内已经能够见到，老师在课堂上，还借来了一个计算器给我们看，真是大开眼界。课后，好事的同学一起，决定到武汉最大的商场去看看，那里还真有那玩艺。我们请售货员拿那计算器让我们看看，那漂亮的女售货员一开口，我们就被镇住了："看么事来，又买不起！"事后，武汉的同学告诉我，如果你用武汉话说，她就不敢这样了。对了，我们用的是普通话。

参加学校的合唱比赛

女同学们在宿舍进行探讨交流

说到地方话，不能不提到一个同学，那就是胡凤英，大家称她为"老胡"。老胡的家乡是湖北监利县吧，那方言真有特点。对于我这样喜欢语言的人而言，总觉得那话好学，有意思。她是学生干部，经常发表言论，我也就有幸听得耳熟，也会模仿几句，表演一下。有的同学也认为我学得还不错，时常让我出出洋相。此事不知道是不是给老胡带来了乐趣，还是带来了忧烦，反正在毕业留言本上，她给我写的话是，"我最恨你学我讲话"。如今想起，还是好生有趣。从其他同学那里得知，老胡如今是远渡重洋，客居他乡。我想知道，老胡你呱呱唧唧的洋文里，是不是还有监利腔？

老胡好像在学校里大病过一场，是胰腺炎。不过，"铁姑娘"还是厉害，不多久就病愈回班。虽历经磨难，仍然还是"铁姑娘"。另一个让人记忆挥之不去的生病同学——陈四清，情况就大为不一样了。他是一组的同学，宿舍就在我的对门，加上湖南老乡的关系，乡音自然就使我们拉近了更多。上学没有多久，他就传出得了种医学上尚无良方的"溶血病"，令我们这些同学真是无法接受。我们想尽办法支持他，支撑他，安慰他，还捐出了微薄的补助和粮票。好在他始终保持一种乐观的情绪。终于有一天，我们来到了残酷的事实面前，四清病情告急。那是一个让人窒息的晚上，我们都去了武汉第三医院看望他。年轻的他已经不再和我们说话，医生告诉我们无能为力。离开医院时，我们感觉脚下是那么地沉重。

生命的奇迹出现了。随后我们听到的消息，是他溶血止住了，生命回归到了正常状况。那是一个多么震撼人心的好消息啊！陡然间，人世间的美好和生命的活力，我感觉，一下子充满了整个校园，充满了全部的校园生活。中国人崇尚"大难不死，必有后福"之说，四清虽然因病休而转入七八级学习，推迟毕业半年，但其之后的职业生涯，应当说是顺风顺水的。而今，到了当下的年龄段，职场奔波，各为其所，也少得联络，却是想起当年校园的奇迹，还是唏嘘不已，感慨颇多。道一声珍重，四清同学；道一声珍重，我的所有同窗。

基建财务与信用专业分两个班。大课、大活动一起进行，但大部分的课程和活动，还是按小班来安排。从熟悉程度上讲，当然是小班内的同学更熟悉些。有一个同学，却在一个平静的日子里，打破了班际的熟悉边界，名声一下子很响。

他就是郭才明。除了他的"非湖北话（包括普通话和英语等）"讲得有些许难度外，算起来也是一表人才。应当是精力旺盛，加上兴趣广泛，就在那专业学习课程不重的日子里，他在《儿童时代》发表了小说《鹦鹉学舌》并获奖，又创作出了多篇小说。我看过他写的另外一篇小说，名为《红尘》。我虽不记得故事的内容。但在大家对于宗教，哪怕是与宗教挨边的东西都讳莫如深的时代里，小说表现出的佛教意识及对社会生活的反叛，使我印象非常深刻。

同学们席地而坐

从 28 号宿舍楼往东，有办公楼、图书馆和我们的教室。往西就是围墙了。如果往北走，则有我们的食堂和礼堂等建筑物。28 号楼前的水泥篮球场和体育场，应当是一个最值得夸耀的大空间。走过体育场，就是外面繁荣的街道了。我们在校时，校园被湖北省歌舞团和湖北日报社占去了很大的地方。我们的校园虽然不大，但一想起来，又时常萦绕心头！

就是在那里，我们度过了特别的青春美好时光。带着那个时代的特征，我们追逐既有的知识，又寻找未知的价值理念；我们学习和翻阅砖瓦灰砂石的定额，终于搞懂了"基建财务与信用"；我们更是发现了学习中远没有清楚答案的大量难题，它们涉及的不只是具体的知识，还涉及人生的理想和未来——它们是我们一生都在试图去解答的题目。校园 4 年的学习和生活，我以为，最有价值的，就是我们被引导到了这些问题面前。这又如何不让我们，向那些教给我们知识、方法和价值理念的老师们，投去由衷的敬意呢？我不由地想到了他们，彭宗熙、陈启中、卢石泉、雷仲篪、赵宗仁、刘合林……

毕业时的同学聚餐，食堂准备了在当时说来可谓最丰盛的饭菜。学校规定不能喝酒，但我看到，还是有同学弄来了些啤酒，试图让气氛由某种离别的沉重，替换为聚会时的热烈。不知道几十年后的同学们，还记不记得那个时刻，虽然聚餐的气氛很是热闹，有些同学也在兴奋地通报分配的去处，杯觥交错，南腔北调的高声低语混作一团，却总是驱不散心头那淡淡的离别忧伤。

班级聚餐，同学们开怀畅饮

罗毅同学是我们班年龄最小的同学之一。情感的超常富有，使他热爱诗歌，成为我们公认的诗人。正因为此，校园生活中哪怕是细微的事情，也容易触动他心灵深处的敏感琴弦，写出动人心魄的诗句。就在聚餐之后，他写了一首小诗，描绘毕业即将各奔东西时的心态。其中有几句，让我印象深刻——"还有那狂欢后的心绪，不是轻松，尽是惆怅"。是啊，毕业考试完了，分别的聚餐也结束了，我们就将离别校园，离别敬爱的老师和亲爱的同学了，"自古多情伤离别"啊！好在罗毅同学还有一句诗，"或许空间的延伸，会缩短心与心的距离"。是的，在空间里，虽然我们将走出彼此的视线，却永远也走不出彼此的牵挂。这，就是真正的校园情吧。

同学们在校园漫步

最令人伤感的一幕出现在武昌火车站。张晓军同学被分配到西藏工作。临行时，还没有离开学校的同学都到车站为他送行。车窗里出现的那张仍然有些顽皮的脸，一下子被送行同学的道别呼喊，特别是女同学的哭声所深深震撼，顿时泪流满面。不一会儿，那张脸就随着火车的移动，慢慢地远去了。那只伸出车窗挥动的手，则永久地定格在我离别校园的记忆中。

毕业之后，我一共也就回过两次母校。其中有一次，时任校长的张中华同学，邀请我给一些博士生和硕士生做演讲。在问答交流环节，一位博士生问道，我们的学校，和北大、清华、武大等名校相比，在社会上没有什么大的名气，虽然我们也是寒窗辛苦，读到了硕士、博士学位，心里总感觉这些学位不够气派，不知师兄如何看待我们这些非名校的博士、硕士，我们未来的社会之路又应当如何走。

学校那时已经更名为"中南财经政法大学"，在社会上有了相当大的名声。这位博士生的问题，还是足够份量地敲击了我的内心。在思索片刻之后，我脑海里突然冒出了一句颇有哲理的"名言"：学生不会因为学校有名而有名，但学校一定会因为学生有名而有名。我用此言，回答了那位师弟，并将此作为师兄的一份盛情之礼，送给了在场所有的师弟、师妹们。在毕业30周年后的今天，我还想将此言，送给我所有的同窗，虽然我们已经不再年轻，我们仍然可以以己之力，作出点滴的贡献，增加母校的荣耀。

1982年元旦，湖北财经学院基建财务系77级毕业留念

陈彩虹

（陈彩虹）

永生难忘的大学四年

最近一次回母校中南大，是到首义校区参加一个活动。

也许是年龄慢慢大了的原因，我在 29 号楼前伫立良久，看到花坛中那棵硕大的雪松依然如故，不禁感慨万千，脑子里快速地浮现出大学生活的那一幕幕……

首义校区 29 号楼前的那棵雪松

没想到被录取

"跟你说啊，考取了，不送；没有考取，把你书记抹了！"

1977 年恢复高考时，我在村里已经当了两年书记，是县里培养的苗子。我要报考，公社领导不高兴，说了上面的"狠话"。

入学前的村支书形象

我义无反顾，还是报名了。只是考前 1 个月，几乎天天开会，临考前一天，又感冒发烧了。第二天昏昏沉沉地考完，自认为肯定没戏，已不抱希望了。没想到，那天收工回来，家门口站满了人，只听到有人喊："曾书记，你录取通知书来了！"我喜出望外，但没露声色。

这是我的喜事，也是村里的大事。

要离开家乡了，我去向公社领导道别。领导紧握着我的手，眼睛红了一圈，末了，深情地说了一句："盼望你学成归来啊！"

我不由自主地只点头，默诵着毛主席的语录："农村是个广阔的天地，在那里是可以大有作为的。"

然而，当我从老家乘木船过江，搭着拖煤便车到纸坊，再坐通勤火车到武昌火车站，最后步行到学校后门时，我就强烈地感觉到，那个曾经让我发誓要扎根一辈子的地方，可能永远回不去了。

时代骄子

恢复高考后入学的前几届大学生，被社会称为时代骄子，不知道多荣耀。但对我来说，乡里人初进城，总有几分生怯。

也许是因为报到比较晚，我被分到与几个武汉的走读生同一个寝室。一房里的同学汉腔汉调，让我几乎不敢出声。好在大家都很友善，在多方面对我关照有加。

在古门楼前留影

第一天军训，我拉肚子，迟到了几分钟，部队来的教官踢了我一脚，我没解释。下课后，辅导员傅秀英老师问我原因，我说了。她安慰了我，还带我去了医务室。

第一学期，最难受的事情是吃不饱。上学前在家里，每餐差不多要吃一斤米的饭量。到学校，每餐三四两，远远不够。一些来自城里的女同学，常常将自己的饭拨一部分给我们几个乡下来的同学吃。

我们包分配那几届，政策真好。不少同学带薪读书，条件差的同学有助学金。记得我评的是乙等，每月 13.4 元，基本上够吃够用了。那时候，真是发出内心地感谢党和政府啊！

我最感动的是，毕业分配前夕我病倒了。学校送我住院治疗 3 个多月，并承担了所有费用。病愈后，因错过了集中分配的时候，学校仍然积极为我联系接收单位，最后被分配到武汉市委机关工作。

爱上专业课

我们班是"物资"专业，老师说毕业后，主要分配到各级物资局系统工作。这是一个计划经济色彩很浓的专业，理不理，文不文，我很不喜欢。第一学期，除上课外，我其他学习时间，几乎都泡在图书馆看古今中外的小说。结果，期中考试两门不及格。这段历史，我一直不敢跟孩子们说，怕影响我在他们心目中从小到大成绩好的高大形象。

第二学期，也就是1978年的下半年，改革之风劲吹。同学们都认为专业设置过窄，不适应几年后社会的需要。好在学校领导很开明，跟我们对话，最后报上级批准，把专业改成了"国民经济计划"，我的学习兴趣也随之急剧提升。

到第三学期，我被选为专业课代表，成为教专业课的陈远敦老师的得意门生。我在校刊上发表了两篇论文，其中一篇获大学生论文竞赛一等奖。尤其值得骄傲的是，专业课考试，我一口气写了21页纸。陈教授在班上表扬我："曾雪萍同学不简单啊，一个半小时写几千字。引用马恩列斯的语录，连哪一集哪一页都记得住。"其实，我是事先背诵了一些有关的语录，刻意记下是哪集哪页，投机取巧的呢！我当时居然没脸红，还很享受。

多少年以后，我把这事跟陈老师坦白了，老师操一口浓浓的四川话说：你以为我不晓得吗？

77级计划班同学回母校聚会

当部长

我的第一个职务是校学生会最热门的文体部部长，管体育和文艺。配了两名女同学当副部长，一个是长跑健将，一个是歌舞美女，真是幸福死了。

刚入校时，我报名参加校乒乓球队，上场只打了一局，就被淘汰了。原来这么多高手啊，我这个曾经的公社冠军，根本排不上号。我以部长的身份"视察"乒乓球队时，心里还是有点隐隐作痛。

我最得意的是，组建了校文工团，并在东湖鲁迅广场举办了武汉高校第一场大型交谊舞会，四百多人一起跳，蔚为壮观。

当时，许多同学的思想相对保守，尤其是女生，不愿抛头露面。我亲自到每个系每个班去拉，如法律系的李仁真（后来成为武汉大学教授、省司法厅副厅长），一直不愿意，我就多次跑到女生宿舍的楼梯上，不停地喊，直到她答应参加。

后来我改任学习部长。在任期间，组织举办了两次全校学生美术比赛和一次论文比赛。这在当时，都走在了武汉高校的前列。

参加校学生美术作品大赛获奖者合影

致敬母校

毕业后，我先从政，后经商。回想起来，还真是得益于大学4年的学习和历练。

红尘漫漫,一梦经年。人生再得意,也有遗憾事。大二那年,学校曾选派我到外校去学习信息专业,条件是答应留校任教。我那时只想将来进机关就没答应。如今,我却有些后悔,遗憾没当老师。这不是虚伪,不是矫情,而是发自内心的声音。

2017年,大家推举我担任中南大武汉校友会的会长。这几年,我常常讲:人这一生,能以"母"相称的,只有3个,生身母亲、祖国母亲和母校。学子对母校和老师,有一种天然的感情,且愈久弥深。

近几年,我和几个地方的校友会会长共同建立了一个全球骨干校友微信群,组织了几次规模较大的校友串串行,大家越走越亲热,也加深了与母校的感情。

我还有一些梦想,比如联合校友在母校建一个"校友之家",再建一个"改革开放后第一届大学生群雕"……

忘不了的母校,一辈子的亲情!

2017年7月,时任中南财经政法大学党委书记栾永玉、
校友总会会长徐敦楷为我颁发武汉校友会会长任命书

(曾雪萍)

五年校报编辑　一生美好回忆

　　1980 年 9 月至 1984 年 7 月，我就读于湖北财经学院工业经济系，当时母校的校报叫《院刊》，小对刊四版，不定期出版，在校内发行。由于经常为院刊供稿，我有幸成为学生通讯员，并得到院刊主编屈演文老师和编辑范涌福老师的悉心指点。1984 年 6 月毕业前夕，财政 80 级的李功耀和我一起被确定留校到校党委宣传部工作，分配在院刊编辑岗位。

　　大约是 1984 年 6 月下旬的一天，我们 80 级留校的 40 多位同学参加完学校召开的留校学生会议后，李功耀和我向时任党委宣传部部长郝侠君同志报到。当我们紧张局促地在郝部长面前坐下后，他把屈演文老师请过来，面色和蔼地对我们说："你们别紧张，以后我们就是同事了，要在一起工作呢。"接着，他告诉我们，院刊主编屈演文老师要调到学报去当副主编，范涌福老师要调到商业经济系去教书，你们现在就接手院刊编辑工作，屈演文同志会教你们编辑工作方法的。可能考虑到我在上学期间已经入党，郝部长还口头明确院刊编辑工作暂时由我牵头。

　　郝部长的一席话让李功耀和我感到非常意外，深感一下子重担在身难以胜任。幸好屈演文老师平时和我们熟悉，说了很多鼓舞我们俩的话，并把我们带到他的办公桌前介绍了他对编辑下一期《院刊》的构想，还交给我们一部分他已修改编辑好的稿件，让我们俩来不及多想就进入工作状态。现在回想起来，我们 80 级那一批毕业留校的学生中，李功耀和我恐怕是毕业后最早上班工作的。

屈演文老师那时 40 来岁，温文尔雅，朴素淡定，一手字写得沉稳遒劲，很有毛主席书法的风范，尤其是他用红毛笔圈改的稿件让人看后特别享受。屈老师给我俩交代了半个多小时后，又带我俩去位于校北区蛇山脚下的印刷厂与工人师傅一一认识，还带我俩去了位于校医院附近一排平房的他家中，告诉我们以后遇到工作困难，还可以继续找他。

说干就干。许多同时留校的 80 级同学都陆续回家过暑假了，李功耀和我留下来按照屈老师的指点和构想开始了《院刊》编辑工作。李功耀很有绘画、文学、摄影才华，他负责版面编排和第四版文学稿件编辑，拍摄校园新闻照片，我负责第一版要闻采写和编辑第二、三版"毕业生专版"。李功耀非常细心认真，在排版纸上画版样时，他找来《湖北日报》《长江日版》参考，反复思量，标题如何放置，稿件如何排版，字号字体如何选择，照片如何处理，插图如何嵌入，他都是冥思苦想很久才定夺。遇到短小稿件好办，屈老师教了我们"文不够，图来凑"的办法，可遇到已经修改编辑好了的长稿件，为了做到版面美观，尽量不转版，就需要再进行修改压缩，我们便一起反复斟酌修改，不断计算稿件字数，直到能让我们满意为止。当我俩诚惶诚恐地将画好的版样和编辑好的稿件请屈老师过目得到肯定时，有着无比的舒畅和快乐。

版样和稿件送到了校印刷厂，李功耀和我的心也紧紧地缠绕在了那里。尽管印刷厂的万厂长说让我们 3 天后来校对，可第二天我们就直接跑到铅字排版车间去了，看着拣字师傅从铅字架上一个一个地把我们编辑修改过的文字变成他们手中托盘上的铅字，那心情就像农民在一点一点地收获庄稼一样。就这样守候 3 天之后，终于见到了我俩编排的第一张《院刊》清样，来不及回到办公室，就在印刷厂铅字排版车间开始了校对。那个时候没有激光照排技术，排版工人要按照我们在清样上的校对进行修正非常麻烦，需要在好几排长长的铅字架前来回走动，仔细寻找合适的铅字予以更换。为了减轻工人师傅的负担，李功耀和我悄悄地熟悉了铅字的摆放规律和顺序，还学会了辨识反过来的铅字，慢慢地我们也能够自己直接拣字修正了，得到工人师傅的称赞。那个时候的院刊发表照片可不是一件容易的事情，要先洗印出黑白照片，然后拿到《湖北日报》社印刷厂制版车间制作成锌板，取回后交给校印刷厂师傅用双面胶粘贴在铅板上。由于我们院刊的照片制版数量少，加上当时学校为校舍的事情与《湖北日报》社有些矛盾，《湖北日报》社很不情愿提供服务，李功耀和我为此不知给他们说了多少好话，有时候还要奉上香烟才能把事情办成。

经由我俩编排的第一期院刊终于赶在暑假来之前出版了！闻着那浓浓的墨香，看着那熟悉的版面，李功耀和我心里别提有多激动！当我们把院刊呈送给郝部长时，党委宣传部的范士英、崔明霞、张昕珍等老师也围过来观看，都交口称赞我们两个初出茅庐的年轻人，我们的脸上也写满了无限的荣光和自豪！为了尽快让即将离校度假的教职员工和学生看到浸透我们心血的院刊，李功耀和我抱着院刊直接到各系各部门和学生寝室分发。当时的院党委副书记吕颖同志看到院刊后，还专门从二楼到三楼的党委宣传部来表扬我们。

1984年8月中旬，李功耀和我没等暑假结束就提前返校了。郝侠君部长指示我们，全国第一个"教师节"马上就要到来，国庆35周年要举国欢庆，院刊要配合做好宣传报道，出版两期专刊。李功耀和我连忙投入工作，精心组织稿件，策划版面，很顺利地编辑出版了两期专刊。特别是"教师节"专刊出版后，学院在大礼堂举行庆祝大会，李功耀和我站在大礼堂门口，恭恭敬敬地将一份份散发着墨香的院刊递送到走进会场的干部师生手中，那一情景至今还记忆犹新。

在院党委的支持和郝侠君部长的指导下，李功耀和我满怀工作热情，忘我地投入院刊编辑工作，逐步将院刊由原来的不定期出版改为10天出版一期的定期旬刊，还与院广播台合作，将学生通讯社建立起来，聘请了100多名学生记者，举办"新闻写作讲座"，建立与《湖北日报》社、《长江日报》社、《江汉早报》社（后停办）、《武汉晚报》社、湖北电台、武汉电台、新华社湖北分社、《人民日报》湖北记者站、《光明日报》湖北记者站等新闻单位的通联关系，将杨时展、张寄涛、刘昌平、郭道扬、贺铿、陈池波、朱延福、钟朋荣、赵凌云、向书坚、李春明、菅明军等一批师生的科研成果或事迹在新闻媒体宣传报道，极大地扩大学校影响，提升了学校的外部形象。随后不久，全省高校系统成立了"湖北省高校校报联合会"，我们院刊编辑部被选为理事单位，在首次湖北省高校校报评比中，湖北财经学院院刊获得了"好新闻""好版面""好标题"等多个奖励。在此期间，钱奕、周苏展等同志陆续调入院刊编辑部，院刊编辑力量得到了很好的充实。

1987年1月，院党委印发了《关于加强校刊工作的通知》，决定正式成立校刊编辑部，院刊正式改名为校刊，隶属党委宣传部领导，同时任命我为校刊副主编。随后不久，计划统计系党总支副书记刘先凡同志调任校刊主编，编辑部随同党委宣传部迁入原被湖北日报社占用的1号楼3楼，增加了办公用房，有了专用的照片洗印暗房。在刘先凡同志的领导下，在后来担任校党委副书记的郝侠君、党委宣传部部长范士英、刘可风等领导的关心支持下，我们编辑部5位同志齐心协力，认真工作，校刊质量进一步提高，影响进一步扩大，对外宣传工作更加出色。

校刊的刊名原来叫"湖北财院"，是用鲁迅先生的书写体拼成的，已使用了多年。1988年9月，湖北财经学院即将迎来40周年校庆并更名为中南财经大学，新校名由学校创始人邓小平同志题写。学校决定校刊刊名改用邓小平同志题写的字体。9月上旬的一天下午，学院校庆筹备委员会委员、原图书馆馆长沈平同志来到院刊编辑部，非常小心地从一个标有"中共中央办公厅"的大信封中拿出两张写有字迹的宣纸，展开一看，原来是邓小平同志给我校题写的两幅校名，我们立即神情肃然起来，无比庄重地端详良久。沈平同志说："你们赶快拍照，要拿出去制作新校牌，你们的院刊名也要换成小平同志的，可要拍好啊，原件我要交到校档案室去。"那天，李功耀同志恰巧不在编辑部，拍照的任务由我承担。我们几个人小心翼翼地捧着小平同志的墨宝缓步走到室外的阳光下，由我从不同的角度，使用多种不同的照相参数拍摄了多张，洗印出来后挑选了效果最好的几张照片交给了校庆办公室，并制成了新的校报刊头。1988年10月，学校举行盛大的 40 周年校庆时，我们的校报套红出版了校庆专刊，正式启用了邓小平同志题写校名的新刊头。

1989 年 6 月，我离开工作了整整 5 年的校报编辑部到人民银行湖北省分行工作。临别之际，我对主编刘先凡同志说："天下没有不散的宴席，要离开了，请送一套校报的合订本给我作纪念，我将一辈子珍藏。"刘先凡同志非常理解我的心情，他庄重地拿出一套合订本，用毛笔写上赠言，并盖上校报编辑部的公章，双手交给我，那一刻，我热泪盈眶。

20 多年过去了，我虽然多次搬家，有不少物件已经舍弃或丢失，但这套母校的校报我像宝贝一样地收藏着。因为，这不仅是母校留给我的最珍贵礼物，还是我人生踏入社会第一步最美好的回忆。

（扶明高）

校园印记

来福州工作生活 30 余年，时常觉得自己像一只牵着两条线的风筝，一边系着故乡河南，一边系着母校所在地武汉，疫情期间感念尤深。恰逢毕业时节，应邀写一篇在校学习时的回忆，颇费踌躇。对文笔的不自信尚在其次，渐渐进入过去的事忘不了的年龄，母校印象更不会淡去，反而是浮想联翩之后找不到落笔的头绪，索性按入学时的记忆重走校园。

北大门

我当年考进的是一所没有大门的学校。

1985 年是中南政法学院复校后首次招生，此前的学生来自湖北财经学院法律系，当时的校园还是南湖边一个生机勃勃的大工地。我到武汉是晚上，坐上了接新生的卡车，离开市区许久，终于看见了一个用树枝搭成的框架，枝叶上悬挂着热烈欢迎新同学的标语。接站的学长说"到了，这就是临时校门"。后来据说有女生忍不住失望地哭了，当时我和同车的几位同学很兴奋，我们看到了不远处灯光下崭新的教学楼。

高大，这是 1986 年 11 月竣工的新校门留给我最初和永久的印象，我至今坚信，如果有高校大门比赛，这座大牌楼一定名列前茅。多数同学都寄出过在大门前的留影，学院赶印的明信片也极抢手，不年不节地寄往各地，在期盼实现后直接叠加上浓重的自豪。

毕业前在北大门的合影

刚落架时的北大门周边很清净。那时的母校和民族学院还隔着湖，对面是民族博物馆和它的倒影。出门向右的大路通往市区和远方，同学们自己动手在路边种下的梧桐如今已经成荫。左侧的湖边有一座小山，山上野生的黄花吸引着师生，招生广告上沿用多年的一张照片即取景于此，图中的我被安排拿着书作沉思状，如今看来有点违和，当时觉得很自然。

这些年返校时车子常走东南门，北大门成了要刻意去看看的地方，每次不落。2019 年毕业 30 周年聚会时，年过半百的学子们成群结队到北大门合影，比当年还郑重。

教学楼

毕业后回母校开讲座或参加活动，所用的讲堂设施先进，命名也文雅，但关于教室的印象一直停留在当年仅有的两栋教学楼，就叫南教楼、北教楼。有走廊连接，大二时又在中间做了假山流水。85 级共有两个系 8 个班 400 多人，能够很宽松地装进去上课，还有举办各种活动。到毕业时在校生越来越多，教学楼也多了些，我们还是习惯在这里。大四的春天，我做了一场"话说这四年"的演讲，《法制日报》还有报道，也只是在北楼一个小教室，挤满了人。

北教楼的 104 室和 105 室是阶梯教室，能容纳 250 多人，是法律系 5 个班一起上大课的地方。毕业后印象最深的是大课。当时的吴汉东老师讲民法，用的还是他自编的教材，课间的讨论或质疑会被他作为讲课的内容。张明楷、齐文远老师分别讲授刑法总则和分则，张老师会在单身教工楼的宿舍里给上门讨教的同学开小灶。前年在福州见面时我提出他的刑法私塾起于中南，他貌似认同。去齐老师家讨教还有零食款待。年轻的陈小君老师把婚姻法讲得风生水起，还指导在校生办家事案件……那时的我们单纯地喜欢课程，热爱老师，既没有师资薄弱的抱怨，也没有名师相伴的自豪。回头看来，人生多少可遇不可求的幸运都曾经只是平常的上课下课。

北 104 教室的模拟法庭活动

乔克裕老师用武汉话讲《法学基础理论》，也是大课，那关乎法学生的功底。他还是我们的系主任，待人温厚平和，字也写得好。乔老师英年早逝，是我们一众师生永远的痛。

北 104 教室辩论赛

　　我们在校期间没有礼堂，北 104 不仅是教室，学代会、团代会也在这里开，模拟法庭、辩论比赛也在这里举办，课余时间更热闹。1987 年，校内的演讲已成风气，便发起联办南湖四院校演讲比赛，中南政法大获全胜。首场比赛就在北 104，冠军当然属于我们，亚军是民族学院的一位女生，后来她成了我的妻子。

毕业时模拟法庭（南湖会堂）工地

　　我记不起梅园教学楼竣工的时间，也没有去过的印象，要写的只是名字。很少有人知道为什么附近没有梅花的教学楼名曰"梅教"。大约是

1986 年，从东湖春游回来的一帮学生干部一致认为校园里应该有梅花，于是在诸多空地中选了离宿舍和食堂都近的一块，冒雨种下梅林。"青年梅园"的地名是留下了，梅花却没有开过，后来建楼时工地上干净到没有一棵树。尽管如此，作为当年的参与者，还是浅薄到有一丝书写历史的骄傲。

模拟法庭辩护人

一食堂

说实话，我对把一食堂改称四食堂一直耿耿于怀。

其实刚开始一食堂也不叫一食堂，因为那是唯一的食堂。虽然当时光是甜不甜、辣不辣的众口难调就让院领导们操碎了心，我却对食堂一直有着很高的满意度。作为农家子弟，满足于饱食终日而不求精致，对红烧猪蹄之类的特色伙食印象并不深刻，念念不忘的其实也不是吃。那时学风淳朴且性别失衡，恋爱不普遍，到食堂去秀恩爱尚属忌讳，进餐场面平淡无奇，回忆起来的反而是军训期间集体开饭的热闹和豪迈。

阶梯教室毕竟讲台有限，需要场地的活动都在食堂的二楼，包括我们的开学典礼。那是我人生中经历的第一个大场面，时任司法部副部长蔡诚出席并讲话，主持人是副院长罗玉珍教授，她第一次让我们感受到武汉话可以那样的抑扬顿挫、沉稳有力。老人家后来升任院长，同学们常模仿她在各种活动上的讲话。罗院长是当时很稀缺的民法教授，没有给我们上过课，作为一个领导和长辈关怀了我们4年。她退休后来过福州，还能提起我在学校参加活动的细节，足见她对学生的慈祥和爱护。最近在母校公众号上看到老人家谈民法典，特别亲切。

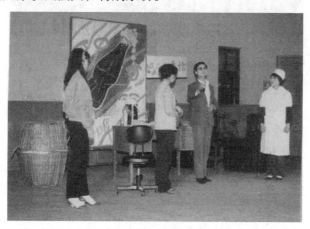

话剧演出剧照

　　食堂二楼的活动频繁而杂乱。最常举行的是舞会，我多数不会久留，避免舞艺太差的尴尬。还有武术和各类体育项目的表演，更是我的短板，但通常都要去。让我大开眼界的是一场象棋比赛，请来了柳大华大师，全校师生中的高手对弈他一人而不能获胜，人家下的还是盲棋。从此分清了专业和业余。

　　除了组织，我在食堂二楼主持过晚会，说过相声，还作为男主角出演话剧《可口可笑》。话剧演出很成功，可能主要得益于当时的文化活动实在太少。我演的是一位食品公司的经理，如果不是剧照为证，如今的同事很难相信我也曾满脸粉墨。剧中一身正气的"商业局长"现在是一位德才兼备的市长，"二道贩子"则当了法院院长。戏是缘分，专业才是人生。

新年茶话会（左侧为章若龙院长）

行政楼

行政楼就是现在的文治楼，我入学时还是在建工程。落成后，学院和两个系的党政，还有各个教研室、资料室都集中在这一栋楼里。86级入学后，食堂二楼已容纳不下全院师生，有些活动就办在行政楼前面的广场上。我曾经当过学院团委的宣传部部长，学业也还算用功，大约是出入行政楼最多的学生之一。

当时的团委委员多数由学生担任，除了书记，老师们反而没职务，加上年龄大不了多少，我们还真敢公事公办。但老师毕竟是老师，在工作经验和生活阅历上对我们教育良多，平时交往中还守着"谁有工资谁买单"的规矩，良师还是益友有时还真傻傻分不清。毕业至今回母校还习惯于张学平老师安排后勤，不久前他任职法学院党委书记，再回去怕是要公私难分了。

有些图书馆找不到的书会藏在行政楼中某个资料室，便去蹭了看。陈小君老师辅导我的毕业论文《台湾亲属法评介》，给了许多指导和鼓励。后来这篇论文发表在学报上。他们都是我几十年来一直敬重的师长。

在行政楼前广场上军训

那时学生少，院长书记们能叫出不少人的名字，开座谈会时也都混坐一处，许多老师在我们毕业后都有联系。如吴汉东教授，几十年来一直被我们直呼吴老师，回母校时也总能约到他吃饭。他荣退校长时一位校友写了文章，配发的照片中"天生豪杰泽润法苑"的题字，是20年前我创办天泽律所他来福州当场写下的，那时的我刚从异乡起步，甚至没有能力周到接待，而那时他已是母校校长。

去年年底，福建的校友开年会，杨灿明校长写下一个圆满的"福"字，又在年会现场题写了校训，我临时被叫上台主持，非常感动。

行政楼的值班室在大门的背面，经常值守的是60多岁的肖师傅，黄陂口音。早晚遇见总是很关切地询问，对生活细节的交代让我们觉得在武汉遇到了自家的长辈，时间宽裕时会特意过去和他谈天。10多年前一次回母校，席间问起肖师傅，一位已在其他院校当了领导的老师起身敬酒，才知道那是他刚刚过世的父亲。

运动会入场式

大喇叭

印象最深的校园设施中，是难觅踪影又无处不在的学院广播台的大喇叭，究竟有几个，估计当时的几位"台柱子"也记不清了。

那时的媒体不发达，同学们还没有互联网和移动通信的概念，专注于倾听大喇叭里播报的天下大事和校园动态，虽然偶尔也有过寒冬凌晨被它惊醒美梦的愤怒。师生投稿很踊跃，既有校园生活的记叙，也有情感世界的抒发，偶尔听到描述周边的美景与所见不同也不以为意。加上负责的几位同学很努力，从流行歌曲到电影配音一应俱全，有的还是师生原创。

最难忘的还是毕业离校那天，政策依然是包分配，去处却并不明朗，和前来相送的师友围坐在一号楼的宿舍里等待远行，广播台反复播放为我点播的《敢问路在何方》，以至于如今听到这首歌还会触动泪点。

院报上的文章

大喇叭也播颂过我写的小文章，记得是两篇同时登在当时的院报上的文章。一篇是《天职不仅在于继承》，大意是说学校、专业都是新的，我们正好可以多些创建。另一篇是演讲比赛的稿子《走出象牙塔》，是说大学生要关心社会注重实践。这大抵也是我对学业的态度。

东湖边法律咨询（左一为时任党委书记厚大源、左二为时任团委书记裴缜）

毕业 30 周年，我作为毕业生代表发言

2019 年，是我们 85 级毕业 30 周年，我作为毕业生代表发言，讲过这样一段话：

85 级的关键词是"短缺"，入学时没有校门，上课时没有教材，毕业时没有典礼……因为短缺，我们创造；因为创造，我们得到了更多锻炼，母校联系更紧，和老师感情更深，得到母校和老师的帮助也更多。我们永远自豪，为母校的发展，也为我们共同度过的 4 年。

（于宁杰）

校史中的实践教学与宝藏教具

　　如果你去校史馆参观，一定会被展览区一条长达 2.2 米的大鱼标本所震撼，你还会惊叹学校竟然收藏了已有 67 年的茅台酒。而这些通常出现在博物馆里的"宝藏藏品"，多年前都是学校实验室中的教具。这些教具见证着 70 余年来学校大力培养学生实践能力的育人之路。

　　纸上得来终觉浅，绝知此事要躬行。习近平总书记勉励青年时曾指出："学习是成长进步的阶梯，实践是提高本领的途径。"一直以来，学校都十分重视实践育人，立足经法管学科特点，积极开展实践教学，着力培养基础扎实、知识面宽、创新能力强的高素质人才。

　　建校初期，学校为了能尽快培养具备专业素质社会主义事业建设者，在加强理论课教学的同时，着力加强学生实践能力的培养，积极开展实验教学。早在 1953 年，中南财经学院合作贸易系教师蔡根权、唐招贵就创立了学校第一个实验室——商品学实验室[①]。农业经济系于 1955 年由郑在信、文浩然等老师主持创建了农业技术学实验室和农业机具实验室，工业经济系也在 1957 年由冯恩夔、黎森等老师共同努力建立了工业技术学实验室，至此，搭建起了我校以工、农、贸为主的实验室架构[②]。

[①]　刘可风. 岁月如歌：中南财经政法大学校友回忆录［M］. 武汉：湖北人民出版社，2008.

[②]　刘可风. 岁月如歌：中南财经政法大学校友回忆录［M］. 武汉：湖北人民出版社，2008.

这些实验室的"主角"则是教具。它们是重要的育人元素，既能帮助学生在动手动脑中激发学习兴趣，又有助于培养学生的创新精神和实践能力。穿过几十载的时光，学校实验室的教具已成为丰厚的"教育富矿"。中华鲟鱼标本、1955年出产的贵州茅台酒、羊楼洞米砖茶、云南普洱碗茶、大中华听装香烟、6套48件特制茶叶品评用具、各类畜牧和农作物模型、植物及病虫害标本……这些"传家宝"见证了学校实验室建设与发展的光辉历程，也是校园中重要的人文记忆和文化载体。下面，让我们一起走进校史中的"宝藏教具"吧！

你见过校史馆里的中华鲟吗

60多年过去了，校史馆中这条长达2.2米、湿重120斤的大鱼标本依旧活灵活现，它背部的五行硬鳞依旧散发着光泽，像披着盔甲的武士，也昭示着这一古老生物傲然万物的生存史，它就是与恐龙同时代的"水中国宝"中华鲟。它从1.4亿元年前的白垩纪走来，一直到现在依然与人类共存于地球。这条中华鲟标本不仅是校史馆的镇馆之宝，也是同学们参观时必看的"网红"展品。

中华鲟标本

这只中华鲟的背后，还记录着学校艰苦奋斗、自力更生的创业岁月。

在资金紧张、物资匮乏的20世纪50年代，任课老师和实验室工作人员发扬自力更生、艰苦奋斗、苦干加巧干的精神，白手起家自己动手制作了大量的实验器材、标本、模型和挂图。1956年春夏之交，在蔡根权老师的带领下，唐招贵、姚树杰、陈恒昌3位老师及实验员李莲昭老师从阅马场菜场购得了这条中华鲟。后经解剖加工制成一条栩栩如生的中华鲟鱼标本，并一直完好保存到现在①。

实验室里的百宝箱

湖北大学时期，学校还建立了专供学生实习之用的校办机械厂、实习农场、标本园、实验园地、实验银行、实习商店，以及实验标本、机械模型陈列室，如占地60平方米的商品陈列室，陈列着琳琅满目的日用工业品、纺织品、食品等，犹如一个小型百货商店。它们在当时物资供应匮乏的年代属于非常时尚的展品，在国内同类高校中也是不多的。其中就包含了1955年出产的贵州茅台酒、羊楼洞米砖茶、6套48件特制茶叶品评用具、农作物模型等。

1955 年出产的贵州茅台酒　　1983 年出产的贵州茅台酒

① 刘可风. 岁月如歌：中南财经政法大学校友回忆录［M］. 武汉：湖北人民出版社，2008.

左侧这瓶 1955 年出产的贵州茅台酒,伴随着中南大走过 60 余载,因时间的沉淀变得更加醇香厚重。右边这瓶茅台酒则产于 1983 年,见证着改革开放之后学校的快速发展。

羊楼洞米砖茶(绿茶茶砖)

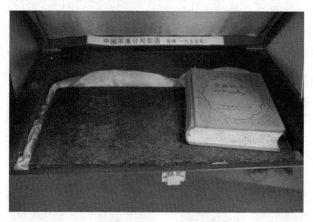

羊楼洞米砖茶(红茶茶砖)

羊楼洞米砖茶是产于"中国砖茶之乡"湖北赤壁市羊楼洞古镇的一种特有砖茶。其所用原料皆为茶末,所以被称为"米砖茶"。米砖茶成品外形十分美观,棱角分明,表面图案清晰秀丽,砖面色泽乌亮,冲泡后汤色红浓,香气纯和,滋味十分醇厚。

6套48件当年"中南财经学院商品学实验室"特制的茶叶品评用具

除此以外，学校还保存有云南普洱的砣茶、砖茶，大中华听装香烟，各类畜牧和农作物模型，植物及病虫害标本，这批被誉为"文物级"的实验器材、模型和标本是学校实验室建设的活化石[①]。

农经系实验教学模型

---

① 刘可风. 岁月如歌：中南财经政法大学校友回忆录［M］. 武汉：湖北人民出版社，2008.

农经系实验教学模型

矿石标本

土壤标本

让学生动手更动脑的各类仪器设备

　　为了培养学生的实践能力，学校克服重重困难，动用非常紧缺而宝贵的外汇从国外进口了一批当时非常先进的仪器设备，如日本生产的解剖显微镜，瑞士制造的纺织纤维电感测湿仪，原西德生产的旋光计、折光计，苏联造的测厚仪等。同时还购置了国内一流水平的微量天平、手摇计算机，纤维、纺织品检测仪器，农业机具以及大量动植物标本和金属冷、热加工设备模型。

德国和捷克斯洛伐克生产的生物显微镜

纤维长度分析器

棉条引申器

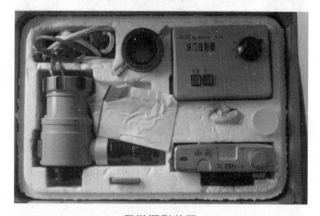

显微摄影装置

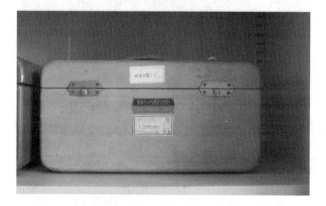

氢游子（pH）测定比色计

　　此外，1955 年，农业经济系的郑在信老师和实验员乔九如老师花费了多年的心血制作了上千张大田农作物，牧草、杂草标本以及水稻、小麦、棉花等病、虫害标本。农业经济系老师制作的鸽子、兔子骨架剥制标本和来杭鸡、澳洲黑鸡等的实物标本已达到专业教具生产厂的水平。这些动植物标本在相关课程的课堂和实验教学中被广泛使用①。

农作物图表卷轴

农作物图表卷轴

---

① 刘可风. 岁月如歌：中南财经政法大学校友回忆录 [M]. 武汉：湖北人民出版社，2008.

病虫害植物标本

农作物种子标本

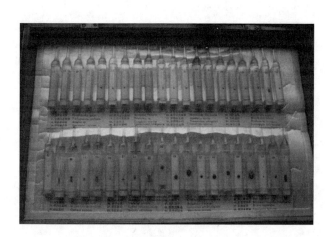

昆虫标本

　　除此之外，农业技术学的老师还带领学生下到田间地头，采集农作物制成各种植物标本；工业技术学的老师和学生共同制作了许多机械零件模型和机械制图的挂图，这些活动不仅有助于锻炼和培养学生的实践能力，同时也为实验教学增添了许多器材和演示教具。

当年留存的实验资料

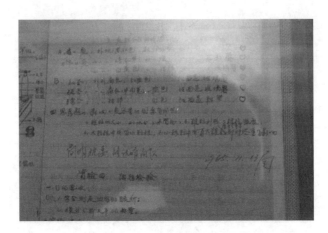

1965 年学生做的实验笔记和老师批阅记录

有了类型丰富的教具，学校实验教学活动变得更加生动活泼、丰富多彩。湖北大学时期，学校开设了如"显微镜观察纤维和棉布实验""石油燃点、闪点测定""粮食水分测定""搪瓷制品质量检测""农药、化肥质量检验""种子质量鉴定"等一系列在当时具有相当水平的实验项目，实验教学的水准在国内社科类院校中已具有相当的影响力，赢得了"北有人大，南有湖大"的美誉①。

在学校 70 余年的发展历程中，经济管理实验教学示范中心实验教学留下了浓墨重彩的一笔。如今，学校拥有经济管理实验教学示范中心、法学实验教学示范中心、传媒与艺术实验教学示范中心等多个国家级实验教学示范中心，各类专业化、现代化教学用具配备齐全。集知识性、实践性、趣味性于一体的实践教学仍然是学校的教育特色之一，学校开设了诸多特色课程，例如品酒、炒菜等选修课程，在寓教于乐、寓学于行中提升育人实效。

---

① 刘可风. 岁月如歌：中南财经政法大学校友回忆录 [M]. 武汉：湖北人民出版社，2008.

如今，那些曾在课堂上和师生们零距离接触的教具，在校史馆的陈列柜中站成了中南大发展的时间坐标，记录着学校栉风沐雨一路走来的每一个足迹，承载着无数中南大人的集体记忆，也见证着中南大"由党创立、建校为党、发展为国、成长为人民"红色基因的代代传承。

（白高辉、明媛、管西菊）

无体育，不青春

体育承载着国家强盛、民族振兴的梦想。体育强则中国强，国运兴则体育兴。体育工作是高校落实立德树人根本任务、提升学生综合素质的基础性工程，是加快推进教育现代化、建设教育强国和体育强国的重要工作。中南大历来重视体育运动，通过改革体育培养课程、丰富体育运动形式、举办体育竞赛、加大体育设施资金投入，推进以体育人，让学生在体育锻炼中享受乐趣、增强体质、健全人格、锤炼意志。

一路走来，我校体育设施从无到有、从简陋到现代化，体育运动类型从单一到多样化、从注重竞技到增强趣味性，形式不断丰富，设备不断升级，但始终不变的是对体育育人的坚持。

中原大学时期（1948—1953 年）

1948 年中原大学在河南宝丰成立之初，尽管条件艰苦，师生仍然自发开展体育运动。有些爱好球类运动的学员，自己设计体育设施，因陋就简地弄了一块练球场地，在两棵树之间，横栏一根绳子，就可以打排球；横架一根铁棒，就是学员们锻炼身体的"单杠"。学校迁开封后，借住了河南大学校舍，有较正规的体育活动场地和设备，为学员开展体育锻炼提供了有利的条件。

　　1950年年初，学校成立了体育卫生运动委员会，负责组织与管理全校的体育、卫生和保健工作。为响应毛泽东同志"健康第一"的号召，学校领导将体育活动与师生的健康结合起来，把体育活动的广泛开展提到议事日程上来。全校逐步实行了早晨做早操，课外活动开展文娱、体育训练的制度，在此基础上，学校各院都陆续建立了篮球队、排球队以及各自的体育代表队。

　　1950年5月4日，中原大学举办了首届体育运动会，推动体育运动的发展[①]。

中原大学红五月体育大会

　　为进一步推动全校体育运动的发展，促进师生身体健康，中原大学于1952年3月26日成立了校卫生防疫委员会，11月28日又成立了体育委员会[②]。

---

① 陶军. 中原大学校史［M］. 武汉：华中师范大学出版社，2003.

② 陶军. 中原大学校史［M］. 武汉：华中师范大学出版社，2003.

中南财经学院、中南政法学院时期（1953—1958 年）

中南财经学院成立了文体活动委员会，组成 84 个锻炼小组，进行篮球、排球、鞍马、双杠等各项锻炼，参加人数达 763 人。

1954 年，中南财经学院举行了第一届体育运动会。

学生运动会

跑步比赛

排球比赛

在学校的重视以及同学们的积极训练下，我校优秀运动健儿开始在省市级赛事中大放异彩。

1955 年，曾庆思同学在武汉市大专学校运动会上获得大专男子跳高第一名。1956 年，在武汉地区大学生运动会上，陈兆夫等 4 位同学破省记录获得 1600 米接力跑冠军，刘佩联同学获得 400 米赛跑第一名。同年 6 月，张绍池等 9 人参加市体委举办的横渡长江游泳比赛，8 人获得金色奖章，1人获银色奖章①。

湖北大学、湖北财经专科学校时期（1958—1978 年）

学校积极开展群众性的体育锻炼，在校学生进行了 1 个多月的锻炼，在劳卫制一级、劳卫制二级、三级运动员等项目的考试中均取得了较好的成绩，获得了省体委和高等教育厅所颁发的红旗。

---

① 刘可风. 岁月如歌：中南财经政法大学校友回忆录［M］. 武汉：湖北人民出版社，2008.

学生经过体力劳动和经常性的体育锻炼，大部分学生的体重比过去有所增加，1958 年比 1957 年的体重增加的人数占 86%，学生体质也有所增强[①]。

湖北大学冬季体育运动会

师生员工课间操锻炼

---

① 刘可风. 岁月如歌：中南财经政法大学校友回忆录［M］. 武汉：湖北人民出版社，2008.

我校学生参加高校运动会

我校破湖北省10000米长跑纪录的3名优秀运动员

湖北财经学院时期（1978—1985年）

学院高度重视学生文化活动、体育活动的开展，学生文体活动十分活跃，学生代表队多次参加各项比赛，取得了骄人成绩。

1980 年 10 月，湖北财经学院建院以来的最大规模田径运动会在大操场举行，3000 多名师生参加了开幕式，425 名学生运动员、144 名教工运动员参加了比赛，12 项纪录被刷新。1981 年 5 月，体操队黄立燕同学夺得武汉地区高等院校体操比赛单杠冠军、全能第 6 名的好成绩。院男子排球队荣获 1981 年度武汉地区高校乙级队冠军，晋升甲级队。1982 年武汉高校田径运动会上，崔郑同学在万米比赛中打破当年全国大学生运动记录 [1]。

1985 年学校举行春季田径运动会

中南财经大学、中南政法学院时期（1984—2000 年）

学校开始承接举办全国性的体育赛事，中南财经大学学子在全国性比赛中表现优异。

1992 年，第四届全国大学生运动会在中南财经大学举办，学生们开展了"为大运添彩，为校园增辉"等丰富多彩的活动。同时，还选拔优秀学生参加比赛。其中，女子排球队先后得过全国大学生女子乙组第三名，甲

---

[1] 刘可风. 岁月如歌：中南财经政法大学校友回忆录［M］. 武汉：湖北人民出版社，2008.

组第二名等荣誉；4名男大学生入选湖北省大学生男子排球队。中南政法学院篮球队获得湖北省第十届（高校组）篮球赛男子乙组第一、女子获得甲组第二的好成绩^①。

全国第四届大学生运动会开幕盛况

2000年，第二届CUBA大学生篮球联赛女子组四强赛在中南政法学院举行，学院获得第3名的好成绩。

学校在不同的历史时期也形成很好的体育运动锻炼传统，如中南财经

---

① 刘可风. 岁月如歌：中南财经政法大学校友回忆录［M］. 武汉：湖北人民出版社，2008.

大学的女排精神、老政法学院的清晨出操等。一些院系在多年办学过程中，精心培育了颇具特色的体育精神，为学生健康成长奠定强壮的身心基础，注入了强大的精神动力。

中南财经政法大学时期（2000 年至今）

进入新千年，学校体育运动发展进入新的阶段。

2004 年 6 月初，国内高校中单体规模最大、档次最高的运动场——中南财经政法大学体育中心全部竣工！

新体面貌

一年一度的运动会成为中南大学子尽情挥洒汗水、展现运动之美的盛大平台。

学生赛事

除了传统项目外，运动会新增了"时代列车""龙凤戏珠""两人三足"等多个趣味项目，学生的参与性、积极性明显提高。

趣味运动项目

尽管学校以人文社科而著名，但是体育教学和体育实力也不可小觑，各类运动队省内外获奖无数。

校健美操队在第十五届湖北省大学生运动会斩获佳绩

校足球队在湖北省第十二届大学生运动会足球赛中获得冠军

2020年12月6日，中南大游泳队在湖北省大学生游泳锦标赛中再创佳绩，连续5年夺得第一。

校乒乓球队运动员们在2020年湖北省普通高等学校乒乓球比赛中分别取得了男子、女子组团体第3名的好成绩。

校舞蹈团获2019年湖北省大学生健美操艺术体操锦标赛综合风格齐舞自选套路一等奖，获2020年云上比赛综合风格齐舞自选套路第一名、蒙古舞第一名，获湖北省啦啦操云上比赛自选动作舞蹈小团体第一名及大团体第一名。

留学生参加"留动中国——在华留学生阳光运动文化之旅"湖北赛区比赛

2019年10月13日，第七届世界军人运动会中南财经政法大学志愿者誓师大会在南湖会堂举行。此次军运会，我校共有898名学生加入了第七届军人运动会志愿者的队伍中，分别在技术官员服务、参赛代表队服务、观众服务、竞赛服务等多个岗位为军运会贡献出自己的一份力量。为学校争光，为祖国添彩，以实际行动向新中国成立 70 周年献礼。

军运会志愿者誓师大会

学校还有 8 名举牌手志愿者参与此次军运会开幕式。8 名女生历经数月的选拔与训练，用坚忍不拔的精神、日复一日的拼搏努力换得了这份荣耀。

8 位身穿编钟裙的志愿举牌手

在 2021 年的东京奥运会中，我校体育老师李茵晖与搭档杜玥出战羽毛球女双比赛。

李茵晖和其搭档杜玥

2021年9月11日，在第十四届全运会羽毛球女子团体决赛中，湖北队3∶0战胜上届冠军江苏队强势夺得羽毛球女子团体金牌，在女双的比赛中，学校体育老师李茵晖与搭档杜玥配合默契，以明显优势为团体拿下女双比赛的胜利。

学校是传统的足球名校，与武汉足球有着紧密的联系，校足球队不仅多次夺得湖北省冠军，在中国大学生足球联赛中也多次进入全国前8，而且5次牵手中国大学生足球联赛，承办南区或全国总决赛；3次举办洲际国际大学生足球锦标赛；一次作为全国大学生运动会主会场。

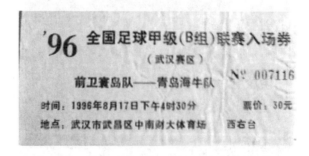

1996年球赛门票

学校多次承办省级、国家级运动赛事，如2018年中国足球协会甲级联赛，武汉卓尔凭借着11场主场胜利遥遥领先，最终提前3轮冲超成功！

中南大助力武汉卓尔冲超成功

除了作为前卫寰岛和武汉卓尔的主场，2004年12月庆祝中巴建交30周年，巴西甲级联赛劲旅帕尔梅拉斯队到访武汉，学校接待了访问和比赛；2007年武汉市承办第六届全国城市运动会，学校承办了男足和女足部分比赛；2014年新体作为全国女子足球联赛武汉站的比赛场地；2015年中国足协杯第一至三轮武汉新纪元在新体分别迎战了广西联壮、青岛黄海和山东鲁能①。

2012年特步大足赛

---

① 彪彪阿力．文体总相宜，汉校鱼水情［N］．中南财经政法大学报，2018-04-20（4）．

第二届国际大学生足球对抗赛

学校注重体育课程改革，创新体育教学方式

2018 年，我校首次开设"户外运动"课程。40 名课外实践学生携带登山包、帐篷、睡袋、防潮垫以及生活器具等，乘大巴赴武汉市黄陂区杨树堰，开始了两天一夜户外生存体验，这也标志着我校体育课从校园走向了大自然的怀抱。

"户外运动"开启体育课程新模式

回顾我校体育工作的发展历程，始终朝着以人为本、提升学生身体素质、加强体育锻炼兴趣、培养团队协作精神与毅力的方向发展。始终创新

体育活动形式，升级体育锻炼设备，为学生的体育锻炼提供良好的环境。同时加强体育对外交流，承办国内外大大小小各种赛事，为中南大学子提供良好的体育竞技交流机会与氛围。

运动不止一朝一夕，随着习近平总书记提出建设体育强国、健康中国目标，在全国大力推进学校体育发展，学校将继续坚持以人为本、以体育人理念，不断加强体育特色建设，培养更多德智体美劳全面发展的社会主义建设者和接班人。

（明媛、白高辉、潘琪）

以美育人，以文化人

中南财经政法大学建校 70 余年来，一直致力于以美育人、以美化人、以美培元，始终坚持"文艺为人民服务"，引领学生树立正确的审美观念、陶冶高尚的道德情操、塑造美好心灵，充分发挥美育在培养学生健全人格中的独特作用，在办学治校的过程中坚持将美育纳入人才培养的全过程。

中原大学时期

1948 年 8 月，中原大学这所新型革命大学，在人民解放战争的炮火硝烟中，迎着新中国的曙光诞生了！

1948 年 12 月，中原大学成立文艺教研室，教研室除研究文艺理论外，还以推动全校文化娱乐活动为中心工作，每逢大的庆祝活动，学生还走上街头，载歌载舞，演活报剧，深受群众欢迎。

中原大学第一、第二大队学员在学校成立大会上引吭高歌庆祝学校成立

1950年，中原大学开始向专业化发展。最先建立的是文艺学院，文艺学院设戏剧、音乐、美术3系，另有一个创作组和一个文工团。文工团后分设音乐、美术、戏剧3个工作队。

1949年7月至1951年8月，中原大学文艺学院坚持为工农兵服务，强调理论联系实际，共培养音乐、戏剧、美术、文学创作、舞蹈等专业人才及各种培训班学生和代培生1136人，分配到中南乃至全国的文化、文艺、教育、宣传战线，为我国当时的艺术事业发展作出了很大贡献。为抗美援朝创作、谱曲、演出，共创作宣传画154幅，招贴画10幅，歌曲62支，剧本12部，说唱7篇，歌词、诗、小说10篇。

文艺学院各系、组课程表

系别	戏剧系	音乐系	美术系	创作组
专业课程设置	戏剧基础知识	新音乐运动	创作组	作品选读
	演员基本知识	民间音乐	技术课（素描、速写、彩画）	创作方法
	导演基本知识	歌词作法	理论课（透视学、解剖学、构图学）	民间艺术
	舞台技术	乐理	实用美术课（图案、图像）	新文艺运动
	识谱唱歌	歌曲作法		写作实习
	腰鼓	视唱		专题讲座
	排演	练声		
	专题报告			
		唱歌教歌与指挥		
		乐器		
公共课	文艺方向	时事报告		

1950 年 8 月 1 日至 8 月 3 日，在新中国万象更新的气氛中，中原大学在武昌隆重举行了建校两周年庆典活动，学校设计制作了校徽和校庆纪念章，并谱写了《中原大学两周年纪念歌》，此曲由文艺学院创作组教员、作家羊翚作词，音乐系副主任、音乐家张星原作曲，展现出中原大学师生积极投身祖国建设的远大理想和精神风貌，作为当时文艺学院献给学校校庆的礼物。2018 年 10 月，学校广泛征求校领导、师生校友的意见，组织专家进行试唱和充分论证，几经斟酌，最终确定为《中南财经政法大学校歌》，并以此曲献礼学校 70 周年校庆。2019 年 10 月，恰逢新中国成立 70 周年、我校迁至武汉办学 70 周年，学校正式将《中原大学两周年纪念歌》确定为校歌，有着特殊的纪念意义。

中南财经学院、中南政法学院时期

1953 年，中南财经学院"文体活动委员会"成立后，每逢重大节假日，工会、团委、学生会都组织电影、舞会、诗歌朗诵、文艺表演等形式多样、内容丰富的文娱活动，给师生带来了欢乐，学生还利用业余时间，自觉美化环境，植树栽花，平整操场，修建道路，校园内处处洋溢着不屈不挠、自强不息的精神。同样，中南政法学院也积极开展群众性文化娱乐活动，建立各种兴趣小组，如音乐、舞蹈、文艺、棋类、摄影、摩托车、自行车等，陶冶学生情操。寒暑假期间，业余文工团深入农村进行宣传与慰问演出，与农民兄弟建立了良好的关系。

校园舞龙队

湖北大学、湖北财经专科学校时期

1959年，全校创作歌曲、诗歌上万首，舞蹈60个，剧本100多个，配合政治运动演出170场，到校外演出60多场，校园的建设也在绿化、净化、美化的目标下进行，整洁优美的教学环境使师生心旷神怡。

1967年10月，周恩来总理陪同阿尔巴尼亚总理谢胡及其所率党政代表团来武汉访问。为了正确引导高校、教育文化界对外交流及教育界文革运动方向，10月9日周恩来总理陪同阿尔巴尼亚党政代表团到湖北大学进行视察和文化交流，并在校西区露天舞台接见全校师生员工，在学校引起了轰动。

湖北财经学院时期

湖北财经学院时期，学生文体活动十分活跃，学校在1981年"全国大学生业余文艺节目汇演"中荣获"优胜奖"。

中南财经大学、中南政法学院时期

1992 年国庆期间，在学校举行的第四届全国大学生运动会是第一次在高校校园里举办的全国大运会，学校党委明确把办好大运会作为学校工作的重点，专门召开精神文明建设和宣传动员会，几百名大学生主动参加赛场工地义务劳动、校园整治、植树活动，积极与食堂、图书馆、教学楼搞文明共建活动，人人为美化净化校园出力，时任共青团中央书记处书记的李克强出席了开幕式。

在学校举行的大运会开幕式

学校非常注重校园环境的美，规划了多处校园美景，分别是北山凉亭、书院翠竹、清池通幽、湖滨石楠、南苑草坪、松林曲径、玉桥扁舟、柳堤晨读、南湖野荷。

1998 年 11 月 17 日，湖北省教委创建园林式学校评估验收专家组一致同意通过验收学院为"第一所园林式学校"。

学校每年都会开展"校园文化艺术节活动"，文艺汇演、专家讲座、书画大赛、知识竞赛……极大地丰富了广大学子的生活，陶冶了师生情操，提升校园文化内涵。

1998 年文化艺术节一瞥

1999 年校园文化艺术节演出

　　2000 年 5 月 26 日，中南财经大学、中南政法学院正式合并，成立中南财经政法大学，学校发展进入了一个新的历史时期。1999 年 6 月，《中共中央国务院关于深化教育改革全面推行素质教育的决定》出台后，学校积极贯彻落实，将培养德智体美全面发展纳入学校教育全过程，积极履行人才培养、科学研究、社会服务、文化传承创新、国际交流合作五大职能，着力培养"应用型、融通性、开放式"人才。

　　2000 年，学校举办了第一届"声之韵"，受到师生们的热烈欢迎，被誉为武汉地区"小春晚"，并于 2011 年荣获全国高校校园文化建设优秀成果一等奖。

"声之韵"晚会在南湖会堂演出

2004 年 9 月，在原专业基础上，学校成立新闻与文化传播学院，下设新闻传播学系、中国语言文学系和艺术系。

2005 年，学校推出"高雅艺术进校园"系列活动，为师生带来高水平的文化演出。

中国歌剧舞剧院舞剧《赵氏孤儿》在首义会堂演出

2006 年学校首次组队参加"第四届世界合唱比赛"并荣获铜奖

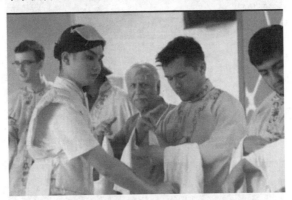

感受京剧国粹，体验传统文化

2010 年起，学校着力培养留学生感受中华传统文化魅力。

2011 年，学校与韩国东西大学合作，成立中韩新媒体学院，坚持"艺术为基础，创新为核心、技术为手段"，下设视觉传达设计、电影学专业，学校哲学院开设"美学"硕士点。

党的十八大以来，学校以习近平新时代中国特色社会主义思想为指导，全面贯彻落实全国教育大会和全国学校美育工作会议精神，落实立德树人根本任务，扎实做好新时代高校美育工作。2019 年 7 月，学校出台了《中南财经政法大学关于加强新时代美育工作的实施细则》，启动实施美育发展"三年行动计划"，成立学校美育工作指导委员会和大学生美育中心，不断完善学校美育协同育人工作机制，坚持课堂教学为美育主阵地、主渠道，构建第二课堂与第一课堂互动互补、互相促进的人才培养模式。

一是以美育德，将核心价值观融入美育实践。高校美育具有很强的意识形态属性，在美育实践中，学校始终坚持以社会主义核心价值观为引领，将美育融入学生思想政治教育、校园文化建设，把中华传统文化教育作为学校美育培根铸魂的基础，通过美育传承弘扬学校红色基因，挖掘红色文化之美。

"新征程·永远跟党走"献礼建党百年师生红歌会

原创红色舞台剧《曙色》

二是以美启智，建立健全美育课程体系。根据学校"双一流"建设和人才培养需要，积极探索构建以审美和人文素质培养为核心、以创新能力培育为重点、以中华传统优秀文化传承发展和艺术经典教育为主要内容，涵盖美育公共通识课、必修课、选修课的课程建设体系。

美育理论与实践核心课程包括："管乐理论与实践素养""播音与主持基础""民族管弦乐鉴赏与实践""京剧表演艺术鉴赏与实践""合唱艺术鉴赏与实践""舞蹈艺术概论与实践""大型活动策划与执行"等。

公共艺术通识选修课程（部分目录）："摄影欣赏""广告作品赏析""影视动画作品赏析""美术作品欣赏""音乐技术理论""交响音乐赏析""舞蹈赏析""中国民族音乐欣赏""电影导演艺术""中外电影史及经典作品""艺术经典与鉴赏"等。

跨学科美育融通课程包括："电影中的法律""文学中的法律情景""诗与哲学""诗意中国：古代旅游诗词鉴赏""古典文学中的中国精神""世界遗产在中国"等。

2022 年起在课程建设立项中设立"五育并举"系列课程，鼓励全校教师申报开设美育类课程。

"美育理论与实践"现场教学

三是以美健体，加强体育与美育创新融合。体育与美育教学实践的结合，不仅有助于学生养成健康的身心体魄，也可引导学生感受体育运动之美、竞技之美、力量之美、活力之美，从而提高学生对美的感受、鉴赏、表达和创造能力。

运动会开幕式

四是以美促劳，在劳动中感受奋斗之美。以美促劳，以劳育美，积极引导全校师生树牢"劳动最光荣、劳动最崇高、劳动最伟大、劳动最美丽"观念，通过一系列劳动实践教育活动，提高师生劳动实践能力与艺术审美水平，在劳动中感受亲身参与、奋斗收获的快乐。

"彩绘乡村"艺术实践工作坊

五是以美育人，将美育纳入人才培养全过程。以美育德，以美启智，以美健体，以美促劳。让社会主义核心价值观、中华优秀传统文化、红色大学基因通过校园文化环境浸润学生心田，通过各类校园文化活动根植学生心中，以美感人、以景育人，引导学生发现自然之美、生活之美、心灵之美。

学校组织"公道美品德行奖"评选活动

"文澜小剧场"系列活动

"爱乐中南"管乐交响音乐会

"声夏光年"声乐专场演出

"足尖上的青春"校园舞蹈大赛

"我和我的祖国——山音竹韵"校园民歌大赛

我校师生参加全国、湖北省大学生艺术展演（节）

展望未来，在加强新时代美育工作中，学校将进一步传承"红色基因"，弘扬创校时为党和国家教育事业筚路蓝缕、艰苦创业的"革命精神"，坚守"办特色、创一流"治校办学发展理念中蕴含的"家国情怀"，践行致力培养报国为民、服务社会、担当民族复兴大任时代新人的"经世致用思想"，让学校的红色文化融入思政教育、课堂教学、校园文化和社会实践，教育引导学生在美育熏陶中"纯洁道德、丰富精神"，在"以文为宗、以水为派"的校园人文环境中涵养"智善之美"，在"走向人民需要的地方"的征程中坚定中华文化自信。

（刘诗卉）

劳动最光荣！校史中的劳动"必修课"

劳动，是人生的重要一课。党的十八大以来，习近平总书记多次强调要在全社会大力弘扬劳模精神、劳动精神，"让劳动最光荣、劳动最崇高、劳动最伟大、劳动最美丽蔚然成风"。这是新时代党对劳动教育的根本要求，也是对广大学生涵养深厚劳动情怀的谆谆嘱托。自中原大学建校以来，在教授文化知识之外，学校就有计划地组织师生参加日常生活劳动、生产劳动、服务劳动。一起来回顾校史中的劳动"必修课"吧。

义务建校　美化校园

发动全校全体人员于每学期抽出四整天时间参加建校劳动，以求增加全体同学及其他同志之劳动观念，与增进爱护母校之观念。

——1949 年 12 月 26 日中原大学首次院长会议决定

"自己动手，自力更生！"1949 年 7 月，中原大学南迁武汉后，自主建校的方案敲定了下来。在经费严重不足而又急切需要的情况下，全校师生员工掀起了义务建校的劳动竞赛高潮。全校师生分三组筹备，12 月份，中原大学破土动工。

师生参与校舍建设

　　全校干部师生在校领导的带领下，大都穿着统一的灰色制服，戴草帽，与工人一道挑担、推车、锯木、植树，为了争取时间，在保证质量的前提下，师生们日夜赶工，一周建一栋房，一栋房里住 120 多个人，没有碧瓦朱檐，雕梁绣柱，只有木质结构的小巧房屋，上盖红瓦，外钉树皮，内铺木地板，搭起双人床，一楼多用，开会、上课、睡觉都在小木板房里。

师生参与校舍建设

在两个月的时间里，全校师生义务劳动生产总值超过了 1000 万元（旧币），为学校节约了一大笔经费。在师生共同努力下，校园逐渐变得绿树成荫，环境优美。轰轰烈烈的劳动竞赛过后，"西伯利亚荒原"终于有了大学的样子。讲党的历史，党的斗争，社会的发展，一名名有志向有抱负的青年在中原大学接受短期培训后便去往各地的解放区，在实践中继续学习。

师生参与校舍建设

1953 年，中南财经学院在原中原大学校址上建立。建院初办学条件较差，师生们自力更生，以极大的热情参与到建设新校园的义务劳动中，利用业余时间，自觉美化环境，植树栽花，平整操场，修建道路，校园处处洋溢着不屈不挠、自强不息的精神。

学生参加劳动

　　1960年冬天，全国性实行压缩城市人口，湖北省决定把湖北大学下放迁至阳新。学校师生们参加了新校基建工程，主要是伐竹木、运输、建房等。

汽车修配厂

师生在水利工地参加劳动

　　周骏老师跟我们一样拉板车运输。一位老师驾辕，他拉。他身上的车绳总是绷得直直的，而他较一般人高的身板总是尽力前倾。那种投入、认真，如同他做学问一样。

——屈演文《蔬圃学路》

1992 年 9 月，第四届全国大学生运动会开幕式和主赛场设在中南财经大学，这是新中国历史上第一个把开幕式和主赛场设在一所大学的运动会。整个校园气氛热烈，广大学生主动参加赛场工地义务劳动、校园整治、植树活动，积极参与食堂、图书馆、教学楼文明共建活动，人人为美化净化校园出力。

公益劳动　支援国家建设

1951 年春，工会、青年团、学生会联合成立植树委员会，学校组织全校师生到东湖风景区喻家山一带植树，一周植树 11 万 1 千株。1952 年 4 月，财经学院在校学生再次前往植树 5 万株。

学生参加劳动

1954 年 7 月，武汉市发生特大洪水险情，为了响应党中央 "保卫武汉和人民生命财产" 的号召，中南政法学院积极组织师生参加抗洪抢险，成立了防汛大队。不少同志向党团组织表决心，纷纷要求上前线，毕业同学在离校前一天也在参加防汛工作。防汛抢险工作持续 3 个月，3816 人次参加抢险，涌现出了一批不怕艰险的功臣模范。

为了美化校园周边环境，1982 年 3 月 8 日，湖北财经学院组织 700 多名师生上街开展文明卫生和公益活动。这次活动中，铲除运走垃圾 30 吨，铺平了大东门东侧大街，疏通了集贸市场的水沟，受到了周边地区居民和单位的交口称赞。

学生参加劳动

教育与生产劳动结合

1957 年 11 月反右斗争转入整改阶段，党中央《关于教育工作的指示》提出"教育必须为无产阶级政治服务，必须同生产劳动相结合"。

中南财经学院规定全院干部师生都要在劳动中受到锻炼，并要形成制度坚持下去，在四年内本科生参加劳动锻炼时间不少于 160 个工作日，参加社会实践不少于 200 个工作日，专修科学生的劳动锻炼和工作实践每年不少于 40 个工作日。在校园里，修补鞋、蔬菜生产等劳动小组如雨后春笋，竞相成立。1957 年 12 月师生停课参加了武汉铁路枢纽工程卸土工作和东西湖围垦。

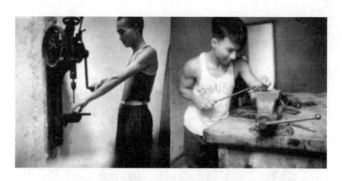

财经学院学生参加生产实习

师生到东西湖围垦

黎森说："当时参加围垦的大专院校很多，到处都是红旗飘飘、喇叭声声、歌声嘹亮，一片战斗天地的景象。"

中南政法学院把参加体力劳动作为重要的整改内容。1957年11月到1958年3月，先后下放65名干勤人员参加体力锻炼，多次组织师生广泛开展勤工俭学活动，参加校内外各种义务劳动，出动1100多人次，在武昌造船厂、东湖水厂、407工地、关山大道等地承担敲锈和土方工程任务，参加筑渠、修堤、收割、积肥、绿化校园等各种工农业劳动。

学生勤工俭学

　　勤工俭学的本质是让学生向社会学习，向工人、农民、解放军战士学习……不是为挖土而挖土、为劳动而劳动、为勤工俭学而勤工俭学，而是要在劳动中与工农兵打成一片，培育劳动人民朴素的思想感情。

　　　　　　——中南政法学院潘任之副院长接受《红旗报》学生记者采访

　　湖北大学成立初期，教学改革的一个方面是生产劳动。大办工厂、农场，人人参加劳动，又红又专，成为全面发展的新人。全体师生要把参加生产劳动提到首要地位。加强生产管理，提高生产能力，为国家创造财富，为半工半读创造条件。

师生在校农场参加劳动

师生在校农场建房

文科各专业在校时间安排

（9月1日入学，到第四年7月底离校，共204周）

入学教育及劳动2周

理论教学138周（其中每周平均有10小时为生产劳动的时间）

下乡下厂和生产劳动28周

考试和思想总结13周

专题研究和毕业论文8周

假期13周

毕业鉴定2周

——参考《湖北大学教学改革十项措施（草案）》

屈演文说："劳动课是列入每学期教学计划及课程表的科目，直到毕业未曾间断……我们欣慰的是，在国家人民面临重大困难的时候，我们没有置身事外，而是一起面对，勇敢分担。我们确实吃了一些以前没吃过的苦头，但是对我们身体，尤其是意志力的磨炼，是真正难得的一门课程。"

（马迪思）

那些年，中南大的防汛抗洪记忆

江城武汉，因水而兴。"大江大湖大武汉"，因地处长江、汉江交汇处的特殊地理位置，武汉多次遭遇水患困扰。新中国成立以来，英雄的武汉人民与几次特大洪水对抗的故事被深深铭记。在这场与洪水的持久角力战中，学校师生作为江城的一分子，多次投身防汛一线，守护我们共同的家园。

1954 年武汉特大洪水

湖北省普降大雨，武汉市发生特大洪水险情，情况非常危急。

1954 年长江汛情

1954 年夏，武汉市民在江汉关参加抗洪抢险

（资料来源：新浪湖北）

　　为了响应党中央"保卫武汉和人民生命财产"的号召，当时的中南财经学院和中南政法学院都积极组织师生参加抗洪抢险。中南财经学院 95% 以上的学生都主动走上堤防，日夜作战，在实践中接受了集体主义和为人民服务的教育，有 30 位同学在防汛中表现优秀，立了功。

　　1954 年 7 月下旬，中南政法学院成立了防汛大队，周达、孟昭琦任大队长，辛永信任副大队长，田乃夫任指导员，大队下设青年防洪抢险突击队及 6 个分队。不少同志向党团组织表决心，纷纷要求上前线，毕业同学在离校前一天也在参加防汛工作。防汛抢险工作持续 3 个月，3816 人次参加了抢险，涌现出了一批不怕艰险的功臣模范。

　　洪水过后，根据上级指示，1954 年 10 月 3 日，学校召开全体师生员工大会，做了关于捐献寒衣支援灾民的动员报告。大家积极响应号召，有钱的出钱，有力的出力，有衣服的出衣服。干训班的师生共捐献 1500 万元（旧币）；花园山的家属们主动捐布票，并用自己的缝纫机为灾民缝制衣服；有的同志还把自己的缝纫机献出来。经过大家的努力，提前超额完成了任务，全院共捐衣 958 件，其中新衣 489 件；全院人均捐献 2 万元（旧币）。

中原大学校友尚修建在《开启尘封的记忆》中回忆道："现在，每忆起那段抗洪的情景，我都会激动不已。在那时，我们所有在防汛抗洪一线的人都是铮铮铁汉，从装土、扛沙袋到堵缺口，轮番上阵。无论倾盆大雨，还是泥泞如潭，个个奋勇当先，从不畏惧。特别是那"下定决心，不怕牺牲，排除万难，去争取胜利"的一往无前的精神，让人感动，令人敬佩。"

1998 年武汉特大洪水

1998 年，受强降雨影响，长江发生了自 1954 年以来第二次全流域大洪水。在武汉市的 20 万抗洪大军中，武汉地区数十所高校师生们组成的队伍使千里长堤抗洪图更富生机。在省船厂几百米的大堤上，中南财经大学的旗帜高高飘扬了 40 天。

1998 年 7 月初，学校根据上级党政领导的指示成立了防汛抗洪领导小组，各项准备工作有条不紊。下旬，长江中下游地区抗洪形势极为严峻。7 月 31 日晚，接到政府紧急命令后学校立即行动。从接到命令，到调拨车辆、集结人员拿好工具及至送到分管的堤段上，前后用时仅 40 多分钟，是首义路街辖区内上堤最迅速的单位。

防守的 40 天中，学校全体党政领导相继上堤慰问抗洪师生，实地指导巡堤工作。前后共 317 人参与了上堤防守工作，其中处级干部 41 人，党员 181 人。虽然是暑假期间，但护堤任务下达后，各单位报名者众，许多同志抱着保卫武汉、保卫好我们家园的决心抢着上。他们中有 60 多岁的教授、带病坚守的干部、新婚宴尔的青年教师，还有外籍教师主动要求参加守堤，并表示什么时候需要就什么时候上。许多留校学生也主动请缨，50 余名学生投入抗洪斗争的第一线。

护堤师生们提出了"人在堤在，誓与大堤共存亡！"的口号。无论晴天雨天，白昼黑夜，处理各种渗漏、散浸都是一丝不苟。由师生们守护的大堤，40 天中虽险象环生，却巍巍挺立。

同时，学校教职工纷纷奉献爱心，向灾区人民伸出援助之手，为灾区捐款捐衣捐物。学校派员驱车千里，先后赴洪湖市、监利县、石首市、公安县等重灾乡村，慰问、资助被录取的 1998 级新生。

2016 年特大洪水灾害

2016 年，武汉遭遇强暴雨袭击。截至 7 月 2 日 20 时，累计降雨量达到 315.8 毫米，相当于 22.5 个 "东湖" 从天而降，超过武汉全年三分之一的雨量。

中南大的校旗飘扬在长江武金堤

我校参与防汛的老师在武金堤搭建帐篷

长江武金堤防汛责任牌

2016年7月2日晚，学校召开紧急会议，传达武汉市下达的巡视长江武金堤任务，并对防汛巡堤相关事宜进行协调部署。从7月2日起，学校全面开放门禁，主动缓解校园周边交通压力。7月4日上午10时30分，在洪山区城管局防汛专用车辆的引领下，第一批后勤抗洪防汛人员直奔长江武金堤。

7月5日晚，武汉市连续18个小时集中强降水。6日清晨，武汉中心城区几乎泡在水里，学校南湖校区滨湖、临湖、环湖出现了部分区域积水内涝，临湖5幢学生宿舍严重积水，校园部分树木被刮倒。学校立即启动防汛应急措施，派出人员赶往灾情较重的临湖公寓，转移被困学生；同时加强防汛值守，解决实际困难，尽快恢复大家的正常生活，保障师生员工生命财产安全。

同一天，驻守在武金堤学校巡堤查险队员，冒着滂沱大雨也度过了惊心动魄而又异常艰辛的一天。6日上午9时，防汛指挥部紧急通知：由于雨势过大，武金堤汤逊湖泵站前池水位距泵房通风口仅50厘米，如果水位漫过通风口，将导致泵站抽排系统全面瘫痪。学校巡堤查险小分队 8 名同志紧急赶往汤逊湖泵站协助抢险工作。在防汛指挥部的统一部署下，队员们扛沙包、运泥袋、筑子堤、堵通风口，终于在 6 日中午控制住了险情。

在团省委的紧急动员和统一组织下，还在进行军训的 84 名湖北省第二期、第三期"青年马克思主义者培养工程"学员（以下简称"青马工程"），迅速投身到防汛救灾工作之中，我校四名学员也一同奔赴黄石市阳新县半壁山农场，同当地的老百姓、党员干部、武警部队官兵一同参与抗洪防汛工作。

我校学生在黄石市阳新县半壁山农场参与当地防汛工作

我校学生在黄石市阳新县防汛一线留影

工商管理学院 2014 级校友周晓虎说："'位卑未敢忘忧国'是我走上大堤时突然迸发出的想法。我自己只是一个普通的大学生，在大堤上奋斗的只是普通的群众和基层干部，但是我们都是在为了一个共同的目标而努力，那就是保住大堤，保住大堤！而在这后面，更深层次的是，对我们这个祖国的热爱，对战胜洪水的信心和信念。众志成城，没有人能打倒我们身后伟大的祖国。半壁山，加油！湖北，加油！中国，加油！"

2020 年抗洪救灾

2020 年入夏以来，武汉持续出现强降雨天气。7 月 6 日，武汉市防汛应急响应级别由三级提升至二级。为保障长江防汛和校内汛情预防工作开展，中南财经政法大学第一时间成立了防汛救灾工作领导小组，由校党委书记栾永玉，校党委副书记、校长杨灿明任组长，校党委常委、副校长申祖武任副组长。根据武汉市防汛指挥部的统一安排部署，由全校各单位抽调教职工轮流前往长江大堤 59+50 至 60+00 武金堤段面，进行 24 小时防汛值班。

学校在长江武金堤防汛一线悬挂的宣传标语

大灾当前，众志成城。中南大与武汉这座英雄城市休戚与共，中南大师生与英雄的武汉人民同舟共济，共克时艰，打赢了这场抗洪防汛保卫战！

（马迪思）

中原大学时期的爱情故事

　　年轻懵懂的同学或多或少会期望进入大学之后能够收获一份真挚美好的爱情，可以携友人一同漫步于校园，欣赏春来花开柳叶飘然的美景，同赏夏日南湖畔落日的余晖。校园爱情大多甜蜜青涩，在 20 世纪，许多青年学子怀揣着为国家为人民的梦想来到刚刚建成的中原大学，在实现自己理想的同时，他们也遇到了情投意合的爱人知己。这些学者们不管是以求真务实的治学态度扎根于学术研究，还是恪守职责满腔热忱坚守在教学一线，都在各自的领域为国家为我们的民族事业贡献力量。今天，让我们一同看看中原大学这一时期学者们触动人心的爱情故事吧。

张寄涛夫妇：从青马竹马到革命伉俪

　　张寄涛与曹学俭二人自小就认识，可谓青梅竹马。中原大学成立后，张寄涛从蒋管区越过封锁线到了解放区，和曹学俭相约脚前脚后进入中原大学，投奔革命，后一同随校南下，为建设祖国作贡献。

1949 年冬参加革命的曹学俭与张寄涛相聚在中原解放区

新中国成立后，张寄涛作为经济类研究生进入中国人民大学专修马列主义政治经济学。张寄涛学成后返回学校，从事《资本论》《政治经济学》的教学、科研工作，当年讲学曾纵横中南五省，为当年高级干部们系统讲授马列主义理论，人称"江东一杰"。一直潜心钻研马克思主义经济理论，发表了《在理论探索中坚持与发展马克思主义》《经济发展与经济结构》等数十篇经典文章。

讲学中的张寄涛教授

曹学俭进入中原大学下属的艺术学院，并成为校文工团成员，演着《放下你的鞭子》等活报剧一路南下。后来到了广西，作为"土改工作队"在当地参加土地改革。后由于两人的婚姻关系，曹学俭被调到学校团委主管学生工作，在 1952 年国家对干部作"专业归队"时，因组织需要，她就没有从事大学所学的化学专业，当了一生的行政干部①。

张寄涛与曹学俭二人青梅竹马，所坚守的理想信念也相同。当张寄涛三十余岁蒙难之际，沉寂学界之时，曹学俭也不曾离开，默默陪伴着自己的爱人。哪怕在此期间她受到了牵连，也毫无怨言，陪伴着张寄涛走过了这段最艰难的日子。

在张寄涛生命的最后两年，也一直是曹学俭陪伴着他渡过那与癌魔抗争的日子。二人年轻时在大学地下党的号召下，前后越过封锁线进入中原大学，开始了漫长又艰难的革命生涯，又前后在中南财经政法大学走完了他们的生命旅程，如今静静地长眠在九峰革命烈士陵园。

1991 年张寄涛与夫人曹学俭最后一次合影

赵德馨夫妇：经济史学界的"神仙眷侣"

因知网一事而引发关注的赵德馨教授与周秀鸾教授夫妇成了网络新闻中的"焦点人物"。赵德馨在 1949 年考取中原大学，之后进入中国人民大学攻读经济史专业研究生，毕业后返回中南财经学院任教。赵德馨与周

---

① 刘可风. 岁月如歌：中南财经政法大学校友回忆录［M］. 武汉：湖北人民出版社，2008.

秀鸾都在人大经济史专业攻读研究生，又一起在学校工作，二人因此结缘。此后的几十年里，赵德馨夫妇携手经济史学研究，在学术上互相切磋，在生活上互相扶持，成就了一段学术界的爱情佳话。

　　1956 年 9 月，学校让他们给函授生讲授中国近代经济史课，由于没有教材，编写教材的重任落到了赵德馨身上，全书由赵德馨设计框架。当时周秀鸾正在孕期，却也没放弃工作，尽心帮助赵德馨编写教材。教材终于在 1957 年印刷完毕。教研室主任吴澄华教授看了，多次称赞，并决定用作本科生教材。后来，赵德馨主持编撰了中央政府教育部门向全国高校推荐的第一部中国经济史教材《中国近代国民经济史讲义》，主编出版了第一部多卷本《中华人民共和国经济史》，被誉为"规模最大、学术分量最重""更符合太史公'通古今之变'精神"的《中国经济通史》和被学界誉为文献典范的《张之洞全集》。

学生看望赵德馨与周秀鸾夫妇

　　赵德馨的爱人周秀鸾不仅是一个非常贤惠的得力助手，更是一名知识渊博的学者，著有《驳"市场供应今不如昔"论——读史读报箚记》《汉代的农业生产水平有多高——与宁可同志商榷》等文章。

赵德馨教授在整理书籍

20世纪80年代，湖北省组织人力编纂《湖北省志》，赵德馨任副总纂。这时，他认识了时任湖北省副省长兼计委主任陈明，一次聊天时谈到张之洞对湖北的影响，两人都有极大的兴趣。陈明提议说："老赵，要不你来编一本有关张之洞的书吧。"赵德馨想都没想就同意了，很快他就开始多方搜罗研究组成员。因为工作内容要求懂历史，懂经济，又要查阅大量的古代文献资料，他想方设法到处挖人。周秀鸾自然选择了帮助他一起编写，夫妻二人无论何时都没有放弃对学术的研究与追求，一直秉持求真务实的治学态度亲自翻阅查找资料。

2021年赵德馨因知网维权一事成了舆论关注的焦点，在媒体报道中，他是"撬动知网的人""年迈的挑战者"[1]。赵德馨的工作愈加繁忙，平时除了在书房里修订专著，他还要招待来家中的媒体记者，每天都要接上几通采访电话。有时忙到过了饭点，周秀鸾满是心疼，"哪能这么搞哟，身体怎么吃得消。"但是赵德馨不曾放弃，最终维权成功。之后，周秀鸾也对知网发起了诉讼，夫妇二人共同为打破数据库平台一家独大的现状而努力。

---

① 长江日报. 九旬教授诉知网入选网络治理十大司法案件［EB/OL］.（2022-01-26）［2022-05-30］. http://news.cjn.cn/csqpd/wh_20004/202201/t3921107.htm.

赵德馨与周秀鸾夫妇合影

2022年4月，赵德馨与周秀鸾夫妇又将近4000册藏书捐赠给学校，鼓励青年一代锐意进取、勇攀高峰，在各自的学术领域中创造新的辉煌①。

情比金坚的刘都庆夫妇

20世纪40年代，刘都庆还是湖南湘乡一中的学生，他的父亲从北大毕业后回到家乡，成了这所中学的校长。当他初遇李梅钦时，就忍不住跑去问父亲："爸，隔壁班那个女孩是谁？一袭白裙，青春靓丽，我想认识她！"父亲告诉他，女孩叫李梅钦，是附近大户李家的妹子。

没过多久，刘都庆就成功追求到了李梅钦，双双坠入爱河。1949年9月，在新中国诞生前夕，郎才女貌的刘都庆和李梅钦喜结良缘。

刘都庆是新中国成立后新一代知识分子，1950年2月考入中原大学合作系统计专业，1951年9月被派往中国人民大学攻读统计专业研究生，由苏联专家担任导师。1953年7月回校在计统系任教，从事商业统计方面的教学和研究。李梅钦也跟随丈夫来到武汉，在小学任教，成为一名优秀教师。

---

① 光明网. 赵德馨教授夫妇向学校捐出4000册藏书［EB/OL］.（2022-04-30）［2022-05-30］. https://mp.weixin.qq.com/s/UfjhTsOPbmtMIWkXrU5nqA.

1951 年，在中国人民大学学习的刘都庆（左四）与苏联专家合影于颐和园门前

刘都庆回到中原大学后，对教育工作一直都是勤勤恳恳、兢兢业业。他常说，老师教书，学生学习，任何时候都不会改变。1989 年，他对研究生说，你们一定要坚持上课，哪怕还有一个学生我都不能离开讲台。

刘都庆用言传身教和自身的人格魅力感染了许多人，还经常带领学生进行社会实践，来到工厂车间、田间地头，进行实地调查，手把手地教学生测量方法、统计原理、分析技术等。

刘都庆在科研方面成绩也很突出，很早就开始了关于物价指数方面的研究。1956 年发表的论文处女作，就是关于物价指数方面的论题。同时，他还主编了《商业统计学》等书，合著有《社会商品购买力调查研究》《价格统计》等①。

刘都庆任教 40 年之际，正是学术教育的巅峰时期。后来由于工作需要，被调到湖北省统计局担任领导职务。

---

① 孙泽宇，郝利红. 70 年前的"姐弟恋"，这对老人的爱情故事打动了无数人［EB/OL］.（2022–01–21）［2022–05–30］. https：//m.gmw.cn/baijia/2022–01/21/1302772735.html.

年轻时，刘都庆与爱人都忙于工作，很少谈及感情。到了晚年，他经常回忆起与老伴相爱的点点滴滴，总是对着孩子们念叨"你妈妈为家里牺牲了很多，吃了不少苦，真的不容易"。

刘都庆夫妇与亲友合照

随着年纪增加，李梅钦患上了老年痴呆症。见老伴终日受苦，刘都庆既心疼也着急，一直带着老伴四处求医。

后来刘都庆得知有医院可以治疗，"只要有一线希望，我都要尝试！"刘都庆执意要为老伴报名求医。几经周折，李梅钦成功入院，但医生又告诉家属，老人的病情过重，并不适合进行治疗。

此时，刘都庆的身体也每况愈下，患有腰椎疾病的他，在老伴生命的最后一段时间里，已无法正常行走外出，但依旧整日陪伴在老伴床边，尽力地照顾着与他相伴一生的爱人。

在此前李梅钦病重，眼看无法坚持下去的时候，子女曾向父亲提过母亲的后事，但都被刘都庆拒绝了。李梅钦走后，儿女们开始商议筹办母亲后事，起初刘都庆一言不发，许久之后才开口"买个合墓吧，待我走后，就能和你妈妈永远在一起！"

李梅钦去世3个月后，刘都庆也住进了医院，又过了半年，他因病去世。临走前，刘都庆拉着儿女们的手，让他们别太难过："马上就能去到你们妈妈身边了，其实我是幸福的！"

之后，儿女们便将父亲与母亲合葬，碑上的遗像也换成了两人生前的合照。

刘都庆夫妇合影

从中原大学到中南财经政法大学，70 余年里，无数青年学子在学校收获了知识，邂逅了爱情。年少时的欢喜，工作上的扶持，一辈子的相守，这三对伉俪只是校园爱情的一个缩影，为我们诠释了爱情最好的模样。

（杜玥）

部分资料来源：

［1］孙泽宇，郝利红. 70 年前的"姐弟恋"，这对老人的爱情故事打动了无数人［EB/OL］.（2022-01-21）［2022-05-30］. https：//m.gmw.cn/baijia/2022-01-21/1302772735.html.

［2］《岁月如歌》—校庆 60 周年回忆录.

［3］中南财经政法大学. 赵德馨教授：一生奉献心向党，德艺双馨育人才［EB/OL］.（2021-04-13）［2022-05-30］. http://jjxy.zuel.edu.cn/2021/0413/c2844a268169/page.htm.

［4］湖北社会科学网. 赵德馨：听我讲学术国际化的几则小故事［EB/OL］.（2016-10-20）［2022-05-30］. http://m.hbskw.com/p/52470.html.

［5］光明网. 赵德馨教授夫妇向学校捐出 4000 册藏书［EB/OL］.（2022-04-30）［2022-05-30］. https：//mp.weixin.qq.com/s/UfjhTsOPbmtMIWkXrU5nqA.

［6］长江日报. 九旬教授诉知网入选网络治理十大司法案件［EB/OL］.（2022-01-26）［2022-05-30］. http://news.cjn.cn/csqpd/wh_20004/202201/t3921107.htm.

初心不改　弦歌不辍
——时光里的中南大

穿越 70 余年的峥嵘岁月，中南大从河南宝丰大白庄，走到武汉的黄鹤楼下和南湖之畔，时光改变了校址、校舍，甚至校名，却未曾改变学校为党育人、为国育才的赤诚初心。今天，让我们通过今昔对比，走进时光里的中南大。

中原大学武汉时期的校门

2018年，中南财经政法大学南湖校区西北门正式启用

1949年，中原大学南迁武汉，将国民政府抗战纪念的牌坊门楼借用为临时校门。此后，学校扎根武汉，不断发展壮大。如今，学校既有传统的牌坊式的北门，也有界碑式的东门、西北门。它们作为学校历史文化和精神理念的见证，彰显着中南大的文化底蕴和特色。

1951年，学生时代的郑小瑛

2002 年，郑小瑛在在美国威斯里安大学的舞台上

郑小瑛教授是新中国第一位交响乐女指挥家，1949 年至 1952 年在中原大学文工团学习并开始指挥生涯。在 2018 年我校建校 70 周年纪念大会上，她指挥全场歌唱了中华人民共和国国歌。

中年时期伏案工作的郭道扬教授

"中国会计史第一人""荆楚社科名家"郭道扬教授

2020年，中国会计史第一人、全国五一劳动奖章获得者、荆楚社科名家、郭道扬教授来到学校已经整整60年。1960年，他进入湖北大学经济学系学习，后留校任教。1982年，他撰著的《中国会计史稿》出版，被美国学者誉为"东方的第一部会计史著作"。2019年，年近八旬的郭教授以300万字《中国会计通史》献礼新中国70华诞。岁月增添了白发，但他用毕生书写中华民族文化自信的初心却从未更改。

1992年，在海外访学的吴汉东教授

吴汉东教授获评"全球知识产权最具影响力 50 人""荆楚社科名家"等荣誉

1977 年恢复高考后,吴汉东成为湖北财经学院法律系首届学生,毕业后留校任教,并成为国内知识产权研究的先行者。如今,他已是中国知识产权界泰斗、我校学术委员会主任、知识产权研究中心名誉主任。近四十年来,他始终坚守"三寸笔,三尺讲台,三千桃李"的教书育人初心,践行"学高为师 身正为范"的师者使命。

中原大学学员开展学习

文波楼设施先进的智慧教室

中原大学成立之初，条件艰苦，没有足够的教师，就在打麦场上听大课；没有教材，就靠听课记笔记；没有教室和课桌，就以石头为凳、膝盖为桌。如今，中南大师生可以在智慧教室，开展探索式的自主学习和个性化学习。

中南政法学院（1953–1958 年）举办模拟法庭

文泰楼现代化的模拟法庭

20世纪50年代，中南政法学院通过模拟法庭开展范例教学，那时的模拟法庭陈设简单，台签都由学生手写制作。现在，学校有3个专业模拟庭审室，通过模拟法庭教学培养学生的法律实务能力，法学学子多次荣获"杰赛普"国际模拟法庭大赛等赛事一等奖。

建校初期的校园景象

2011 年的南湖校区校园风景

湖北财经学院时期的教学楼

2005 年的文泰楼教学区

中南财经学院时期的宿舍楼

2013 年环湖宿舍区

中原大学刚迁到武汉时，学校没有固定校舍，全校师生积极参与义务建校劳动，平整了被大家称为"西伯利亚"的校西区荒草滩，建起了教学楼、宿舍楼等。现在的中南大校舍俨然，有文澜、文波、文泰、文津等现代化教学楼，滨湖、环湖、临湖等宿舍群。

湖北大学时期，同学们在泥地操场参加田径比赛

2016年秋季运动会，运动员在标准化运动场上奋力拼搏

湖北大学时期，同学们参加跨栏比赛

2016 年秋季运动会上的跨栏运动员

中南大的校园文化生活一直都是多姿多彩的。早在中南财经学院和中南政法学院时期，尽管运动设施简陋，学校仍然积极组织学生参加体育锻炼。在 1956 年的武汉地区大学生运动会上，陈兆夫等四位同学破省记录获得 1600 米接力跑冠军，刘佩联同学获 400 米第一名。学校还开展了丰富的群众性文化活动，每逢周末学校都有电影、舞会、诗歌朗诵、文艺表演等。

20 世纪 50 年代，同学们参加文艺活动

2014 年，学校举办"足尖上的青春"校园舞蹈大赛

　　现在，校园文体活动可谓是百花齐放、异彩纷呈，有"声之韵"文艺晚会、"山音竹韵"校园民歌大赛、"爱乐中南"交响音乐会、"足尖上的青春"校园舞蹈大赛、秋季运动会等。

实施新生军训制度初期，学生参加队列训练

2019 级新生军训阅兵分列式表演

从 1987 年起，学校开始实行新生军训制度，至今已坚持 30 余年。当年的学生军训穿的是较为厚实的军绿色的制式服装，现在新生军训穿上了轻薄的迷彩服，但始终不变的是，严格的军事训练提高了学生的政治觉悟，激发了爱国热情，增强国防观念和组织纪律性，也培养了学生吃苦耐劳的精神。

二十世纪八九十年代，中南政法学院在街头举行义务法律咨询活动

2014 年，中南财经政法大学法律援助中心收到受助人士送来的锦旗

湖北大学时期，学生在学校建立的实验银行参加实践活动

学生开展"读懂中国"社会实践

　　中南大师生始终坚持学以致用，积极开展社会实践活动，服务社会。20世纪70年代，学生们在学校创建的实验银行实习；80年代，学生走上街头为市民提供义务法律咨询。今天，学校秉承"顶天立地"的理念，通过社会实践活动，为国家和地方的法制建设、经济发展贡献中南大力量。

湖北财经学院时期，外国学者给研究生上课

2019 年，学校与意大利罗马第一大学合作创办的中意学院揭牌

　　自 20 世纪 50 年代，学校开始开展国际交流与合作，积极主动与境外高校进行教育、学术、文化交流与合作的活动。70 余年来，学校不断增进对外合作交流的广度和深度，促进高等教育创新发展，培养具有国际视野、通晓国际规则、能够参与国际事务与国际竞争的国际化人才。

1948年11月，中原大学在宝丰时期的毕业场景

2019年毕业典礼会场

　　1948年11月，中原大学首批学员毕业，他们分赴祖国各地，走向人民需要的地方。如今的每年6月，数千名毕业生从学校起航，他们秉承"博文明理　厚德济世"的校训，成长为引领时代潮流的政界精英、商界娇子和学术巨擘。

（明媛）

后　记

　　"从战争走向胜利，从黄河走到长江，人民的大学，你在胜利中成长。"1948年，在解放战争的炮火中，共和国元帅亲手创立了中原大学。从此，中原大学伴随着新中国成立、建设和改革的步伐，一路从黄河走到长江，从"抗大式"的革命大学成长为一所以经济学、法学、管理学为主干的"双一流"建设高校。

　　75年来，学校坚持传承"由党创办、建校为党、成长为国、发展为人民"的红色基因，全面贯彻党的教育方针，为党育人、为国育才，为全面建设社会主义现代化国家培育了无数英才，也在学科建设、科研工作等方面取得了长足进步。学校的发展，离不开一代代中南大教职工的辛勤付出，也离不开一批批中南大学子对母校深沉的爱。

　　本书分为"创校初心　历久弥坚""学府探幽　书香墨溢""群英汇集薪火相传""菁菁校园　春风化雨"4个篇章，共收录54篇校史故事，主要回顾了中原大学创办以来一些动人故事。这里有对学校成立和变迁史的探寻，有对学校早期学科发展的回溯，有对"大先生"们的追忆，有对校园生活的怀念。这里记录了75年来，为国家的教育事业改革发展，为培养社会主义建设者和接班人，中南大几代人接续奋斗的足迹……通过一篇篇校史故事，我们可以看到中南大人对国家民族的赤子情怀，对追求真理的执著，对学术研究的严谨，以及对母校真挚的情感。

作为中南大的一员，我们为学校感到骄傲。未来，我们将进一步加强对校史的研究，持续推出新的校史故事，把学校的光辉历史讲给更多人听，让中原大学精神历久弥新、代代相传！

本书由覃虹担任主编，提出本书的编写宗旨、基本框架，并负责全书的统稿工作。各章编写人员分别为覃虹（第一章）、明媛（第二章）、杜玥（第三章）、白高辉（第四章）。

由于编撰者水平有限，加之时间紧迫、资料不详等原因，不足之处在所难免，敬请批评指正！

覃　虹

2023 年 5 月